하나님의 방향의 실제
내비게이션

시대의 이상에 따른 교회본질 회복을 위한 **가이드**

하나님의 방향의 실제
내비게이션

정흥기 지음

크리스천하우스

저자의 글

인생을 살 때나 성경을 볼 때나 하나님을 앙망할 때에 우리는 늘 큰 그림을 볼 줄 알아야 합니다. 큰 그림을 볼 줄 알고 인식하는 사람이 전체 판세를 읽고 방향을 알기 때문에 결국 마지막 때에 이기는 자가 되는 것입니다. 또한 전체를 볼 줄 알아야 방향을 잃어버리지 않습니다. 그리스도인들이 봐야 할 성경적인 전체 판세의 본질의 방향은 무엇인가? 하나님의 영원한 계획과 목적인 하나님의 경륜(엡3:9)입니다. 인생의 방향은 성경의 가장 큰 주제인 하나님의 계획과 목적의 이상을 깨닫는 것에서 시작합니다. 왜냐하면 하나님의 영원한 계획과 목적은 사람에 대한 방향이 우선이기 때문입니다.

오늘날 기독교 안으로 그리스도에 대한 참 좋은 메시지가 수많은 책이나 인터넷, 유튜브 영상를 통해서 마치 홍수처럼 밀려옵니다. 그러나 하나님의 계획과 목적 안에서 쓰인 말씀이나 설교들은 소수에 불과합니다. 하나님의 목적 안으로, 그리스도 안으로 이끄는 메시지가 없기 때문에 말씀이 실제화되지 않을 뿐만 아니라, 어떠한 '설'이나 '교리', '자신의 생각'에 의한 메시지가 많습니다. 그래서 그런 말씀으로 학습한 그리스도인의 마음은 여전히 곤고합니다. 하나님께서 의도하신 경륜과 그리스도의 몸의 이상의 방향의 길을 모르다 보니 성경을 보아도 말씀이 열리지 않을 뿐만 아니라 세상에 미혹되어 옛 생명과 율법, 종교 안에 여전히 머물러 있습니다(히3:10). 그로 인하여 오늘날 믿는 자들은 신앙의 방황을 겪고, 실제 되지 않는 다른 복음(갈1:6) 일명 짝퉁복음으로 인한 분쟁과 다툼, 땅의 것만 추구하여 삶과 인격이 추락할 뿐입니다. 교회 또한 그리스도 안에서 자유와 해방, 족함의 실제를 누리지 못하고 율법적인 요구에 따른 기독교 종교인만 양산하게 되었습니다. 이것이 오늘날 한국교회의 현주소이자 하나님께서 의도하신 뜻과 상관이 없는 불법의 행실들입니다(마7:21-23). 이와 같이 오늘날 한국교계는 라오디게아 교회처럼 점점 식어 하락하여 말씀이 삶의 실제가 되지 않을 뿐만 아니라 분쟁과 다툼으로 일관하며 주님의 마음을 참으로 아프게 합니다. 이러한 교계의 현실을 보면서 교회본질이 회복되어야 한다는 목소리는 점점 더 커지고 있는 이때에 그에 대한 대안과 방향을 모르고 있다는 사실이 참으로 안타깝습니다.

주님이 원하시는 교회본질의 회복을 위한 대안은 진리적인 측면 네 가지와 실제적인 측면 두 가지 방면으로 나누어 볼 수가 있습니다. 첫째로, 진리적인 측면에서는 하나님의 영원한 경륜의 이상을 알고, 주님이 오심으로 인한 시대적인 이상의 눈을 가져야 하며, 성경적 구원론을 확립하고, 하나님의 경륜에 의한 계시록을 깨닫는 것이 반드시 필요합니다. 둘째로, 실제적인 측면에서 새 언약의 영의 사역과 그에 따른 기도가 성취될 때에 영원한 계획에 따른 주님이 원하시는 교회의 이상이 절로 회복될 수가 있습니다.

오늘날 믿는 우리에게는 하나님의 영원한 계획과 목적, 경륜(엡3:9) 안에서 성경의 큰 주제가 세 가지 있습니다. 첫째는, 하나님께서는 그분의 형상과 모양대로 창조한 사람에게 어떠한 계획과 목적을 요구하시는가? 둘째는, 타락한 사람은 어떠한 상태의 인간인가? 셋째는, 하나님께서 보내신 그리스도께서는 왜 믿는 자 안에 생명 주시는 영으로 오셔서 어떻게 실제되게 하시는가?

또한 오늘날 주님이 믿는 자 안에 생명 주시는 영(고전15:45)으로 오심으로 인하여 우리의 신앙생활은 하나님의 경륜을 추구하는 신앙생활이어야 합니다. 하나님의 영원한 경륜을 수행하기 위해서 다섯 가지 시대적인 방향의 전환이 반드시 필요합니다. 왜냐하면 이 시대적인 방향의 전환을 모르면 말씀대로 실제가 성취되지 않기 때문입니다.

첫째는, 성전 개념의 전환입니다. 구약의 율법과 물질적인 성전에서 신약의 내 안에 거하는 성전이신 그리스도, 그리스도의 몸의 이상으로 전환하는 눈을 가져야 합니다. 둘째는, 통치 방법에 대한 전환입니다. 구약의 객관적이고 일반적인 통치방법에서 신약의 생명의 방향, 영(새언약) 안에서 통치받는 주관적인 방향으로 전환입니다. 셋째는, 천국복음으로 전환입니다. 구약의 율법에서 신약의 왕국의 통치와 다스림을 받는 천국복음(왕국복음)으로 전환입니다. 넷째는, 누림의 전환입니다. 구약의 유대종교적인 일의 행함에서 신약의 그리스도를 먹고 마심의 누림으로 전환입니다. 다섯째는, 실제화의 전환입니다. 구약의 율법은 그림자(히10:1)이고 신약의 그리스도는 실재임을 인식하는 전환입니다. 이러한 방향 전환의 수건이 벗어짐이 없이는(고후3:16) 하나님의 경륜 안에서 교회의 회복이 절대 불가능합니다.

이 책에서는 하나님의 비밀의 경륜, 방향의 실제를 보여주는 내비게이션이자, 그리스도의 생명의 실제인 나침반을 보여주고자 합니다. 하나님의 내비게이션은 항상 우리를 하나님이 원하시는 방향으로 인도하는 안내자이며, 그리스도의 나침반은 언제 어디서나 그 중심인 성전이신 그리스도를 가리킵니다. 우리가 하나님의 위대하고 놀라운 비밀, 감추어진 비밀의 경륜을 알게 될 때에, 인생의 모든 문제가 해갈되고 풀리게 되는, 교회의 본질이 회복되는 복음의 실제를 경험하게 됩니다. 우리는 하나님의 높은 경륜(經綸)의 이상을 추구하여야 합니다. 그분의 놀라운 경륜의 이상은 사람에게 하나님의 생명을 분배하고 그 생명이 우리의 영에서 혼까지 확장되어 그리스도를 표현하고 나타내는 것입니다.

하나님께서는 하나님의 걸작품으로 완성하기 위해 사람에 대한 전반적인 계획을 가지고 있습니다. 마치 씨실과 날실을 한 올 한 올 엮어 신부의 빛나고 깨끗한 세마포와 황금 비단을 짜듯이 말입니다. 하나님께서는 사람에 대한 놀라운 계획과 목적의 방향을 천을 짜듯이 계시하십니다(시45:13, 계19:8). 이것은 새 언약의 사역인 영의 사역을 통해서 목적을 성취하십니다. 이러한 하나님의 경륜 안에서 나를 발견(빌3:9)하고 체험하고 누리게 되면 지금까지 영적으로 열리지 않았던 하나님의 비밀의 말씀이 입체적으로 열리고, 그 말씀이 실제임을 인식하게 되고, 인간의 근본적인 실체를 깨달아 알며, 과거의 율법적이고 종교적인 삶이 눈에 보이게 됩니다. 사람에 대한 갈망과 하나님의 갈망의 역사, 인간의 운명과 가치가 하나하나 실제화되기 때문에 주님이 원하신 생명의 건축이 절로 성취됩니다. 창세기에서 계시록까지의 모든 말씀이 나의 과거이자 현재, 그리고 미래의 모습으로 들려지고 계시되어, 사람에 대한 하나님의 청사진과 설계도가 통시적이고 입체적으로 열리게 됩니다. 또한 나의 잘못된 지식, 율법적인 교리, 종교적인 관념, 즉 수건의 너울이 벗어지게 됩니다(고후3:14-18).

이 책은 이러한 진리와 하나님께서 원하시는 높은 이상의 방향을 추구하고, 교회본질의 회복과 그리스도의 실제를 누리기를 갈망하는 이를 위하여 쓰인 책입니다. 하나님의 경륜 아래서 시대적인 전환과 방향을 모르면 우리는 여전히 이스라엘 백성들처럼 애굽이라는 세상에서 나와 광야에서 40년간 신앙의 방황을 하다가 가나안에 들어가지 못하고 세상을 떠난 출애굽 1세대와 같은 나그네 인생이 될 것입니다.

이러한 방향과 실제를 누리기를 원하시는 분께 『하나님의 방향의 실제 내비게이션』, 『그리스도의 생명의 실제 나침반』을 권합니다. 이 두 권의 책은 독자 여러분께 하나님의 영원한 계획과 목적인 그리스도를 얻는 진리적인 측면과 실제적인 삶을 성취하는 데 좋은 길잡이가 될 것입니다. 하나님의 영원한 경륜의 이상과 교회의 본질의 비밀을 깨닫는 데 친절한 안내자가 되어줄 것입니다.

이 책을 읽고 누림으로써 하나님이 기뻐하시는 경륜의 이상이 열리고, 하나님께서 갈망하고 원하고 기뻐하시는 목적인 하나님의 생명으로 조성되어 우주적이고 시대적인 한 새사람으로 전환되시길 기대해 봅니다. 그리스도인은 한 생명 한 영혼이 성전입니다. 이 개인 성전이 그리스도의 십자가를 통과하며 허물어지고 파쇄되어, 그 영의 통치와 제한으로 인도함을 받으면 우리는 절로 그리스도의 생명으로 조성되고 그리스도의 몸으로 건축될 수 있습니다. 주님이 원하시는 교회 된 우리가 바로 그리스도의 몸(엡1:23)이요, 그리스도의 신부요(엡5:32), 그리스도의 형상이며 하나님의 걸작품인 영광스러운 교회요(엡5:27), 그리스도의 군사요(엡6:12), 하나님의 복음의 제사장인 예수의 일꾼(롬15:16), 교회들입니다. 주님이 원하시는 계획과 목적에서 벗어나는 것은 하나님의 경륜의 이상에서 벗어나는 것입니다. 하나님의 영원한 계획과 목적은 결국 새 예루살렘 성(천국)으로 완성됩니다. 이것이 우리 신앙의 목적이 되어야 합니다. 나는 항상 하나님께서 사도 바울과 사도 요한에게 말씀하셨던 두 말씀을 명심하고 있습니다. "남에게 전파한 후에 자기가 도리어 버림이 될까 두려워함이로라"(고전9:27). "하늘로부터 다른 음성이 나서 이르되 내 백성아, 거기서 나와 그의 죄에 참여하지 말고 그가 받을 재앙들을 받지 말라"(계18:4).

이 책을 지식을 더하거나 전달하는 목적으로 읽는다면 반복되는 내용에 부담이 될 것이고, 핵심을 취하고자 하는 마음으로 읽는다면 사족으로 느껴질 것들이 많이 있을지도 모릅니다. 이 책을 읽거나 파악하려고 하는 마음보다도 기도하는 마음으로 말씀을 찾아서 한 구절 한 구절 하늘의 생명의 양식으로 취한다면, 이 거친 양식이 쓴 나물이고 누룩 없는 떡, 무교병(출12:8)이라고 할지라도 이 양식이 내 몸에 참된 영적 에너지와 생명의 영양분을 풍성하게 공급하게 될 줄 믿습니다.

이 책이 나오기까지 응원해 주고 기도해 주신 사랑하는 가족과 민족회복운동 목회자 회원, 그리고 믿음의 이웃 형제들에게 깊은 감사를 드립니다. 그리고 하나님의 경륜 안에서 십자가의 삶을 사랑하며 전파하는 곳곳의 동역자들과 함께 이 책의 발간을 통해 하나님께 영광과 감사와 감격을 나누고 싶습니다.

마라나타! 주의 은혜와 실재가 모든 자에게 임하소서!! 정홍기 목사

목 차

저자의 글 · 5

제1장 사람을 창조하신 하나님의 목적과 의도

1. **사람의 기원과 존재의 가치_17**
   - 인생의 비밀 · 18
   - 사람의 존재의 가치 · 20
2. **하나님의 형상대로 사람을 창조하신 이중 목적_22**
   - 하나님은 사람의 내용이시고 사람은 하나님의 표현임 · 24
   - 하나님의 권위인 통치권, 그분의 원수인 사탄을 처리 · 27
3. **각종 피조물을 종류대로 창조하신 하나님의 의도_29**
   - 생명 공급을 위한 접붙임 · 31
4. **하나님의 부족한 한 가지 갈망_33**
   - 하나님께서 가장 소중하게 아끼는 존재는 · 36
   - 그리스도를 표현할 몸의 진리를 알기를 원하심 · 39
5. **하나님의 목적인 갈망의 실현_42**
6. **교회들이 나아가야 할 시대적인 전환과 방향, 대안_45**
   - 시대적인 전환 · 46
   - 시대적인 방향 · 47
   - 시대적인 교회본질을 회복하기 위한 대안 · 52

제2장 사람의 실존

1. **사람의 구성요소와 그 운명_54**
   - 사람 안에 두 생명 · 57
   - 사람도 삼위일체 하나님처럼 삼위 · 58
   - 두 생명의 운명 · 59
2. **이분설과 삼분설에 대한 성경적인 기준_60**

- 구원하실 때 세 단계로 대하심 · 63
3. 타락하기 전과 타락한 후의 인간의 상태_66
   - 타락하기 이전의 사람의 상태 · 67
   - 타락한 후의 사람의 상태 · 69
   - 우리의 영이 죽어 있을 때 사람에게 나타나는 세 가지의 표현 · 72
   - 타락한 인간의 세 방면의 손상 · 73
   - 사람의 타락의 결과 · 77
4. 하나님 앞에서 인간의 상태와 구원받은 후의 인간의 상태_78
   - 구원받은 후 내 안에 두 영역의 상태 · 82
5. 불신자 안의 두 가지 생명과 믿는 자 안의 세 가지 생명의 인격_84
   - 사람의 세 부분 - 영과 혼과 몸의 생명 · 85
   - 우리 안의 두 영역인 하나님의 나라와 사탄의 나라 · 88
   - 우리 안의 세 가지 생명의 발생 동기 · 89
   - 사람의 영 · 91
6. 구속보다 더 놀라운 하나님 생명의 분배_93
   - 영원한 하나님의 생명의 분배 전이 · 95

제3장 구원의 비밀의 실제

1. 생명으로 거듭나 영의 구원을 얻는 비밀_100
   - 왜 우리는 거듭나야 하는가? · 101
   - 하나님의 생명의 필요성 · 103
   - 어떻게 물과 성령으로 거듭나는가? · 105
   - 진리의 말씀으로 거듭나려면 · 107
   - 거듭남은 성령의 일 · 109
   - 거듭난 영으로 그리스도에게로 원적이 바뀜 · 110
2. 구원의 확신 스스로 확인하는 방법_ 112
   - 자신이 죄인이고 그리스도가 주님이심을 스스로 시인함 · 114
   - 성령께서 증언하심 · 114
   - 내 안에 내적인 증거 · 115

・형제를 향한 우리의 사랑 · 116
・말씀을 이루기를 열망하는 마음 · 117
3. **사람의 혼과 혼의 구원_119**
・혼의 세 부분 - 생각과 감정과 의지 · 120
・구원의 시제들 · 121
・믿음의 결국 혼의 구원 · 124
4. **사람의 혼인 생각의 변화의 실제_126**
・마음이 새로워짐 · 127
・생각을 영에 둠 · 129
・영으로 실행하는 길 · 131
5. **혼의 생명을 얻는 변화의 유일한 길_134**
・십자가의 참된 삶 · 136
・혼 생명을 잃는 것 · 138
・이생에서 혼 생명을 잃은 보상 · 142
・구원을 받은 이후 영의 행위 · 147
・영의 구원과 혼의 구원의 분별 · 148
6. **옛사람이 주님과 함께 어떻게 십자가에 죽고 사는가?_149**
・주님을 만나는 사람들의 증상 · 152
・그토록 십자가 외에 자랑할 수 없는 누림의 실제 · 153
7. **혼 안에 생명이 부어져 그리스도의 몸으로 조성되는 비밀_157**
・하나님의 경륜의 중심, 몸의 건축의 요소들 · 159
・교회 된 몸은 머리이신 그리스도로 공급 · 160
・내적인 성령에 의한 변화 · 161
・내 안에서 말씀하시는 음성에 순종 · 161
・그리스도의 사랑 안에 거하라 · 162
・그리스도의 통치를 받는 지체들과 연합 · 163

제4장 하나님의 위대한 비밀의 실제

1. **하나님의 비밀을 맡은 자_166**
・그리스도의 진짜 정체를 드러내는 교회 · 168

목차

2. 하나님의 비밀인 그리스도_171
   - 그리스도는 하나님의 비밀을 여는 마스터키 · 174
3. 그리스도의 비밀인 교회_176
   - 예수 그리스도의 진짜 정체 · 177
   - 주님이 원하시는 정상적인 교회 · 178
   - 교회는 왜 몸이라고 하는가? · 180
4. 그리스도의 비밀인 몸의 이상을 본 바울의 충격_185
   - 몸의 이상을 본 충격으로 생각이 바뀜 · 188
   - 그리스도의 생명의 풍성을 담는 그릇으로 부르심 · 190
   - 몸의 이상을 보면 섬기는 방식과 예배하는 방법도 바뀜 · 191
   - 하늘의 이상을 보면 땅의 것에 눈이 멂 · 194
5. 그리스도와 교회의 비밀인 부부의 비밀_195
   - 여자인 교회는 하나님의 백성 · 197
   - 교회는 돕는 배필 · 197
   - 교회는 그리스도의 생명의 연합체 · 199
   - 교회 된 부부연합은 영적 원리가 있다 · 200
   - 한 몸 된 유기체인 교회는 나눌 수가 없다 · 202
   - 그리스도의 몸을 이루는 이상의 실제들 · 203

제5장 하나님의 생명의 맥박인 부활

1. 죽은 자가 어떻게 다시 살 수 있는가?_206
2. 어떠한 몸으로 다시 사는가?_207
3. 죽을 몸이 어떻게 부활체의 몸으로 변형되는가?_209
4. 부활체의 몸의 변형은 어떠한 모습의 영광인가?_212
5. 생명의 부활과 심판의 부활_215
   - 하나님이 보실 때에 선한 행위 · 216
6. 생명의 부활인 첫째 부활과 나중 부활_220
   - 첫째 부활 · 221
   - 그 나머지 죽은 자들 · 222
   - 부활은 차례대로 · 223

- 둘째 사망이 그들을 다스리는 권세가 없다 · 225
- 마지막 나중 부활 · 227

제6장 음부와 낙원, 지옥과 불못의 관계

1. **음부(스올, 하데스)_230**
   - 사망과 음부의 열쇠 · 232
2. **낙원(셋째 하늘)_235**
   - 주 안에서 죽은 자들의 대기 장소 · 237
3. **지옥(gehenna)_238**
   - 지옥은 실제 어떠한 곳인가 · 240
   - 누가 지옥에 입성하는가? · 241
   - 믿는 자가 지옥에 갈 수 있다는 성경구절들 · 244
   - 믿는 자들이 지옥에서 왜 대가를 치르는가? · 248
   - 지옥은 영원한 것이 아니라 한시적임 · 250
4. **불못(cast into the lake of fire)_253**
   - 불못은 한번 들어가면 나올 수 없는 영영한 곳 · 255

제7장 우주 지구에 영적인 나라와 새 예루살렘

1. **세상 나라_262**
2. **하나님의 나라인 하나님의 왕국_263**
   - 왕국 안에 천국의 세 방면들 — 실제, 외형, 나타남 · 266
3. **그리스도가 직접 통치하는 천년왕국_268**
   - 천년왕국의 만국백성 · 272
   - 만국백성의 다스림 어떻게 통치하는가? · 273
4. **영원한 새 하늘과 새 땅_275**
   - 새 하늘과 새 땅의 만국백성 · 278
5. **거룩한 성 새 예루살렘 성(천국)_280**
   - 새 예루살렘 성 천국의 실제 · 283
   - 어린양의 생명책에 기록된 자만이 · 285
   - 새 예루살렘 성은 그리스도의 몸에 대한 실재의 완성 · 286

제1장

사람을 창조하신 하나님의 목적과 의도

1. 사람의 기원과 존재의 가치 | 2. 하나님의 형상대로 사람을 창조하신 이중 목적 | 3. 각종 피조물을 종류대로 창조하신 하나님의 의도 | 4. 하나님의 부족한 한 가지 갈망 | 5. 하나님의 목적인 갈망의 실현 | 6. 믿는 교회들이 나아가야 할 시대적인 전환과 방향

새로운 인생의 방향은 하나님의 영원한 경륜인 목표를 찾음으로써 시작되고, 목표가 없으면 방향도 없고 시작도 없습니다. 하나님은 계획과 갈망과 나아갈 목적과 의도가 있는 분입니다. 하물며 사람에게도 목적과 계획과 갈망이 있을진대 영원하신 하나님께 그분의 뜻과 목적이 없겠습니까? 그분의 계획은 사람과 큰 관련이 있는데(엡1:5), 성경은 이 계획을 하나님의 비밀의 경륜(엡3:9-11)이라고 부릅니다. 하나님의 경륜(經綸)의 이상은 그분의 형상인 하나님을 표현할 걸작품을 생산하기 위한 사람에 대한 전반적인 계획입니다. 마치 빛나고 깨끗한 세마포를 씨실과 날실로 한 올 한 올 정성껏 짜듯이 사람에 대한 계획과 방향과 실제도 천을 짜는 것과 같이 촘촘하게 구체적으로 계시합니다. 사람의 기원과 존재, 목적뿐만 아니라 종말과 영원한 운명의 의미까지 부여해 줍니다. 진정한 인생의 시작은 하나님께 삶의 목표를 정하고 하나님의 목적과 이상의 경륜을 깨닫는 것입니다.

인간의 삶은 간단하지 않고 아주 비밀스럽습니다. 사람 때문에 근심하고 실망하고 또한 만족하고 즐거워합니다. 사람이 혼적이고 이해타산적이기에 다루기가 쉽지 않습니다. 그 이유는 에덴동산에는 하나님과 사람 그리고 사탄, 세 영적 존재가 있는 것처럼 믿는 자 안에도 사람과

사탄, 그리고 하나님이 거하기 때문입니다. 마치 우주의 비밀처럼 풀 수 없는 수수께끼와 같습니다. 그래서 수 세기 동안 철학자들이나 역사가, 심리학자들이 사람의 존재와 인생의 의미를 이해하려고 노력해 왔으나 그에 대한 해답은 여전히 막연한 비밀입니다. 인생의 비밀은 세상을 창조하시고 사람을 지으신 하나님의 편에서 사람을 보아야만 해결의 실마리를 찾을 수 있습니다.

타락한 인간은 영과 혼과 몸, 세 부분으로 구성되고(살전5:23) 그 안에 세 종류의 생명과 세 가지의 인격이 있기 때문에 사람은 복잡하고 비밀스럽습니다. 그러나 사람을 창조하신 하나님께서는 사람의 비밀의 해답에 대해 성경을 통해서 본질의 실제를 계시해 주고 있습니다. 성경은 하나님에 관한 책일 뿐만 아니라, 인생에 관한 책이기도 합니다. 하나님이신 주 예수님께서 성경에서 아주 특별한 위치를 차지하는 것처럼, 사람 역시 특별한 위치를 차지합니다. 성경은 사람의 창조 목적과 구성 요소를 통해서 사람의 존재 목적과 방향을 밝혀주고 있습니다.

우리가 방향감각 없이 허공 치듯 인생을 살지 않고, 창조하신 의도에 맞게 생명의 길을 간다면 하나님이 주신 인생을 아주 의미 있게 누리게 됩니다. 성경이 인생의 비밀을 알려주는 해답이기 때문입니다. 내 안에 하나님을 담지 않은 인생은 이 세상 그 무엇으로 채워도 절로 족함이 없고 공허함을 느끼게 됩니다. 따라서 하나님이 없는 인생은 여전히 생명 없는 낙엽처럼 세월의 유행에 따라 흘러가는 것입니다. 이제 내가 시대의 유행을 따라서 흩날리며 살아가느냐 물살을 거슬러 오르는 물고기처럼 목표를 두고 시대를 거슬러 전환하고 살아가느냐? 이에 대한 해답은 하나님의 경륜 안에 담긴 영원한 목적과 의도를 깨달음으로써 알 수 있습니다.

우리는 반드시 인생의 목적을 알아야 합니다. 선악과 사건 이후 모든 인류는 타락하여 사람이 무엇이며(본질), 어디서 왔는지(기원), 어디에 있는지(존재), 어디로 가고 있는지(목표)를 잘 모르면, 그냥 자기 나름

즉 혼 생명으로 살아갑니다. 왜 그럴까요? 주인 되신 하나님이 없기 때문입니다. 하나님이 없으면, 사람은 자기 스스로 주인이 되어서 목표를 세우고, 방황하다가 죽는 것입니다. 사람마다, 사회마다, 나라마다 제각기 다른 목표를 가지고 있습니다. 그러나 모든 사람이 인정할 수밖에 없는 것이 있습니다. 금전이나 학식, 향락이나 지위나 명예나 권력도 사람을 만족시킬 수 없다는 것입니다. 또한 세월이 갈수록 삶이 더 건조해지고 목마르게 되어 결국에는 종교적, 물질적 바벨 성을 쌓아가는 비극을 낳게 되는 것입니다(계17-18장). 그러므로 우리는 하나님께서 지으신 목적에 따라 후회 없는 삶을 살아가는 것이 너무나도 중요합니다. 아직까지도 하나님께서 나를 왜 창조하셨는가를 모르고 막연하게 살아가는 분들이 많습니다. 먼저, 하나님께서 사람을 창조하신 의도와 목적이 어디에 있는가를 살펴봐야 합니다. 그에 대해 창조하신 자를 통해서 살펴보려 합니다.

1. 사람의 기원과 존재의 가치

"내 이름으로 불려지는 모든 자 곧 내가 내 영광을 위하여 창조한 자를 오게 하라 그를 내가 지었고 그를 내가 만들었느니라"(사43:7). "하나님이 이르시되 우리의 형상을 따라 우리의 모양대로 우리가 사람을 만들고 그들로 바다의 물고기와 하늘의 새와 가축과 온 땅과 땅에 기는 모든 것을 다스리게 하자 하시고"(창1:26).

왜 우리가 이 세상에 살고 있으며 인생의 목적이 무엇인지 혹 질문해 본 적이 있습니까? 성경은 이와 같은 질문에 대해 사람의 기원과 운명, 존재의 의미와 가치를 분명하게 말씀합니다. 어떤 사람에게 배추를 왜 만들었을까 물으면 김치 담그려고 만들었다고 대답할 수 있을 것입니다. 똑같은 질문을 소, 토끼와 같은 초식동물에게 하면 우리가 뜯어 먹으라고 만들었다고 말할 수 있을 겁니다. 그러나 배추에게 물으면 제대로 된 대답이 나올 수가 있을까요? 사람도 마찬가지입니다. 사람이 왜 있냐고 하면, 누가 대답하겠는가? 사람이 만들지 않았기 때문에 존재의 의미, 인생의 삶을 말할 수 없고 해석할 수밖에 없습니다. 모든 만물을 창조하시고 사람을 창조하신 하나님밖에는(히3:4) 그 누구도 인생의 해답을 말할 수가 없습니다. 사람을 창조하시고 만드신 분은 우리 주인 되신 하나님이시(창2:8, 신32:6, 15, 욥10:3, 시95:6, 사43:1, 7, 21, 44:2, 엡2:10)라고 성경은 말씀합니다.

인생의 비밀

우리가 바라보는 하늘과 우주는 무엇을 위하여 창조되었는가? 모든 우주는 땅을 위해 지어졌습니다. 햇빛과 비와 모든 것은 땅을 위한 것입니다. 그러면 땅은 무엇을 위해 존재하는가? 땅은 사람을 위해 존재합니다. 사람은 무엇을 위하여 창조되었으며, 무엇을 위해 이 땅 위에 살고 있습니까? 아마도 많은 사람이 자기 자신과 가족과 직장을 위해 존재한다고 말할 것입니다. 그러나 눈이 열려서 그리스도 안에서 생명의 빛을 받아 깨닫게 되면 그렇게 대답하지 않을 것입니다. 왜냐하면 사람은 하나님의 형상대로 창조(창1:26)되었기 때문입니다. 그러므로 사람은 하나님을 위해서 존재한다(골1:16)는 것을 반드시 알게 될 것입니다.

사람의 존재 목적은 하나님을 담는 그릇(롬9:24)으로서 하나님의 생명을 받아들이기 위한 것입니다. 하나님의 생명을 담아 우리 혼까지 확장되어 적셔질 때에 인생의 공허함이 사라질 뿐만 아니라 그분으로 감격하고 누리고 살아가는 것입니다. 이것이 인생의 비밀입니다. 인생의 비밀은 하나님께서 사람을 통해서 자신을 표현하고, 아들의 형상을 본받게 하시려고 미리 정하시고 부르심에 따르는 것입니다. "하나님이 미리 아신 자들을 또한 그 아들의 형상을 본받게 하기 위하여 미리 정하셨으니"(롬8:29). 이것이 하나님께서 당신을 위하여 정하신 계획이자 목적입니다.

사람의 기원은 하나님께서 지으셨기(시95:6, 엡2:10, 히3:4) 때문에 하나님이십니다. 만물을 지은 뒤에 사람을 지었는데 만물의 중심은 바로 사람입니다. 왜냐하면 사람의 영이 사람의 중심이기 때문입니다. 창조의 중심은 우주나 자연이 아니라, 하나님의 재료이자 배필인 사람입니다. 하나님께서 하나님의 영광을 위하여 사람을 창조하셨다(사43:7)는 것만 알고 맹목적으로 신앙생활을 하다 보면 회의나 허무가 밀려오기도 합니다. 나를 지으신 하나님의 경륜의 목적과 의도를 모르기 때문입니다.

성경은 사람의 기원과 운명, 존재의 의미와 가치를 분명하게 계시하고 있는데, 이걸 모르면 영적 소경이 되는 것입니다. 하나님은 매우 고결한 의도와 목적을 가지고 사람을 지으셨음(시139:14, 히3:4)을 성경은 밝히고 있습니다. 사람은 원숭이로부터 진화하거나 무(無)에서 나온 것이 아니므로, 목적 없이 이 땅에서 살아서는 안 되는 것입니다. 만약에 사람이 원숭이에서 진화했다면 참으로 목적이 없을 것이고, 인생 또한 원숭이의 삶처럼 극도로 무의미할 것입니다. 사람에 대한 하나님의 궁극적인 목적은 사람이 하나님의 생명을 받아서 하나님의 풍성을 표현하는 것입니다. 그분을 표현하는 길은 믿는 우리가 그리스도의 몸 된 교회가 되어 그분으로 충만 충일하게 나타내 보이는 것입니다. 그게 바로 교회의 존재를 의미합니다. "교회는 그의 몸이니 만물 안에서 만물을 충만하게 하시는 이의 충만함이니라"(엡1:23).

사람은 하나님의 생명을 가지고 신성한 속성을 살아 내도록 하나님에 의해 창조되었습니다. 그러므로 사람은 몸을 통해서 하나님의 사랑과 빛과 거룩함과 의의 모든 속성들을 표현해야 합니다(고후4:10-11, 히12:9-11). 이것을 하나님의 '걸작품'(엡2:10)이라 합니다(표준역, 회복역성경). 또한 하나님이 사람을 창조하신 목적이자 죄로 파괴된 인간성을 회복하는 길이고, 하나님께서 원하신 목표이자 인생의 비밀입니다.

사람의 존재 가치

　오늘날 우리가 살고 있는 이 세상은 한 면으로 죄로 인하여 타락한 곳이며, 가치 없는 땅입니다. 사람의 눈에는 화려하고 쾌락이 가득하게 보이겠지만, 하나님의 눈에는 다 타락된 땅, 인간의 가치가 멸시받는 마치 갈릴리와 같은 곳입니다. 이 땅에서는 인간의 가치가 물질과 권력으로 평가됩니다. 이것이 타락입니다. 타락이란 높은 곳에서 아래로 떨어졌다는 의미입니다. 타락은 가치의 상실을 가리킵니다. 원래 타락한 사람들은 물질 아래로 떨어져 버린 것입니다. 그러므로 오늘날 모든 사람은 돈과 명예와 학벌, 신분으로 사람의 가치를 평가하는 땅에 살고 있습니다. 진정한 사람의 가치는 어디에 있는가? 돈의 액수인가, 아니면 배움의 정도인가, 아니면 몸에 휘감은 화려한 보석인가? 사회적 신분인가? 결코 아닙니다. 이러한 가치 기준은 가치를 잃어버린 사람들의 이야기입니다. 사람의 가치는 결코 그런 것에 있지 않습니다. 그렇다면 인간의 참된 가치는 무엇인가?

　사람의 진정한 가치는 나의 주인 되신 하나님의 진리를 따르는 데 있습니다. 이천 년 전에 빌라도가 주님께 이런 질문을 했습니다. "진리가 무엇인가?"(요18:37). 이 질문은 온 인류의 숙제가 되어왔습니다. 그러나 주님은 빌라도에게 아무런 대답도 하지 않으셨습니다. 말해주어도 믿지 않을 뿐만 아니라 결코 진리를 깨닫지 못할 것이기 때문입니다. 세상의 명예와 지위에 눈먼 사람들은 여전히 진리를 알 수 없습니다. 사람의 가치는 재물, 명예, 성공, 쾌락보다 훨씬 더 귀중한 것입니다. 인간의 가치는 생명에 있습니다. 아무리 명예와 지위가 있다고 하여도 내가 죽으면 모든 것이 끝나는 것입니다. 인간의 생명은 너무나 짧고 유한합니다. 그러나 하나님이 주신 생명은 영원한 생명이며, 만유를 포함하는 완전하고 흠과 결함이 없는 생명입니다. 이 하나님의 영원하고 풍성한 생명이 내 안에 들어올 때에 우리의 인생은 완전히 바뀌게 됩니다. 사람으로 태어나서 하나님께서 사람을 창조하신 목적의 의도와 그 길을 기억하고 추구하고 경배하고 감사하고 영원하신 하나님의 생명을 받고 그분의 생명을 표현하는 것이 바로 진리이신 그분을 따르는 것입니다.

우리나라 일류 대학의 교훈에는 "진리"라는 말이 들어 있습니다. 소위 진리를 탐구한다는 대학에 미신이 얼마나 만연한가? 과학이 극도로 발달한 이 시대에도 여전히 사람들은 미신을 따르고, 박사 학위를 가진 사람들이 건물을 짓고 나서는 고사를 지내며, 돼지머리에 돈을 놓고 절을 합니다. 얼마나 가련한 노릇인가? 이런 사람들은 주인 되신 하나님을 버렸기 때문에 자신의 가치를 잃어버린 것입니다. 사람의 참된 가치는 무엇으로 평가되어야 하는가? 진정한 사람의 가치는 창조의 목적 아래 진리이신 그리스도의 생명과 지혜, 계시를 나타내고 표현하는 인격의 미덕들로 평가되어야 합니다(롬1:18-21).

사람의 손은 내 마음을 대신하여 움직입니다. 입은 내 마음을 대신하여 말합니다. 하나님은 자기를 대신하여 자기를 표현하도록 사람을 하나님의 형상대로 지으셨습니다. 사람의 가치는 죽을 육체의 몸에서 그분의 인격을 나타내고 표현하는 것입니다(고후4:10-11). 그것을 영광이라고 합니다. "내가 내 영광을 위하여 … 그를 내가 지었고 그를 내가 만들었느니라"(사43:7). 그러려면 우리가 하나님의 형상의 표현인 그리스도의 몸 된 교회가 되어 그분의 생명으로 충만 충일해야 합니다(엡1:23). 사람의 모든 가치는 결국 주님이 오시는 그날, 심판주가 되신 그리스도의 심판대 앞에서 판명되는 것입니다(롬2:16, 고후5:10, 딤후4:1, 히4:13, 9:27, 전12:14). 이와 같이 사람이 하나님의 지으신 목적과 계획을 근본적으로 알게 된다면, 우리는 참되고 가치 있는 인생을 살 수 있습니다. 그분은 우리 운명의 주인이며, 진리의 기준이며, 우리 영혼의 선장이십니다. 이 사실을 믿고 그분의 이름으로 누리고 살 때에 우리 인생의 모든 문제의 해답의 길이 열리게 됩니다. 우리의 운명을 지으신 분의 생명을 받아서 그분을 표현할 수 있는 유일한 증인이 되는 길은 먼저 그분을 생명의 주로 영접하는 것입니다. 창조주의 의도에 따라서 지으심을 받은 우리는 그분의 지혜와 계시를 표현하는 존귀한 존재이자, 하나님의 걸작품입니다(엡2:10).

2. 하나님의 형상대로 사람을 창조하신 이중 목적

> "하나님이 자기 형상 곧 하나님의 형상대로 사람을 창조하시되 남자와 여자를 창조하시고 하나님이 그들에게 복을 주시며 하나님이 그들에게 이르시되 생육하고 번성하여 땅에 충만하라, 땅을 정복하라, 바다의 물고기와 하늘의 새와 땅에 움직이는 모든 생물을 다스리라 하시니라"(창1:27-28).

성경은 하나님께서 온 우주와 사람을 창조하셨다는 것과 사람을 창조하신 목적을 분명히 밝히고 있습니다. 단지 일생 동안 땀을 흘리며 무엇인가를 성취하려고 노력하다가 결국 한 줌의 흙으로 돌아가는 것이 인생의 목적이 아닙니다. 하나님께서는 사람을 창조하실 때부터 영원한 목적을 가지고 계셨습니다. 우주의 모든 것이 하나님의 소유지만 하나님은 그것으로 만족하지 않으셨습니다. "하나님이 지으신 그 모든 것을 보시니 보시기에 심히 좋았더라"(창1:31). 왜냐하면 하나님의 형상과 모양대로 창조된 사람이 그분을 나타내고 표현하는 인격의 재산과 영원한 소유가 되길 원하셨기 때문입니다.

하나님께서는 영원부터 경륜의 목적(엡3:9)을 가지고 하나님을 담는 그릇이 되게 하시려고(롬9:21, 23) 하나님의 형상대로 그분의 모양에 따라 사람을 창조하시고 만물을 다스리게 하셨습니다(창1:26-28). 여기서 우리는 특히 "하나님의 형상과 다스림"이라는 계획의 말씀에 주의를 기울여야 합니다. 하나님께서 사람을 창조하신 의도에는 이중의 목적이 있음을 분명하게 계시하고 있기 때문입니다.

그 의도와 목적은 무엇인가? 두 가지 초점을 갖고 계십니다. 첫째는 긍정적인 면에서 하나님은 사람이 그분의 형상을 갖기를 원하셨고, 둘째는 부정적인 면에서 사람이 그분을 대신하여 권위를 받아 다스림이란 통치권을 갖기를 원하셨습니다. 하나님께서 사람에게 관심을 가지시는 것은 형상과 권위의 문제임을 볼 수 있습니다. 사람을 하나님의 형상과 모양대로 만드신 이유는 하나님의 형상인 그리스도를(고후4:4) 사람의 모양인 그릇 안에 담아 그리스도를 표현하게 하려는 뜻입니다(고후4:11). 사람은 하나님의 생명을 담는 그릇(롬9:21)이기 때문에 하나님은 우리의 내용이 되길 원하셨던 것입니다.

마치 병이 음료수나 우유를 담기 위하여 만들어졌듯이, 공사판에 가보면 불도저, 포클레인 등의 중장비들이 있는데 저는 포클레인을 볼 때마다 신기하게 생각했습니다. 땅을 파는 도구인데 사람의 손 모양과 똑같습니다. 마치 손가락처럼 세 마디로 되어 구부러지게 되어 있습니다. 손의 형상을 따라 손의 모양대로 만들어졌습니다. 땅을 파기 위해 손의 형상을 따라 손의 모양대로 기계를 만든 것과 "우리의 형상을 따라 우리의 모양대로 우리가 사람을 만들고"는 같은 의미입니다. 이것은 그 형상에서 본질이 표현될 수 있듯이, 그 형상이 아닌 것에서는 표현될 수가 없다는 뜻입니다. 또한 장갑은 손의 형상과 손의 모양을 따라서 만듭니다. 장갑을 손의 형상을 따라 만든 이유는 실재의 손을 장갑 속으로 넣어 나타내고 표현하기 위함입니다. 만약에 장갑을 손에 끼지 않고 장갑 자체로만 두면 헐렁하고 공허하고 장갑이 제구실을 못 하는 것처럼 우리 인생의 실재이신 그리스도가 내 안에 거하지 않으면, 우리 인생은 아무것도 아닙니다. 부와 명예와 지식, 성공을 누릴지라도 우리의 깊은 내면에서 부족함을 느끼고 공허함과 허망함이 절로 밀려옵니다. 사람을 지으신 의도를 망각한 인생의 실상입니다. 그 무엇으로도 충만히 채울 수 없는 것, 바로 내 안에 하나님의 생명이 없는 인생의 모습입니다.

하나님이 사람을 창조하신 목적은 사람이 하나님의 영원한 재산이 되며 몫이 되게 함입니다. 하나님의 자산은 금이나 보석이 아니고, 높은 빌딩도 아니며, 광대하고 아름다운 하늘과 땅도 아닙니다. 하나님의 형상과 모양으로 창조한 사람을 얻는 것입니다. 사람을 얻지 못할 때에 다른 것을 다 얻는다 해도 여전히 부족하고 가난함을 느낍니다. 하나님이 우리의 자산이고 기업이며 분깃이고 몫이 되고 우리의 모든 것이 될 때에 우리는 참으로 부유한 자가 되는 것입니다. 그러므로 사람은 하나님을 담는 그릇이며 용기입니다(롬9:21, 23, 렘18:4, 사64:8). 즉 하나님을 담아 그분을 표현하는 영광의 그릇으로 사람을 만드셨음을 계시하고 있습니다. "우리는 보배이신 그리스도를 담는 질그릇"(고후4:7)으로 지으셨음을 말합니다. 이 그릇은 마치 꽃병과 같습니다. 꽃병은 꽃을 채우기 위해 만들어진 것처럼, 사람은 하나님을 채우기 위해 만들어졌습니다. 장갑이 손의 형상대로 만들어진 것처럼, 사람은 하나님의 형상대로 만들어졌습니다.

하나님은 사람의 내용이시고 사람은 하나님의 표현임

장갑의 목적, 즉 그 존재의 의미는 손이 그 장갑 안으로 들어와서 손을 표현하는 것처럼, 사람을 창조하신 분명한 목적은 하나님께서 사람 안으로 오셔서 사람이 하나님을 표현하고 나타내는 것입니다(고후4:10-11, 롬8:29). 왜 그렇습니까? 하나님은 자기 자신이 영(요4:24, 눅24:39)이시기 때문에 자기를 표현할 길이 없습니다. 우리도 마음만 가지고서는 표현할 수가 없습니다. 영이신 하나님도 자기를 표현하려면, 어떤 형상의 도구가 반드시 있어야 합니다. 그래서 영적 존재인 사람을 통해서 하나님 자신을 표현하시려는 도구로 창조하신 것입니다. 그분은 사람을 위해서가 아니라, 하나님 자신을 위하여 사람을 창조하셨습니다(사43:21, 골1:16). 이것이 하나님이 원래 창조하신 순수한 인간성 회복입니다. 그러므로 하나님은 사람의 내용이 되셔야 하고 사람은 하나님의 표현이 되어야 합니다. 일반적으로 믿는 자들은 하나님께서 사람을 창조하신 목적을 하나님의 영광을 위함이라고 알고 있습니다.

"내가 내 영광을 위하여 창조한 자를 오게 하라 그를 내가 지었고 그를 내가 만들었느니라"(사43:7). "그런즉 너희가 먹든지 마시든지 무엇을 하든지 다 하나님의 영광을 위하여 하라"(고전10:31).

여기에서 "영광"이란 그리스도의 빛이신 그분을 표현하고 나타내는 것입니다. 내 안에 그리스도의 생명인 인격이 나타나고 삶을 통해서 표현할 때, 그분이 영광을 받는 것입니다. 이게 그분의 목적입니다. 그렇습니다. 보이지 않으시는 하나님께서 육체를 입은 독생자이신 예수 그리스도로 오신 이유는 은혜와 진리를 실재의 영광으로 나타내기 위함입니다. "말씀이 육신이 되어 우리 가운데 거하시매 우리가 그의 영광을 보니 아버지의 독생자의 영광이요 은혜와 진리가 충만하더라"(요1:14). 은혜는 우리의 누림이 되시는 아들 안에 계신 하나님을, 진리가 되신 실재는 우리에게 실제화된 아들 안에 계신 하나님을, 영광은 우리에게 표현되고 나타나신 아들 안에 계신 하나님을 의미합니다.

하나님께서는 때가 차매 율법 아래 있는 사람들을 구속하여 우리도 그리스도처럼 아들의 자격을 얻도록 하십니다(갈4:4-5, 엡1:5). 많은 아들들을 얻어 그리스도의 생명을 담아서 단체적으로 그리스도를 표현하게 하는 것이요(히2:10, 롬8:29), 그 표현은 하나님의 영광과 같고 하나님의 영광을 위하여 하나님의 형상대로 만드셨습니다. 고린도전서 11장 7절 상반절에서 "남자는 하나님의 형상과 영광이니 그 머리를 마땅히 가리지 않거니와"라고 말합니다. 사람(남자)은 하나님의 형상이기 때문에 하나님의 영광이고, 사람은 하나님을 표현하기 위해, 다시 말해 하나님의 영광을 위하여 하나님의 형상대로 만들어졌습니다. 이와 같이 하나님께서 자기의 형상인 그리스도의 형상을 따라 사람을 만드신 이유는 그리스도를 사람 안에 담기 위해서입니다.

그리스도께서 사람 안으로 들어오셔서 그들의 생명이 되시어 사람을 통해서 자신을 대표하고 표현하는 아들(그리스도)과 같은 한 무리를 얻는 것이 하나님의 영원한 목적입니다. 이것은 사람이 하나님의 형상이신 그리스도를 따라 창조된 하나님의 걸작품임을 가리킵니다(엡2:10). 그리스도는 사람 안에 들어가시어 사람의 몸을 통하여 그리스도의 생명을 나타내고 표현되고자 하십니다(골1:27, 고후4:10). 따라서 예수 그리스도를 믿고 성숙한 자는 반드시 그리스도의 형상을 닮아 그리스도를 표현하는 그 인격의 미덕이 흘러나오는 것입니다. 그 미덕들이 바로 성령의 열매이자 그리스도의 인격입니다(갈5:22-23, 벧후1:5-8, 히12:9-11). 생명이 성장하여야 그 속성인 그리스도의 인격과 속성이 표현되는 것입니다.

하나님께서는 아들과 같은 그리스도의 형상을 이루게 하시려고 우리를 미리 정하시고 부르셔서(롬8:29-30) 우리를 하나님의 생명을 얻도록 접붙임으로 안배하셨습니다. 농부가 단 열매를 맺는 나무(단감)를 떫은 열매를 맺는 나무에 접붙이는 것은 두 나무의 생명이 서로 상호거처가 되어 결합하여 한 생명이 되게 하기 위함입니다. 그 후로는 떫은 나무가 단 열매를 맺는 것이 나무의 표현입니다. 떫은 열매를 맺는 나무는 자기 생명으로, 이제는 더 이상 떫은 열매 생명으로 사는 것이 아니라, 단 열매로 그 안에 사는 것입니다. 이것이 "살든지 죽든지 내 몸에서 그리스도가 존귀하게 되게 하려"(빌1:20)는 것입니다. 이것은 비밀이지만 단순한 진리입니다. 이것이 하나님께서 사람을 그의 형상대로 창조하신 목적입니다.

하나님께서 인간을 지으신 목적에는 바로 이와 같이 한 무리를 얻으시려는 깊은 갈망이 있는 것입니다. 하나님께서 우리를 그분의 형상을 따라 창조하신 목적의 경륜은 이 우주 안에서와 이 땅 위에서 그분 자신을 표현하기 위함이자 그분의 기쁨입니다(엡1:9).

하나님의 권위인 통치권, 그분의 원수인 사탄을 처리

둘째, 더욱 놀라운 창조의 비밀은 "다스림"에 있어서 하나님의 권위인 통치권을 행하게 하기 위함입니다. "우리가 사람을 만들고 그들로 바다의 물고기와 하늘의 새와 가축과 온 땅과 땅에 기는 모든 것을 다스리게 하자 하시고"(창1:26).

하나님의 형상을 입은 사람에게 그 권위를 위임하여 온 우주 만물을 통치할 뿐만 아니라, 부정적인 면에서 반역자이자 원수인 사탄을 정복하고 다스리고 이기게 하는 통치권을 주셨다는 것입니다. 따라서 우리는 "다스림"이라는 말씀에 주의를 기울여야 합니다. 하나님은 사람에게 "생육하고 번성하여 땅에 충만하라, 땅을 정복하라"(창1:28)라고 말씀하셨습니다. 이것은 하나님이 주신 영토를 다스리도록 우리에게 위임했을 뿐만 아니라, 땅 위에서 무언가가 하나님을 거역해 반역하고 있었음을 가리킵니다. "땅에 기는 모든 것을 다스리게 하자 하시고"(창1:26). 이것은 하나님께서 사람을 지으신 의도가 사람으로 하여금 기는 것들의 머리인 뱀, 즉 하나님을 반역하고 사람을 미혹했던 사탄을 정복하게 하는 것임을 가리킵니다. 그러므로 사람은 귀신들의 거처인 바다를 다스려야 하며, 악령들의 거처인 공중을 다스려야 하고, 사탄의 활동무대인 땅을 다스려야 합니다. 궁극적으로 원수 대적을 모두 정복하고 이기게 하여 처리하기 위함이요, 땅을 회복하고, 만물을 다스리도록 통치권을 주셨습니다. 이러한 사실의 실현은 하나님의 형상을 입은 이기는 자에게 주신 유업, 장차 주님이 통치하는 그 나라, 천년왕국에서 실재가 되는 것입니다(계11:15).

하나님의 형상으로 사람을 창조하여 아들의 형상을 본받게 하는 목적은 그분의 인격을 표현하는 것이요, 하나님의 권위인 통치권은 그분의 원수인 사탄을 처리하기 위한 것입니다. 이로써 하나님께서 사람을 창조하신 의도에는 이중의 목적이 있음을 분명하게 계시하고 있습니다(창 1:26-28). 이러한 면에서 모든 피조물 중에 유일한 것이 사람이며, 그분을 대표하는 것입니다. 따라서 하나님을 표현하고 그분을 대표하기 위해 사람을 창조하셨습니다. 자신의 삶 속에서 그리스도를 표현하여 내 자아와 세상, 종교, 사탄을 이기고 다스리는 삶을 살아가는 그리스도인이야말로 죄로 파괴된 인간성을 회복하는 참된 신앙인입니다.

하나님께서는 하나님의 계획과 목적을 사람을 통해서 성취하시기를 갈망하기 때문에 무엇보다 사람을 사랑하십니다. 사람은 하나님께서 그분의 계획을 성취하시고 그분의 원수를 패배시키고 그분을 표현하는 데 있어서 매우 중요한 존재입니다. 하나님의 갈망은 적극적인 면에서 단체적인 한 사람을 통하여 그분 자신을 표현하는 것이고, 소극적인 면에서 이 단체적인 사람을 통하여 그분의 원수 사탄을 처리하는 것입니다. 성경 마지막 부분에 새 예루살렘 성이 나오는데, 이 성을 통해 하나님의 형상이 표현되고(계21:10-11, 4:3), 하나님의 권위가 행사됩니다(계22:5, 21:24-26). 새 예루살렘 성, 즉 천국이 바로 하나님의 표현이요 대표입니다. 그러므로 이 땅에서 그분의 형상 안에서 그분을 표현하고, 그분의 권위를 가지고 그분을 대표해야(창1:26-28) 하는 것이 믿는 우리의 본분입니다. 우리는 이제 성경을 지적으로 이해하는 것뿐만이 아니라, 하늘에 속한 하나님의 높은 이상이 보일 때 그분의 목적에 따라서 나아가야 하며 그분으로 살아내야 하는 것입니다.

3. 각종 피조물을 종류대로 창조하신 하나님의 의도

"하나님이 땅의 짐승을 그 종류대로, 가축을 그 종류대로, 땅에 기는 모든 것을 그 종류대로 만드시니 하나님이 보시기에 좋았더라"(창1:25). "그 머리 위에 있는 궁창 위에 보좌의 형상이 있는데 그 모양이 남보석 같고 그 보좌의 형상 위에 한 형상이 있어 사람의 모양 같더라"(겔1:26). "아들이 있는 자에게는 생명이 있고 하나님의 아들이 없는 자에게는 생명이 없느니라"(요일5:12).

하나님께서는 사람을 창조하기 전에 다른 모든 피조물을 각기 그 종류대로 창조하셨습니다(창1:11, 12, 21, 24, 25). 광물은 광물의 종류에 따라, 식물은 식물의 종류에 따라, 곤충은 곤충의 종류에 따라, 동물은 동물의 종류에 따라 각기 감각이 없는 광물과 감각과 표현이 있는 식물과 동물을 차례대로 만들었습니다. 마지막으로 코에 생기를 부어 산 혼이 되는 사람(아담)을 창조했습니다(창2:7, 고전15:45). 우주 안의 수백만의 항목들을 이와 같이 질서대로 창조하신 것은 매우 의미가 큽니다. 이것을 통해 식물은 동물을 위해 창조되었고, 동물은 사람을 위해 창조되었고, 사람은 하나님을 위하여 가장 높은 생명으로 창조되었음을 알 수가 있습니다. 사람의 생명은 질에 있어서 식물이나 동물의 생명보다 훨씬 탁월하고 뛰어납니다. 또한 하등동물에서 고등동물까지 표현방법이 각각 다르게 나타납니다.

마지막에 하나님을 대신하고 표현할 수 있도록 사람을 창조하셔서 하나님이 보시기에 만족하여 심히 좋았습니다(창1:31). 특히 사람은 사람의 종류에 따라 만들어진 것이 아닙니다. 사람은 아주 특별하게 하나님의 형상과 하나님의 모양의 종류, 즉 신류로 창조되었습니다. 하나님께서 사람을 자기의 형상을 따라 지었다는 말보다 더 좋은 말은 없습니다. 하나님의 생기를 받아 산 혼인 사람이 되었다(창2:7)는 것은 너무나 기분 좋은 말입니다. 만약에 개, 원숭이의 생기가 들어와서 사람이 되었다면 얼마나 기분 나쁘겠는가? 처음에는 하나님의 형상을 따라(창1:27), 다음에는 숨인 생기를 코에 넣어서(창2:7), 마지막에는 갈빗대를 취해서(창2:22) 지었다는 것은 사람은 단순한 물질이 아니라, 하나님의 생명으로 지었다는 것을 보여주는 것입니다. 이것은 하나님의 생명과 하나님의 종류로 사람을 창조했다는 것을 말씀하고 있는 것입니다. 사람은 하나님과 같은 종류, 신의 소생(행17:28)입니다. 사람이 하나님의 형상을 따라 창조되었기 때문입니다.

　사람은 하나님과 같은 모양을 가지고 있습니다. 보이지 않는 하나님이 '사람과 같은 모양'이라고 성경은 각 선지서를 통해서 말씀하고 있습니다(겔1:26-28, 단7:9, 출33:20-23, 왕상22:19-20, 계1:13-16). 하나님의 모양은 하나님의 밖에 속한 것, 하나님의 외적 형태로서 사람의 모양입니다. 하나님이신 예수 그리스도는 그 언약대로 육신의 옷을 입고 사람의 모양을 가지고 사람을 구속하고 연합하기 위해 이 땅에 실제로 오셨습니다(요1:14, 롬8:3). 성육신하신 예수 그리스도는 인성이신 예수와 신성이신 그리스도의 연합이신(요1:14) 하나님의 체현입니다. 이러한 연합의 접목의 원리는 같은 종류끼리만 생명의 접목의 연합이 이루어진다는 사실을 증명하여 주는 것입니다. 이것은 사람은 창조하신 하나님과 같은 종류, 생명관계를 가지고 있다는 것을 뜻합니다. 따라서 사람에게는 신성한 하나님의 생명을 받을 수 있는 능력과 역량이 있다는 것입니다. 이것이 사람에게 얼마나 큰 축복인지 모릅니다.

　한 종류의 생명을 다른 종류의 생명에 접붙이려면 두 생명이 매우 유사해야 합니다. 마치 장미과인 찔레는 장미에, 탱자는 귤에, 돌감람나무는 참감람나무에 접목하듯이(롬11:17-19), 같은 종류여야 하는 것입니다. 다른 종끼리는 절대 하나로 이루어지지 않는데, 두 생명 사이에 조금도 유사점이 없기 때문입니다. 사람의 생명은 하나님의 형상과 하나님의 모양대로 지어졌을 뿐만 아니라 하나님과 같은 영적 존재이기 때문에 신성한 하나님의 생명이 사람과 결합될 수 있습니다.

　하나님을 대신하고 그를 나타내려면, 반드시 그 신분과 일에 맞는 형상을 갖추어야 합니다. 물에서 헤엄을 치려면 물고기와 같은 형상을 갖추어야 하며, 공중에서 날려면 새와 같이 날개의 형상을 갖추어야 합니다. 그러므로 사람은 하나님의 형상을 따라 지어지도록 예정되었습니다. "새사람을 입었으니 이는 자기를 창조하신 이의 형상을 따라 지식에까지 새롭게 하심을 입은 자니라"(골3:10). 사람은 우연히 생긴 것이 아닙니다. 하나님의 형상을 따라 지어지도록 예정되었고 그 생명을 공급받도록 예정된 것입니다. 실제로 하나님을 표현할 수 있는 유일한 길은 하나님의 생명을 공급받는 것입니다.

생명 공급을 위한 접붙임

하나님의 생명 공급은 어떻게 되어지는 것인가? 접붙이기 과정이 그 한 예입니다. 접붙이기를 하려면 먼저 접가지가 될 부분이 잘리어 죽어야 하고, 그다음은 접가지가 붙여질 부분이 또한 죽어야 합니다. 같은 방식으로 그리스도는 나무의 일부인 다윗의 가지(렘23:5, 33:15)로 오셔서 십자가에 먼저 죽으셨습니다. 그분은 죽음과 부활을 통하여 잘리어서 생명 주시는 영(고전15:45, 고후3:6), 그 영(롬8:11)이 되시어 접붙여질 가지로 준비가 되었습니다. 같은 종류의 가지인 우리도 회개하고 돌이켜서 십자가에 죽으신 그분을 받아들이면, 생명 주시는 그분이 우리의 영 안으로 들어오시어 우리 안에 하나님의 생명을 주십니다. 이것은 죽음과 부활 안에서 우리가 그리스도와 함께 유기적으로 연결되어 접붙여지는 것을 묘사합니다. 이와 같이 주와 합하여 한 영이 되는 것입니다(고전6:17).

돌감람나무인 우리가 참감람나무인 그리스도에게 접목되는 것입니다(롬11:17, 22). 접목하는 이유는 두 생명을 하나로 연결해, 두 생명이 연합된 하나의 생명과 하나의 생활을 누리어 하나의 생명을 표현하기 위함입니다. 돌감람나무인 우리가 참감람나무인 그리스도의 생명을 받아 그 생명을 표현하는 것입니다. 이제는 우리가 돌감람나무, 들포도로 사는 것이 아니라 참감람나무, 참포도인 그리스도와 더불어 그 안에 사는 것입니다. 만유의 하나님께서는 이와 같이 자연의 원리를 통해서 생명의 분배의 연합을 계시해 줍니다. 왜냐하면 이 세상의 모든 것은 그리스도의 모형과 그림자이기 때문(히8:5)에 그리스도를 계시하여 설명해 주는 것입니다. 육신으로 오신 그리스도는 하나님과 사람의 연합이십니다. 피조물을 그 종류대로 창조하신 이유와 사람을 하나님의 종류로 창조하신 것도 하나님의 생명을 사람에게 분배하기 위한 하나님의 놀라운 의도이자 비밀입니다. 오직 아들이신 그리스도를 통해서만 하나님의 생명이 사람과 접목이 되어 하나님의 생명을 공급합니다. "다른 이로써는 구원을 받을 수 없나니 천하 사람 중에 구원을 받을 만한 다른 이름을 우리에게 주신 일이 없음이라 하였더라"(행4:12).

생명을 받는 것은 노력하고 개선하여 되어지는 것이 아닙니다. "또 증거는 이것이니 하나님이 우리에게 영생을 주신 것과 이 생명이 그의 아들 안에 있는 그것이라 아들이 있는 자에게는 생명이 있고 하나님의 아들이 없는 자에게는 생명이 없느니라 내가 하나님의 아들의 이름을 믿는 너희에게 이것을 쓰는 것은 너희로 하여금 너희에게 영생이 있음을 알게 하려 함이라"(요일5:11-13). "오직 이것을 기록함은 너희로 예수께서 하나님의 아들 그리스도이심을 믿게 하려 함이요 또 너희로 믿고 그 이름을 힘입어 생명을 얻게 하려 함이니라"(요20:31). 이와 같이 하나님께서 말씀이 육체가 되시어 우리 가운데 거하여 믿게 하신 것은 하나님이 사람과 연합의 진리의 실제 즉 유기적인 연합을 설명하기 위함이요(요1:14), 하나님의 생명을 분배하기 위함입니다.

사람이 생명의 공급 없이 그리스도를 대신하고 표현하는 것은 바로 역적입니다. 사탄이 바로 그렇게 하라고 시킨 것입니다. 사탄은 "너희가 그것(선악과)을 먹는 날에는 너희 눈이 밝아져 하나님과 같이 되어 선악을 알 줄 하나님이 아심이니라"(창3:5)라고 했습니다. 사람이 신처럼 되려고 수양하고 도를 닦고 발버둥을 쳐도 시늉일 뿐입니다. 즉 노릇만 하지 실제가 되지를 않는 것입니다. 우리는 하나님과 생명관계이므로 하나님의 생명을 공급받고 그리스도를 먹고 마시는 누림의 신진대사의 과정을 거쳐야 하나님을 대신하고 그를 표현하고 살 수 있는 실제화되는 그리스도인이 되는 것입니다. 사람은 하나님의 생명을 공급받아서 하나님의 위임을 수행할 수 있습니다. 그러나 생명공급 없이 하는 것과 생명공급을 받아서 신앙생활 하는 것은 다릅니다. 교회 된 우리는 이제 그리스도의 형상을 따라 지어지고 그의 생명공급을 받아서 그의 몸으로서, 그 성품을 표현하는 종으로서, 그와 동역하고 신부군대로서 그의 대적과 싸우는 것입니다. 이러한 문제는 사람이 하나님의 형상의 목적을 위해 세워지는 것을 계시해 줍니다. 사람의 운명이 하나님의 생명을 얻어 생명 주는 영 안에서 생명으로 연결되고, 본성 안에서 연합하여 인격 안에서 합병되는 상호거처가 되는 것은 참으로 놀라운 복음, 새 예루살렘성, 천국의 길을 계시합니다.

4. 하나님의 부족한 한 가지 갈망

"하나님은 모든 사람이 구원을 받으며 진리를 아는 데에 이르기를 원하시느니라"(딤전2:4).

전능하시고 완전하신 엘로힘 하나님께서도 부족한 한 가지가 있습니다. 그러므로 그 마음에는 늘 갈망이 있습니다. 마치 아담이 그의 배필인 하와를 원하는 것처럼 그분도 온전케 되기를 원하십니다(엡4:12, 딤후3:17, 딛1:13). 절대적으로 부족한 그 하나가 무엇일까요? 바로 몸의 형상이 없다는 것입니다. 하나님은 영이십니다(요4:24). 그렇기 때문에 땅 위에서 자신을 표현하려는 연합체인 한 몸이 반드시 필요합니다. 이것이 하나님의 절대적인 갈망입니다. 이 말을 듣고 이렇게 말하는 사람이 있습니다. "하나님이 뭐가 부족하냐. 하나님은 완전하다는데 말이지, 저 사람들은 하나님이 불완전하다고 한다."고 말입니다. 영적인 귀가 열리지 않아 이런 말을 합니다. 하나님은 영이시기 때문에 갈망이 있습니다. 왜냐하면 몸이 없기 때문입니다. 내가 마음이 있다고 하더라도 표현할 수 있는 손이 없다면 어떻게 하겠습니까? 마음이 아무리 간절해도 손이 없으면 아무것도 못 합니다. 몸이 있어야 내 마음을 표현할 수 있습니다. 몸으로 표현해야 실재가 되는 것입니다. 그러므로 하나님께서는 표현할 수 있는 몸 된 교회를 얼마나 갈망하겠습니까? 다시 말씀드리면, 그분은 영(요4:24, 눅24:39)이시므로 보이지 않기(골1:15, 딤전1:17) 때문에 실재하시지만 몸의 형상이 없습니다.

형상이 없으신 하나님의 절대적인 갈망은 무엇인가? 하나님은 자신의 뜻을 일치하게 나타낼 수 있는 처소인 몸이 필요하기 때문에 자신의 형상을 따라 자신의 모양대로 사람을 지었습니다. 그 형상이 마음의 내용을 표현할 수 있습니다.

사람이 걸으려면 반드시 발의 모양을 가져야 합니다. 아무리 손이 좋아도 손바닥으로 걸을 수는 없습니다. 물건을 잡을 때는 손이 필요하지만 손으로 걸을 수는 없습니다. 그러므로 목적에 맞는 형상이 필요한 것입니다. 몸에 맞는 형상, 머리에 맞는 형상이 필요합니다. 하나님께서는 자기의 형상에 맞는 모양을 다라서 사람을 지으시고 심히 기뻐하셨습니다(창1:31). 생명과 형상과의 관계는 마음과 몸의 관계와 같은 것입니다. 우리의 마음이 있으면, 그 마음을 실현할 수 있는 몸이 있어야 합니다. 사람을 하나님의 형상에 따라서 만들었다는 것은 사람을 통해 하나님께서 무엇을 하시려는 계획이 있다는 것을 보여주는 것입니다. 그러므로 "우리의 형상을 따라 우리의 모양대로 우리가 사람을 만들고, 모든 것을 다스리게 하자 하시고"(창1:26)라고 했습니다.

사람이 하나님의 형상을 따라 만들어졌다면 사람은 하나님에게 절대적인 필요의 가치가 있는 존재입니다. 왜냐하면 사람이 하나님 자신을 표현할 몸의 형상이기 때문에 죄를 지었는지 안 지었는지를 따지기 전에 하나님의 표현을 위해서 절대적으로 필요한 존재가 사람입니다. 우리가 흔히 하나님은 갈망이 없을 줄 알지만, 사실은 그렇지 않고 갈망이 매우 크신 분이십니다. 이 갈망에 따라서 사람을 창조하셨고 교회 된 몸인 우리를 선택하고 부르셨습니다(롬8:29-30). 하나님께서는 이렇게 식물도 짓고 동물도 짓고 만물을 다 지었는데(히3:4), 여섯째 날 마지막에 왜, 사람을 지어야만 했는가? 자기를 표현하기 위해서 만물을 지었는데 하나님을 표현하기에는 뭔가 부족했다는 것입니다. 식물도 자기 의사를 표현하겠지만 식물은 표현하는 것에 동물과 차이가 있습니다. 하등동물에서 고등동물로 갈수록 표현 방법이 달라집니다.

성경에는 처음에 물고기가 나오고 새들이 나오고 땅에 있는 짐승들이 나오는데 물고기를 자세히 보면 눈을 깜박거리지 않고 입만 뻥긋뻥긋합니다. 무슨 생각을 하는지 잘 모릅니다. 표현이 불가능하다는 뜻입니다. 그런데 새들은 눈을 깜박거리고 뭔가 의사를 전달합니다. 다른 동물들을 보면 그보다 더 분명합니다. 개는 눈빛만 보아도 주인을 좋아하는지 좋아하지 않는지가 표현됩니다. 그렇지만 그것으로는 하나님 자신을 표현하기에 부족합니다. 그래서 마지막에 하나님을 표현하고 대신할 수 있는 걸작품인 사람을 지으신(엡2:10) 다음 창조를 마치시고 만족하여 안식하셨습니다(창1:31-2:2). 이것은 하나님께서 원하시는 의도가 완성됐다는 뜻입니다. 이것이 하나님이 기뻐하신 하나님의 뜻이자 만족입니다. 마지막에 하나님께서 의도했던 하나님의 형상이 완성되어, 하나님의 뜻을 완전히 표현할 수 있으므로 이제 손을 놓고 만족하게 생각하며 "하나님 보시기에 심히 좋았더라"고 하셨습니다(창1:31).

이것은 마치 작가나 조각가가 자기의 의도대로 완벽한 작품이 나오면 만족하여 손을 놓는 것과 같습니다. 하던 일을 미루어 놓고 안식할 수는 없는 것입니다. 하나님께서도 창조를 마치신 다음 그날에 안식하셨다고 했습니다(창2:3). 안식하셨다는 말은 아주 만족한 상태를 말합니다. 우리 하나님은 사람인 나를 통해서 하나님 자신의 뜻을 설명하고 표현할 때 기뻐하시고 만족하십니다(엡1:9, 히11:6, 빌2:13, 요8:29). 이제 우리는 사람을 창조하신 목적대로 그 길을 가야 할 뿐만 아니라, 긍정적으로는 그분을 표현하고 부정적으로는 사탄을 정복하고 다스리는 증인,

주님이 원하시는 몸의 이상을 아는 증인이 되어야 합니다(행1:8, 마28: 19-20).

하나님께서 가장 소중하게 아끼는 존재는

사람은 하나님의 본질적이고 존재적인 필요 때문에 만들어진 존재이므로 절대적인 필요 안에, 절대적인 갈망 안에 사람이 있습니다. 왜냐하면 사람은 하나님을 표현하고 대신할 존재이기 때문에 하나님께서 사람을 볼 때는 너무너무 소중한 것입니다. 사람은 하나님께는 너무나 중요한 존재입니다. 사람에게 우리의 몸이 중요한 것처럼 하나님께 중요한 존재는 바로 사람입니다. 우리 눈에는 나쁜 사람이고, 왜 저런가 싶은 사람이라도 하나님께는 이러하든 저러하든 사람이 있어야 합니다. 손이 예쁜 사람도 있고 손이 미운 사람도 있는데, 미우나 고우나 사람에게는 자기 손이 꼭 있어야 되는 것과 마찬가지입니다. 하나님께서는 사람인 나를 필요로 하십니다. 그래서 예정 가운데 미리 나를 선택하신 것입니다. 하나님은 사람을 매우 귀중하고 가치가 있고 존귀하게 여기며, 가까이 오기를 바라고 기다리고 있습니다.

예수님께서는 탕자의 비유(눅15:11-32)를 통해 이에 대해 말씀하십니다. 작은아들은 혼자 살겠다고 아버지 집을 떠나갔습니다. 떠나가서 잘한 것도 아니고 다 망해 먹고 갈 곳도 없게 되었습니다. 집을 떠난 탕자인 작은아들은 도덕적으로 양심적으로 생각할 때, 도저히 아버지께 갈 수가 없었습니다. 쥐엄열매를 먹으면서 끝까지 버텨보려고 했지만, 결국은 어쩔 수 없어 '아버지 집에 가면 돈도 많은데, 이제 고용한 품꾼이 된다 하더라도 이보다 더 낫지 않겠는가?' 하며 막다른 길에서 아버지께 갈 생각을 합니다. 그 전까지는 못 갔습니다. 왜? 도덕이 가려져 있고 양심이 가려져 있고 종교에 가려져 있고, 마음의 자존감에 걸림이 되어 다 가려져 있어서 못 갔습니다. 그런데 막상 죽을 각오를 하고 갔는데, 아버지는 매일같이 문을 열어놓고 아들이 돌아오기를 기다리고 갈망하고 있었습니다. 아버지의 생각과 아들의 생각이 얼마나 다른지 깨달을 수 있습니다. 아버지는 그를 만나자마자 문밖에서 아들을 끌어안고 입 맞추고 울었습니다. 아버지는 아들이 나간 날부터 계속해서 아들을 기다리고 있었습니다.

하나님께서도 아버지가 아들을 갈망하고 돌이키기를 기다리는 것처럼 우리를 기다리고 계십니다(벧후3:9). 왜 그렇습니까? 우리가 하나님을 대신하고 표현할 아들이기 때문입니다. 어쩌면 아버지가 아들을 기다린 것보다 더 간절하게 기다리고 계실 것입니다. 이때 내게 마음만 있고 몸이 없다면 못 갑니다. 사실 부모는 자식 없어도 살아갑니다. 더욱이 자식은 부모 없이도 잘 살아갑니다. 그럼에도 부모는 늘 자식을 보고 싶어 합니다. 부모가 자식을 보고 싶어 하는 것과 하나님이 사람을 필요로 하는 것은 차원이 엄청나게 다릅니다. 마음은 있는데 몸이 없는 그 안타까움을 생각해 본다면, 하나님께서 사람이 돌아오기를 얼마나 기다리는지 짐작해볼 수 있을 겁니다. 하나님은 자기의 형상대로 지은 그 집에 거하기 위해서 참으로 안달하고 갈망하는 것입니다.

"내가 그들 중에 거할 성소를 그들이 나를 위하여 짓되"(출25:8). 이 말씀은 하나님의 갈망이 하나님께서 거하실 집을 건축하는 것임을 보여줍니다. 성소는 하나님의 거처인 성막입니다. 이 성막은 오늘날 몸 된 교회를 예표하며, 교회는 그리스도의 몸입니다(엡1:23). 그리스도의 몸은 개인적인 그리스도 한 분께서 머리가 되시고 단체적이고 공동체적인 그리스도 즉 그리스도와 믿는 이들의 몸을 구성하는 그리스도의 생명의 인격을 표현하는 유기체를 말합니다. 출애굽기에 묘사되는 성막의 그림들은 하나님께서 택하신 백성에 대한 하나님의 갈망을 표현합니다.

이스라엘을 향한 하나님의 갈망을 표현한 대표적인 예가 구약의 호세아서입니다. 호세아의 아내는 가출을 밥 먹듯이 했습니다. 그런 아내를 호세아는 계속 찾아 데려옵니다. 결국 돈에 팔려가자 보리 서 말을 주고 되사오기까지 합니다. 그런데 그 남자가 오죽이나 아쉬우면 그런 여자를 늘 찾아다니겠는가? 생각해 보세요. 잘난 남자 같으면 찾아가겠는가? 그런데 너무나도 가난한 남편인가 봅니다. 아무것도 없으니까 보리를 가지고 갔습니다. 쌀을 가지고 갈 형편이 못 되니까 보리를 가지고 가서 사온 것입니다. 이것은 하나님의 마음을 표현한 것입니다. 남편 되신 하나님께서 이스라엘을 향한 마음의 표현을 호세아를 통해서 보여주는 것입니다.

우리가 하나님으로부터 부름 받은 것은 우리의 열심이나 갈망 때문이 아닙니다. 그렇다고 열심이나 갈망이 필요 없다는 말은 아닙니다. 우리가 비록 절대적인 갈망을 가지고 하나님을 찾는다고 하더라도 하나님의 갈망에 비하면 새 발의 피라는 말입니다. 내가 아무리 죽게 되어서 하나님을 찾는다고 해도 하나님이 나를 찾은 것에 비교하면 '새 발의 피다.' 이런 말씀입니다. 하나님께서는 하나님의 형상을 가진 그리스도를 표현하고 대신할 아들들을 원하시고(엡1:5, 롬8:19), 동역자이자 동반자인 내 안에 거할 신부를 그렇게도 갈망하고 원하십니다(고전3:9, 요3:29, 딤전2:4, 계19:7).

오늘날 부모가 자신을 대신할 자녀를 갈망하는 이유도, 동반자이자 배필인 아내를 원하고 갈망하는 이유도 다 그리스도와 교회에 대한 하나님의 갈망의 비밀이며 예표입니다(엡5:32). 우리는 하나님의 갈망이자 영원한 목적인 이기는 자 즉 아들들과 신부로 반드시 성숙되어야 합니다. 물론 사람들이 영을 사용하지 않아서 사탄의 미혹으로 죄가 사람 안에 들어와 사람의 몸을 부패시켜 육체가 되게 했고, 사람의 혼을 오염시켜 자아가 되게 했습니다. 그러나 주님은 여전히 하나님의 영원하신 목적 아래 우리를 필요로 하여 모든 사람이 구속을 받아 구원받기를 원하며, 교회 된 그리스도의 몸의 진리를 알기를 원하고 갈망하십니다.

그리스도를 표현할 몸의 진리를 알기를 원하심

"하나님은 모든 사람이 구원을 받으며 진리를 아는 데에 이르기를 원하시느니라"(딤전2:4).

여기서 진리는 세상 모든 사람이 구원을 받아 하나님의 생명을 얻어 하나님께서 의도하신 목적의 진리를 알기를 원하시는 것입니다. "진리를 아는" 것은 실제를 의미하고, 하나님이 원하시는 갈망의 진리, 즉 그리스도를 표현하는 교회 된 몸의 실제 진리를 알기를 원하는 것입니다. 사도 바울은 디모데에게 보낸 첫 번째 서신인 디모데전서에서 구원을 받은 모든 사람들이 하나님의 체현이신 그리스도와 그리스도의 몸인 교회의 진리를 완전히 깨닫기를 원했습니다. 왜냐하면 교회는 진리의 기둥의 터(딤전3:15)이기 때문입니다. 두 번째 서신인 디모데후서에서는 진리의 말씀을 옳게 분별하는 것과(딤후2:15) 진리에서 빗나간 사람들이 돌아오기를 강조했습니다(딤후2:25). 오늘날 하나님께서 갈망하시는 그리스도의 몸, 내 교회(마16:18)를 세우는 몸의 이상의 진리를 옳게 분별하지 못하고 막연하게 종교적으로 신앙생활 하다가 신앙의 방황을 하는 그리스도인들이 허다합니다. 왜냐하면 말씀대로 실제가 되지 않기 때문입니다. 오늘날 믿는 자들의 교회의 모습이요, 교회의 분쟁과 다툼, 분열, 하락의 원인이 됩니다. 이것은 이미 디모데 전후서를 통해서 교훈해 준 말씀입니다.

하나님의 형상을 회복하기 위한 대안은 무엇인가? 물질적인 형상은 눈에 보이지만 실제는 눈에 보이지 않습니다(골1:15, 딤전1:17). 보이지 않는 하나님을 보이게 하는 것이 몸의 형상입니다. 그러므로 하나님께서는 보이지 않는 하나님의 형상인 육신의 몸을 가지고 이 세상에 오시는 것입니다(고후4:4, 골1:15). 사람이 실제는 있지만 아무런 말도 하지 않고 아무런 표정이 없으면 그 형상은 없는 것입니다. 그런데 사람이 말을 하고 웃고 표현하면 형상이 드러납니다.

그러면 하나님의 형상은 무엇인가? 육신의 옷을 입고 오신 예수 그리스도께서 "하나님의 형상"(고후4:4)이요, "보이지 않는 하나님의 형상"(골1:15)이라고 성경은 말합니다. 그리스도를 통해서 하나님의 비밀을 표현(체현)해 주신 것입니다(골2:2). 타락한 인간은 그리스도를 받아들여 하나님의 생명을 받아 하나님의 아들들, 즉 그리스도의 형상을 성취하여야 합니다(엡1:5). 우리가 그리스도를 담아 그리스도를 누리고 표현하면, 내 안에 그리스도의 미덕이신 성령의 열매들이 드러나는 하나님의 걸작품(엡2:10)으로 저절로 그리스도를 표현하고 사탄을 정복하는 산증인이 되는 것입니다. 코카콜라 병은 코카콜라로 가득 차야 하고, 전등은 빛으로 차야 하는 것처럼 사람은 그리스도의 생명으로 채워야 합니다. 그러기 위해서는 성령으로 충만해야 합니다. 그래야 그리스도의 생명을 통해서 나타나고 표현됩니다. 이것이 사람의 감정과 의지를 움직이는 최상의 길입니다.

오늘날 사람들이 그들 안에 하나님을 담고 있지 않은 빈 그릇이기 때문에 늘 허전하고 공허함이 날로 늘어나는 것입니다. 내 영이 비어 있기 때문입니다. 그뿐만 아니라 내 영과 내 혼을 그리스도의 생명으로 채우지 못하면, 인생은 여전히 허전함과 공허함으로 가득하게 되어 결국 마귀의 생명만 나타내고 표현하는 죄의 몸의 삶을 살아가게 됩니다. 인간이 타락한 후 사람의 운명은 아주 가련하고 형편없게 되어 버렸습니다. 오늘날 모든 사람이 죄악 되고 악한 본성으로 가득한 것이 실제적인 상황입니다. 그러므로 사람에게는 반드시 하나님의 구속과 구원이 필요합니다. 주님이 오셔서 타락한 우리의 죄를 그리스도의 피로 구속하시어 죄의 문제를 법적으로 해결하시고(법리적 구속) 거듭나게 하시어(엡2:8), 부활생명으로 생명의 문제를 해결해 유기적인 구원을 이루게 하십니다(빌2:12, 고전5:23). 이 모든 것이 인류에 관한 하나님의 경륜적 이상입니다.

그리스도의 생명은 첫째는 구속을 위한 것이며, 둘째는 하나님의 생명의 산출을 위한 것이요, 셋째는 그리스도의 몸을 건축하기 위한 것입니다. 그러므로 교회 된 우리는 그리스도로 구속함을 받고 하나님의 생명으로 소생하여야 하나님께서 의도하시고 원하시는 목적인 그리스도의 생명으로 건축되는 것입니다. 이것이 하나님의 식양입니다. "이 비밀이 크도다 내가 그리스도(생명)와 교회(건축)에 대하여 말하노라"(엡5:32).

이와 같은 하나님의 목적을 성취하기 위해서는 하나님의 뜻을 알고, 그분의 인도하심으로 먹고 마시고 누리는 은혜의 삶을 살아가야 합니다. 믿는 우리가 개인적으로는 하나님의 생명으로 조성되어 그리스도의 인격을 표현하고, 단체적이고 공동체적으로는 그리스도의 몸으로 건축되어 영적인 건축물인 새 예루살렘 성(천국)이 완성되는 것입니다. 하나님께서 갈망하시는 것은 하나님의 형상을 담는 한 무리의 사람(우주적인 한 새사람)을 원하시는 것입니다(엡2:15). 하나님께서는 이스라엘의 사악함과 죄악 된 상태를 보면서 예레미야 선지자를 통해서 이렇게 꾸짖었습니다. "너희가 만일 정의를 행하며 진리를 구하는 자를 한 사람이라도 찾으면 이 성읍을 용서하리라"(렘5:1). 오늘날 주님이 원하시고 갈망하는 진리의 실제가 되는 몸 된 교회의 이상을 갖고 추구하는 자가 얼마나 될까 생각해 봅니다. 소돔성에 의인 십 인이 없어 멸하시는 것처럼(창18:32) 주님은 공의와 진리를 추구하는 그리스도의 생명을 표현하는 자를 갈망하십니다. 우리는 그리스도를 대신하는 사신이자(고후5:20), 살든지 죽든지 내 몸에서 그리스도를 표현하는 존재입니다(빌1:20). 하나님께서는 배필이자 동반자인 사람을 통하여 갈망을 채우셔서 그 영원하신 경륜의 목적인 의도를 성취하여 온전히 회복하게 하십니다. 우리는 반드시 그리스도의 진리를 세우는 일 즉 교회 된 몸의 진리를 깨달아야 합니다.

5. 하나님의 목적인 갈망의 실현

"너희도 성령 안에서 하나님이 거하실 처소가 되기 위하여 예수 안에서 함께 지어져 가느니라"(엡2:22). "일곱째 천사가 나팔을 불매 하늘에 큰 음성들이 나서 이르되 세상 나라가 우리 주와 그의 그리스도의 나라가 되어 그가 세세토록 왕 노릇 하시리로다"(계11:15).

하나님의 영원한 목적을 향한 하나님의 갈망은 언제 실현되는가? '이기는 자들은' 오늘날 교회시대에 시대의 이상을 가지고 성령의 통치와 제한을 받아 그리스도의 형상인 한 무리(그리스도와 연합된 몸)로서 건축이 되어 그분을 대신하여 표현합니다. 또한 소극적으로는 원수인 사탄 마귀를 처리하고, 적극적으로는 창조된 우주를 다스리고 통치권을 가지게 됩니다(창1:26-28). 이러한 이기는 자들은 아들들과 한 몸 된 신부 수가 채워질 때에 주님이 오셔서(요3:29), 결국 그 나라가 성취되어 주님과 함께 세세토록 왕 노릇(계11:15, 20:6, 22:5) 하는 실현의 약속을 경험하게 될 것입니다. 그뿐만 아니라 하나님의 목적의 이상에 따라 살아가는 믿는 자들은 천국의 실제적인 삶이 장래에만 맛보며 누리는 것이 아니라 바로 오늘날 그리스도의 생명으로 건축되고 있다고 말할 수 있습니다.

"너희도 성령 안에서 하나님이 거하실 처소가 되기 위하여 예수 안에서 함께 지어져 가느니라"(엡2:22). "하나님의 나라는 볼 수 있게 임하는 것이 아니요 또 여기 있다 저기 있다고도 못하리니 하나님의 나라는 너희 안에 있느니라"(눅17:21). "하나님의 나라는 먹는 것과 마시는 것이 아니요 오직 성령 안에 있는 의와 평강과 희락이라"(롬14:17). "주는 영이시니 주의 영이 계신 곳에는 자유가 있느니라"(고후3:17). "나의 간절한 기대와 소망을 따라 아무 일에든지 부끄러워하지 아니하고 지금도 전과 같이 온전히 담대하여 살든지 죽든지 내 몸에서 그리스도가 존귀하게 되게 하려 하나니"(빌1:20).

　이와 같이 그리스도를 누리고 이기는 자들은 이 말씀들(눅17:21, 롬4:17, 8:2, 마11:28, 고후3:17, 빌1:20, 요8:32)을 종교적이고 물질적인 관념에서 벗어나 실제 누리고 체험하고 감탄하며 '어찌할꼬' 기도하며 살아갑니다. 그뿐만 아니라 하나님의 부르심과 택하심의 목적을 굳게 믿고 나아가 실행하는 자는 실족하지 않고, 영원한 나라에 들어감도 넉넉하게 유업으로 보장됩니다(벧후1:10-11). 이것이 우리 삶에 나타나는 천국(왕국)복음의 실제입니다. 그러나 사람들이 내 영 안에 하나님을 담지 않아 비어 있으면, 세상에 있는 육신의 정욕과 안목의 정욕, 이생의 자랑이 내 마음을 채워가게 됩니다(요일2:16). 이것은 그리스도가 실재하지 않는 자신의 모습을 보여주는 것이며, 빈 장갑처럼 실제가 없는 공허한 인생입니다. 하나님을 내 안에 담지 않은 사람은 그릇의 모양은 있지만 참된 내용, 생명이 없는 빈 그릇입니다. 우리는 바울처럼 모든 것을 배설물로 여기고 날마다 내 안에 그리스도를 채워 가야 합니다(빌3:8). 여기서 말한 '모든 것'이란 타고난 선함이나 장점, 세상적이고 물질적인 것뿐만 아니라 율법과 같은 고상한 사상과 심오한 논리에 속한 종교와 철학, 문화, 윤리, 자신이 신뢰했던 육체에 속한 원치 않는 모든 것을 말합니다. 왜냐하면 그러한 것들이 그리스도에게서 벗어나 빗나가게 하고, 그리스도를 체험하고 누리고 확대해가는 걸 불가능하게 하고, 그리스도의 대치물이 되었기 때문입니다.

　하나님의 의도는 사람 안에 들어가셔서 사람의 생명이 되시고, 사람에게서 살아 나타내시는 것입니다(빌1:20-21상). 그러므로 하나님은 사람의 내용이 되셔야 하고, 사람은 생명 되신 그리스도를 나타내고 확대해야 합니다(고후4:11). 인생의 모든 해답은 사람 안으로 하나님의 생명이 들어오시어 그 생명이 확대될 때, 하나님 자신 안에서 그리스도를 발견하게 됩니다(빌3:9). 사람의 생명은 하나님과 연결되고, 하나님의 생명은 사람 안에 살며, 사람 안에서부터 살아 나타내고 표현되는 것입니다. 사람이 살아 낸 것은 오늘날의 그리스도의 몸을 구현하는 교회이며, 그 유업의 상은 천년왕국이며, 그 완결은 장차 다가올 새 예루살렘 성(천국)입니다. 그러므로 인생의 의미를 찾는 사람은 결국 하나님을 찾고 영접하고 하나님의 생명으로 채워서 우주적인 한 새사람으로 하나님을 표현하고 건축하는 새 예루살렘 성(천국)으로 사는 것입니다. 이것이 성경의 결정이요, 정수입니다.

이것을 누리지 못하는 믿는 자들은 짝퉁 복음을 받았거나, 하나님께서 원치 않는 다른 복음(갈1:6)을 받았거나, 아니면 생명의 흐름의 노선에서 빗나가는 신앙을 갖고 있을지도 모릅니다. 진리의 실제이신 그리스도의 복음을 경험하는 과정에서 교회 된 우리가 성령 안에서 이렇게 행할 때에 반드시 의와 평강과 희락이 충만한 실제 되는 삶을 누리며 살게 됩니다(롬14:17, 눅17:21). 하나님께서는 이러한 목적과 계획 가운데 특별히 하나님의 형상과 모양을 따라 영과 혼과 몸을 가진 인간을 창조하셨음을 계시하고 있습니다(창1:26-28, 2:7, 살전5:23).

오늘날 인류가 부패하고 사회가 어두운 것은 사람들이 속이 비어 있는 빈 그릇 같은 인생을 채우기 위한 부산물들을 추구하기 때문입니다. 그러므로 사탄은 사람을 사로잡아 인생의 존재에 대한 목적에 관심을 두지 않게 하고, 오직 생존에만 의지하게 하여 무엇을 먹을까, 무엇을 마실까, 무엇을 입을까 하고 염려하게 합니다(마6:25, 31-33). 이러한 세상은 생존 경쟁시대이며, 물질적·종교적 바벨론 시대입니다. 이것이 우주의 어두운 면입니다.

사람은 반드시 하나님께서 원하시는 계획과 목적, 즉 하나님의 영원한 경륜을 위하여 내가 존재한다는 것을 알아야 합니다. 믿는 우리는 하나님께서 원하시는 신앙의 방향, 하나님의 경륜의 목표를 향하여야 합니다. 그것이 정상적인 그리스도인입니다. 사람이 옛것인 육신의 길을 따라가기 때문에 사탄에 미혹되어 주의 길, 즉 하나님의 경륜의 길을 알지 못하게 되었습니다(히3:10). 그러므로 믿는 우리는 창조하신 목적에 따라서 그리스도 안에서 하나님의 임재 안에 살면서, 성령의 통치와 제한을 받아 행하여 하나님을 표현하고 부정적인 것을 정복하고 이기는 자가 되어야 합니다. 그래야 장차 그날에 주님의 갈망을 실현하는 약속을 보장받습니다. "그러므로 우리는 두려워할지니 그의 안식에 들어갈 약속이 남아 있을지라도 너희 중에는 혹 이르지 못할 자가 있을까 함이라"(히4:1).

6. 교회들이 나아가야 할 시대적인 전환과 방향, 대안

"충성되고 지혜 있는 종이 되어 주인에게 그 집 사람들을 맡아 때를 따라 양식을 나눠 줄 자가 누구냐 주인이 올 때에 그 종이 이렇게 하는 것을 보면 그 종이 복이 있으리로다"(마24:45-46). "나의 간절한 기대와 소망을 따라 아무 일에든지 부끄러워하지 아니하고 지금도 전과 같이 온전히 담대하여 살든지 죽든지 내 몸에서 그리스도가 존귀하게 되게 하려 하나니"(빌1:20).

오늘날 믿는 자들이 나아가야 할 이상은 참으로 중차대합니다. 믿는 이들이 나아가야 할 하나님의 시대의 이상, 그리스도의 몸을 세우는 하나님의 경륜의 진리적인 측면을 잘 모른다는(딤전2:4) 것입니다. 그러므로 마치 넓은 바다 같은 세상에 표류하는 영적 소경의 삶이 신앙인의 현 주소입니다. 교회 된 우리가 나아가야 할 하나님의 경륜의 이상에서 시대적인 전환과 방향에 무지하다 보니 신앙의 방황과 실제 되지 않는 다른 복음, 그리스도인들의 인격과 삶의 추락, 분쟁과 다툼, 땅의 것만 추구하는 종교인으로 하락하고 전락하고 말았습니다. 주님이 오심으로 믿는 우리에게는 하나님의 경륜 안에서 때를 따라 양식을 공급하는 시대적인 전환의 기본진리, 그리스도의 몸의 이상이 반드시 필요합니다. 하나님의 경륜 안에서 시대적인 전환과 방향의 노선으로 수건이 벗어짐이 없이는(고후3:16) 교회의 회복이 절대 불가능합니다.

"너희 눈은 봄으로, 너희 귀는 들음으로 복이 있도다"(마13:16). "충성되고 지혜 있는 종이 되어 주인에게 그 집 사람들을 맡아 때를 따라 양식을 나눠 줄 자가 누구냐 주인이 올 때에 그 종의 이렇게 하는 것을 보면 그 종이 복이 있으리로다"(마24:45-46).

교회 된 우리가 추구해야 할 시대적인 전환은 무엇인가?

시대적인 전환

역사의 주인이신 주님이 오심을 기점으로 시대를 나눕니다. 기원전은 B.C.(Before Christ), 그리스도 이전이고 기원후는 A.D.(라틴어 Anno Domini), 주님의 해를 의미합니다. 그것을 가르는 중심에는 예수 그리스도의 탄생이 있습니다. 오늘날 주님의 해, 은혜시대(고후6:2)에 우리에게는 하나님의 영원한 경륜을 수행하기 위하여 때를 따라 양식을 나눠 줄 시대적인 전환의 이상이 반드시 필요합니다.

첫째는, 성전개념의 전환입니다. 구약의 율법과 물질적인 성전에서 신약의 내 안에 거하신 성전, 생명을 건축하는 우주적인 그리스도의 몸의 이상으로 전환하는 눈을 가져야 합니다(출25:8, 22, 요2:19-21, 고전3:16, 6:19, 히8:5, 렘7:4, 행17:24, 계21:22).

둘째는, 통치 방법의 전환입니다. 구약의 객관적이고 일반적인 통치 방법에서 신약의 생명의 방향, 영(새 언약) 안에서 통치하는 주관적인 방향으로 전환입니다(히8:5-13, 요6:63).

셋째는, 천국복음의 전환입니다. 구약의 율법에서 신약의 하나님 나라인 왕국을 누리는 천국복음으로 전환(마21:43, 눅4:43, 행8:12)입니다.

넷째는, 누림의 전환입니다. 구약의 유대교의 종교적인 일의 행함에서 신약의 그리스도의 삶의 누림으로 전환(요일1:3)입니다.

다섯째는, 실제화의 전환입니다. 이와 같은 구약의 율법의 그림자(히 10:1)는 그리스도의 실재임을 인식하는 전환입니다(요14:17, 16:13-14, 히8:5).

주님이 오심으로 이러한 시대적인 전환을 인식하고 깨닫고 양식을 분배하고 공급하는 자가 깨어 있는 복이 있는 자이며 충성되고 지혜로운 종입니다. 때를 따라서 그리스도의 양식을 공급하는 것은 하나님의 영원한 경륜의 실제가 회복이 되는 하나님의 놀라운 방향으로 전환이자 때가 찬 경륜입니다. 여기서 "그 종이 복이 있으리로다"는 천국의 실제가 나타날 그때에 다스리는 권위에 대한 보상으로 천년왕국을 유업으로 받는다는 것입니다. 이러한 시대적인 전환의 이상이 없는 신앙생활은 실제가 없는, 광야에서 외치는 소리에 불과합니다. 따라서 믿는 자들이 신앙생활에 한계를 느끼고 신앙의 방황을 하게 되는 것입니다. 사도 바울은 자신을 잡아 죽인다고 하여도 당시의 로마 총독 아그립바 왕 앞에서뿐만 아니라 유대인이나 이방인에게 하늘에 속한 시대적인 이상을 빛 가운데 전했습니다(행26:19-23).

시대적인 방향

따라서 오늘날 교회가 추구해야 할 시대적인 방향은 무엇인가?

첫째는, 새로운 인생의 방향은 하나님의 영원한 경륜인 하나님의 계획과 목적인 그 갈망을 찾음으로써 시작이 됩니다(엡1:9). 목표가 없으면 방향도 없고 시작도 없습니다. 하나님은 계획과 갈망과 나아갈 방향의 목표에 대한 뜻이 있는 분입니다. 하물며 사람에게도 목적과 계획과 갈망이 있을진대 영원하신 하나님께 뜻과 목적이 없겠는가? 진정한 인생의 시작은 하나님의 계획과 목적의 이상을 깨닫는 것에서 시작합니다. 인생의 목적은 소유하고 취하는 것이 아닙니다.

그분의 경륜 안에서 계획과 목적은 사람에게 있습니다. 즉 사람을 특별한 존재로 만드시는 것입니다. 그분의 마음의 갈망(뜻)의 이상에 따라 그분과 하나 되어 그분과 동일한 생명을 가진 맏아들의 형상(롬8:29)인 그리스도의 형상으로 세우는 것입니다. 이것은 오늘날 교회시대에 교회 된 우리를 통해서 개인적으로 하나님의 생명으로 조성되고, 공동체적이고 단체적으로 우주적인 한 새사람, 한 몸, 내 교회, 그리스도의 몸을 건축하는 생명의 건축입니다. 그러므로 그분과 함께 살고 움직이며, 그분과 같이 누림으로 그분 자신을 표현하는 한 무리의 사람, 하나님의 걸작품인 그리스도의 형상을 생산해 내도록 그리스도 자신을 통해서 계속 생명을 공급하는 것입니다. 이것은 오랜 시간에 걸쳐서 마치 빛나고 깨끗한 세마포의 옷을 만들고, 한 올 한 올 금으로 수놓은 왕후의 옷을 만들 때까지(시45:13, 계19:8) 기다리는 것과 같은, 사람에 대한 전반적인 하나님의 영원한 계획의 방향과 실제입니다.

하나님의 영원한 경륜은 영원 전부터 자신 안에 예정하신 것을 오늘날 교회 된 우리를 통해서 드러내게 하신 것입니다(엡3:9). 그 계획의 뜻은 아들 하나님께서 만유의 으뜸과 중심성과 우주성이 되게 하는 것입니다. 이런 이유로 그분은 천지 만물을 구비한 우주를 창조하신 다음에 그 안에 그분을 영접하고 표현할 그릇으로서 영과 혼과 몸(살전5:23)으로 구성된 사람을 창조하셨습니다.

그러면 하나님께서 사람을 창조하신 목적은 무엇인가? 하나님이 생명으로 사람의 영 안에 들어가 거듭나게 하시고, 이 생명이 사람의 생각과 감정과 의지를 적시어, 결국 사람의 몸을 통하여 하나님의 사랑과 빛과 거룩과 의를 표현하고 나타내는 것이 바로 사람을 창조하신 목적이자 가치입니다. 그 결과 주님은 그분과 같은 생명과 본성을 지닌 많은 아들들을 산출하십니다(엡1:5). 그 아들들이 아들 하나님이신 그리스도의 많은 지체가 되어 그분의 단체적이고 공동체적이고 유기적인 몸을 구성하고, 이 표현을 통해 영원토록 궁극적이고 충만한 표현을 얻게 하십니다.

그러나 오늘날 교회 된 우리가 한 몸인 하나가 되지 못하고 이해타산적으로 살아가는 것은 하나님의 경륜에서 벗어난 것이며, 주님이 원하시는 "내 교회(마16:18)가 아니다"라는 증거입니다. 믿는 자들이 하나님의 영원한 경륜의 방향과 목표, 몸의 이상으로 나아가는 것이 하나님의 이상이자 하나님의 의이며, 건강한 교회의 실제 모습입니다.

둘째는, 그리스도가 오심으로 시대적인 이상을 알고 믿는 자 안에 계신 그 영, 성령의 통치와 제한을 받아야 합니다. 그 영인 성령은 내 삶에 실제 되게 하신 진리의 영이자(요14:17, 요일5:7), 상위법인 새 언약(히7:18-19, 8:6-7, 고전11:25)입니다. 내 안에 오신 생명 주는 그 영(고전15:45, 고후3:6, 롬8:11)은 주님의 이상이 내 삶에 실제 되게 하는 것입니다. 우리는 그분을 믿고 거듭남으로 그분의 영역인 나라(왕국) 안에 들어왔습니다(요3:5). 이제 우리는 그의 몸의 이상이 실제 되게 하기 위하여 진리의 영이신 내 안에 계신 성령의 통치와 제한을 받고 살아야 합니다. 천국의 실제(마 5, 6, 7장)의 생활을 살아냄으로 첫 열매인 이기는 자들이 되어야 그리스도를 대신할 수가 있는 사신(고후5:20), 사내 아이(계12:5)를 낳을 수 있으며, 그분을 대신할 형상을 입은 아들들(롬8:29, 엡1:5)이 될 수 있습니다.

사람의 손은 내 마음을 대신하여 움직입니다. 입은 내 마음을 대신하여 말합니다. 하나님은 자기를 대신하여 자기를 표현하도록 사람을 하나님의 형상대로 지으셨고, 현재까지 온 땅을 다스리게 하셨습니다. 이것은 인생을 복되게 하신 복음의 실제인 말씀입니다. 그렇다면 믿는 우리는 누구의 통치를 받고 생각하고 말하고 행하고 제한을 받고 사는가? 그리스도의 생명으로 거듭난 자는 '하나님의 나라, 즉 왕국'이라는 영역 안에 존재하기 때문에 모든 필요와 원함을 내 안에 계신 성령님과 연결하여 생각하고 통치와 제한을 받고 말하고 행동하는 사람이 바로 정상적인 믿음의 사람입니다.

오늘날 교회시대의 몸의 이상은 하나님의 영원하신 목적이자 갈망의 성취입니다. "내 몸에서 그리스도가 존귀하게 되기를 원한다"(빌1:20)는 바울의 말은 자기의 몸을 통해서 그리스도가 존귀하게 표현되기를 원한다는 뜻입니다(고후4:10-11). 내 몸을 통해서 살아있는 동안에 그리스도가 존귀하게 표현된다는 것은 개인적으로 하나님의 생명으로 조성되는 것이고, 공동체적이고 단체적으로는 그리스도의 몸을 건축하는 것입니다. 이와 같이 반드시 새 언약이신 그 영의 통치를 통해서만이 내 삶이 그리스도의 인격으로 실제 되는 것입니다. 믿는 자들이 말씀대로 실제 되지 않는 이유는 내 안에 계신 성령의 통치와 제한을 받지 않고 육신대로 살아가기 때문입니다.

오늘날 은혜시대에는 그리스도의 몸인 교회가 시대의 이상이자 하나님의 경륜이기 때문에 우리는 하나님을 표현하기 위해서 하나님의 영원한 계획과 목적에 따라서 그 영을 좇아서 신앙생활을 하여야 합니다. 이것이 하나님의 경륜을 추구하는 신앙생활입니다. 썩어질 육체를 통해서 하나님을 표현하는 것보다 더 영광스러운 것은 없습니다. "사나 죽으나 주의 것이라"(롬14:8).

셋째는, 믿는 자들이 그리스도의 몸(신부 단장)의 이상을 가지고 나아가야 합니다. 성경 전체의 주제는 하나님과 그분께서 선택하신 사람과 신성한 로맨스, 상호 사랑입니다. 온 우주의 비밀이 바로 하나님과 그분의 선민 사이에 신성하고 비밀한 로맨스입니다. 따라서 신부를 얻는 혼인잔치로 시작하여 혼인으로 끝납니다. 창세기 처음에는 아담과 하와의 결혼식이 나옵니다(창2:18-24). 계시록 마지막에는 그분과 달콤하고 아름다운 왕국(아8:14, 계11:15, 사65:17-25, 단2:35, 7:14)이 그들을 위하여 언약되었으며 신부인 아내가 남편을 위하여 단장한 것을 하늘에서 내려오는 새 예루살렘 성, 결혼잔치로 표현하고 있습니다(계21:2). 성경이나 이 땅의 수많은 사람들의 혼인예식의 잔치는 그리스도와 사람의 결혼식을 예표하는 모형이자 그림자입니다(히8:5). 그래서 하나님의 복음은 결혼잔치입니다. 이 결혼의 비밀은 그리스도와 교회, 생명의 건축이자 몸의 건축입니다(엡5:32).

혼인예식을 통해 하나님은 그분의 갈망을 우리에게 보여주셨습니다. 우리는 주님과 늘 사랑에 빠져 누려야 합니다. 그분의 필요에 따라서 지으심을 받았기에, 이제 이 비밀의 진리를 알기에, 믿는 우리는 그분의 새 언약의 생명의 흐름에 따라서 사랑하고 섬기고 누려야 합니다. 믿는 우리는 매사에 그분을 누림이 있어야 합니다. 그분을 먹고 마심의 누림이 그분으로 하여금 내 안에 거하여 우리를 그리스도의 생명으로 조성되게 합니다. 우리는 절대로 사람을 따르는 것이 아니라, 내 안에 계신 주님이 주신 이상을 따라야 합니다. 이것이 주님을 사랑하고 섬기는 것입니다.

오늘날 교회시대에 사탄의 미혹에 의해서 하나님께서 의도하신 경륜과 그리스도의 몸의 이상의 방향의 길을 빗나가면 성경을 보아도 말씀이 열리지 않을 뿐만 아니라 세상에 미혹되어 옛 생명과 율법, 종교 안에 여전히 머물러 있습니다(히3:10). 그로 인하여 오늘날 믿는 자들은 신앙의 방황을 겪고, 실제 되지 않는 다른복음(갈1:6) 일명 짝퉁복음으로 인한 분쟁과 다툼, 땅의 것만 추구하여 삶과 인격이 추락할 뿐입니다. 교회 또한 그리스도 안에서 자유와 해방, 족함의 실제를 누리지 못하고 율법적인 요구에 따른 기독교종교인만 양산하게 되었습니다.

"우리가 전에 말하였거니와 내가 지금 다시 말하노니 만일 누구든지 너희가 받은 것 외에 다른 복음을 전하면 저주를 받을지어다 이제 내가 사람들에게 좋게 하랴 하나님께 좋게 하랴 사람들에게 기쁨을 구하랴 내가 지금까지 사람들의 기쁨을 구하였다면 그리스도의 종이 아니니라 형제들아 내가 너희에게 알게 하노니 내가 전한 복음은 사람의 뜻을 따라 된 것이 아니니라"(갈1:9-11). 주님은 실제 되지 않은 다른복음을 이상하게 여긴다(갈1:6)고 했습니다.

믿는 자라도 하나님의 이상을 모르면, 하나님의 통치를 받지 않는 야생마처럼 방자히 행하는 것이 오늘의 시대입니다. "이상이 없으면 백성이 방자히 행하거니와 율법을 지키는 자는 복이 있느니라"(잠29:18). 이것이 오늘날 한국교회의 현주소이자 하나님께서 의도하신 뜻과 상관이 없는 행실들입니다(마7:21-23). 이와 같이 오늘날 한국교계는 라오디게아교회처럼 점점 식어 하락하여 말씀이 삶의 실제가 되지 않을 뿐만 아니라 분쟁과 다툼으로 일관하며 주님의 마음을 참으로 아프게 합니다. 이러한 교계의 현실을 보면서 교회본질이 회복되어야 한다는 목소리는 점점 더 커지고 있는 이때에 그에 대한 대안과 방향은 모르고 있다는 사실은 참으로 안타깝습니다.

시대적인 교회본질을 회복하기 위한 대안

그러므로 주님이 원하시는 교회본질의 회복을 위한 대안은 진리적인 측면 네 가지와 실제적인 측면 두 가지 방면으로 나누어 볼 수가 있습니다. 첫째로, 진리적인 측면에서는 하나님의 영원한 경륜의 이상을 알고, 주님이 오심으로 인한 시대적인 이상의 눈을 가져야 하며, 성경적 구원론을 확립하고, 하나님의 경륜에 의한 계시록을 깨닫는 것이 반드시 필요합니다. 둘째로, 실제적인 측면에서 새 언약의 영의 사역과 그에 따른 기도가 성취될 때에 주님이 원하시는 영원한 계획에 따른 교회의 이상이 절로 회복될 수가 있습니다.

우리는 시대적인 전환의 방향과 대안의 이상을 깨닫고, 우리가 나아가야 할 하나님의 영원한 목적의 회복을 성취하기 위하여 날마다 경기하는 자처럼 은혜의 보좌인 지성소로, 하나님께로 나아가야 합니다(히7:25, 10:22). 우리가 그리스도의 몸된 교회의 이상을 알고 시대를 전환하는 사명자로, 새 언약인 그 영을 좇아 구원하고 선교하는 존재로 나아갈 때에 교회 된 우리에게 반드시 소망이 있습니다.

제2장

사람의 실존

1. 사람의 구성요소와 그 운명 | 2. 이분설과 삼분설에 대한 성경적인 기준 | 3. 타락하기 전과 타락한 후의 인간의 상태 | 4. 하나님 앞에서 인간의 상태와 구원받은 후의 인간의 상태 | 5. 불신자 안의 두 가지 생명과 믿는 자 안의 세 가지 생명의 인격 | 6. 구속보다 더 놀라운 하나님 생명의 분배

    우리에게 가장 중요한 것은 지은 자인 하나님을 알고, 창조한 사람과 타락으로 인한 인간의 상태를 아는 것입니다. 그러나 사람이라는 존재는 그 사람 하나만 가지고 알 수가 없습니다. 사람에 대하여 무엇인가를 알려면, 반드시 사람 사이를 들여다보아야 한다고 실존주의자인 마르틴 부버는 말했습니다. 부버는 사람을 고립된 인간으로 보지 않는다고 했습니다. 사람의 주위에는 반드시 우리를 지으신 자가 계십니다. 지으신 자는 누구이시며, 우리는 누구에게 속하였고, 어떻게 구성되었고, 어디를 향하여 가는가? 하나님 안에서 사람을 아는 것이 우리에게는 고상한 진리이며 엄숙한 문제이자 숙제입니다. 왜냐하면 인생의 실제상황은 공허하고 죄악이 가득하며, 인간의 생명이 부패하고 깨지기 쉬우며, 자신이 어디로 가야 하는지 그 행방에 대해 많은 사람들이 단번에 해답을 얻지 못하기 때문입니다. 물건마다 모두 주인이 있지만 하늘과 땅 가운데 사람만이 자신의 주인이 누구인지 잘 모릅니다. 목자 잃은 양같이 목자가 없는 것이나 마찬가지입니다.

    성경은 하나님께서 사람을 창조하셨다고 말씀하십니다(창1:26). 그분이 우리의 주인이기 때문에 우리는 그분께 속하고 결국 그분께 돌아가야 합니다. 하나님께서 계시해 주시는 사람의 존재를 발견하고 정확히 인식할 때에 사람을 귀히 여기시는 하나님의 마음을 알 수 있습니다. 또

한 지으신 자의 의도에서 사람을 보고 발견할 때에 사람의 본질과 인간의 상태를 정확하게 알 수 있습니다(빌3:9).

1. 사람의 구성요소와 그 운명

"여호와 하나님이 땅의 흙으로 사람을 지으시고 생기를 그 코에 불어넣으시니 사람이 생령이 되니라"(창2:7). "평강의 하나님이 친히 너희를 온전히 거룩하게 하시고 또 너희의 온 영과 혼과 몸이 우리 주 예수 그리스도께서 강림하실 때에 흠 없게 보전되기를 원하노라"(살전5:23).

사람은 하나님의 창조사역의 걸작품일 뿐만 아니라 하나님의 특별한 관심의 대상입니다. 왜냐하면 사람은 하나님을 표현하고 대신할 동반자가 될 배필이기 때문입니다. 우리는 무엇보다도 하나님께서 만드신 최고의 걸작품인 사람(엡2:10)을 자세히 알 필요가 있습니다. 그 이유는 하나님께서는 영원한 목적과 계획을 이루시기 위하여 다른 피조물과 달리 특별하게 사람을 하나님의 형상과 하나님의 모양을 따라 남자와 여자로 창조하셨기 때문입니다(창1:27).

하나님께서 특별히 사람을 세 가지 구성요소인 영, 혼, 몸으로 창조하셨다(창2:7, 살전5:23)는 것은 진리의 말씀입니다. 사람의 가장 바깥에 눈으로 볼 수 있는 몸이 있습니다. 이 몸은 물질세계와 접촉하고 왕래하는 기관입니다. 사람이 음식을 먹고 옷을 입는 모든 것은 다 몸을 위해서입니다. 흙으로 된 몸 안에는 정신세계를 접촉하는 기관인 혼이 있습니다. 혼에는 생각과 감정과 의지의 기능이 있습니다. 추측하고 사고하는 것은 생각의 기능이고, 사랑하고 미워하는 것은 감정의 기능이며, 제안하고 결정하고 선택하는 것은 의지의 기능입니다. 이러한 기능이 정상적으로 이루어지지 않는다면, 사람은 정신적으로 문제를 일으키게 됩니다.

　사람에게는 몸과 혼뿐만 아니라, 더 깊은 곳에 또 하나의 기관이 있습니다. 바로 사람의 영(슥12:1, 욥32:8)입니다. 사람에게 하나님의 영, 성령을 받아들일 수 있는 내적인 기관인 영이 있다는 사실은 큰 축복입니다. 몸만 있는 것은 식물의 생명이고, 몸과 혼이 있는 것은 동물의 생명이며, 몸과 혼과 영이 다 있는 것은 오직 사람뿐입니다(살전5:23). 생명의 기운인 우리의 영은 하나님을 접촉하고 하나님과 왕래할 수 있는 기관입니다. 이 영이 사람의 중심입니다. 우리의 영은 세 부분 곧 양심과 교통과 직감으로 이루어져 있습니다. 양심은 옳고 그름을 분별하고, 정당화하거나 유죄판결하기 위한 것입니다. 교통은 하나님을 접촉하고 교제하기 위한 것입니다. 직감은 특별한 이유나 상황에 관계없이 영 안에서 어떤 직접적인 감각이나 느낌을 갖게 합니다. 우리의 혼은 어떤 이유나 상황으로 인해 무언가를 알게 되지만, 우리의 영은 그러한 것들이 없어도 인식할 수 있습니다(고전2:11). 성경은 이와 같이 사람의 영과 혼과 몸을 어떻게 지으셨는가를 분명하게 보여주고 있습니다.

　첫째는, 하나님께서는 몸을 가지도록 흙으로 사람의 몸을 지으셨습니다. "여호와 하나님이 땅의 흙으로 사람을 지으시고 생기를 그 코에 불어넣으시니 사람이 생령이 되니라"(창2:7). 몸을 흙으로 뭉쳤다고 표현하고 있고(욥10:9), 사람이 "흙집"에 산다고 표현하고(욥4:19) 있습니다. 사람은 흙에서 와서 다시 흙으로 돌아간다(창3:19, 전3:20)는 사실을 우리는 잘 알고 있습니다. 이것은 사람의 몸이 흙과 일치한다는 뜻입니다. 재미있는 것은 과학적으로 우리의 몸을 분석하면 흙을 이루는 원소인 산소, 탄소, 수소, 질소, 칼슘, 칼륨, 염분, 유황, 인, 철, 마그네슘, 기타 등으로 구성되어 있다는 점입니다. 참으로 신기할 정도로 일치합니다. "아버지가 자식을 긍휼히 여김 같이 여호와께서는 자기를 경외하는 자를 긍휼히 여기시나니 이는 그가 **우리의 체질을** 아시며 우리가 단지 **진토임을 기억**하심이로다"(시103:13-14).

땅의 성분 요소가 우리 몸에서 균형을 이루어야 우리 몸이 건강하다고 합니다. 지구의 표면이 흙으로 덮여 있듯이 사람에게도 피부가 있고, 초목이 있듯이 털이 있습니다. 그리고 강물이 있듯이 핏줄이 있고, 지표의 3분의 2가 바다이듯이 신체의 70%가 수분입니다. 지구에 오대양 육대주가 있듯이 인체에도 오장육부가 있는 소우주입니다. 그러므로 사람은 흙으로 만들어진 육체와 하나님께서 넣어주신 생명의 기운인 영과 혼으로 이뤄진 존재입니다. 성경은 육체를 겉사람이라고 합니다(고후 5:16). 이 겉사람이 땅의 것에 매여 살게 되면 육의 사람이라고 합니다. 우리 육체가 중요한 것은 영혼이 머무는 집이기 때문입니다. 하나님은 우리의 육체를 "땅에 있는 장막집"(고후5:1)이라고 말씀하셨습니다. 땅의 장막집이 무너지면 하늘의 영원한 집에 존재하게 된다는 것은 몸의 구속을 열망한다는 것입니다(롬8:23, 고전15:44).

둘째는, 사람의 영을 가지도록 지으셨습니다. "생기를 그 코에 불어넣으시니"(창2:7). 하나님께서 흙으로 만든 코에 생명의 호흡인 생기 "루아흐", 즉, 하나님의 영, 성령을 불어넣으셨습니다. 몸 안에 들어간 생명의 호흡(생명의 기운, 즉 생기) 곧, 사람의 영이자 생명의 호흡인 영에 사용한 말은 '네샤마'(neshamah: 호흡, 숨, 영, 생기, 정신; 욥32:8, 잠 20:27, 슥12:1)입니다. 이것은 하나님께서 인간에게 "사람의 영"을 주셨음을 알려줍니다. 구약에 나오는 하나님의 영은 히브리어로 '루아흐'(ruach: 영, 바람)인데 여기서 언급한 호흡은 **'네샤마'**입니다. 이것은 아담의 영, 즉 사람의 영입니다. 사람에게 가장 중요한 사람의 영이 생긴 것입니다. 사람의 영은 사람의 중심이고, 이 중심은 하나님이 사람 안으로 들어오는 전략적인 지점입니다(요3:6, 딤후4:22, 롬8:16, 고전 6:17). 다시 말씀드리면 하나님을 담는 그릇(기관)인 영이 생긴 것입니다. 사람의 영 안에 하나님의 영이 연합하여 한 영(고전6:17)이 되고, 그곳에 주님이 거하십니다(딤후4:22). 사람의 영은 믿는 자나 불택자나 모든 사람에게 동일하게 있습니다. 사람은 영적 존재이므로 영원을 사모하는 마음을 갖게(전3:11) 될 뿐만 아니라 종교의 속성(행17:22)을 가지게 됩니다. 사람은 영을 가짐으로써 만물의 영장(靈長)이 되었습니다.

셋째는, 혼을 가진 사람으로 지으셨습니다. 생기를 몸 안으로 불어넣자 생령(living soul)인 살아있는 혼, 살아있는 존재, 숨을 쉬는 생명체가 되었습니다. 이것이 사람의 혼입니다. 영과 육이 결합하여 생령(혼)이 산출되었습니다. 몸은 물질을 접촉하는 기관이고, 영은 영이신 하나님을 접촉하여 하나님을 담는 기관이며, 혼은 사람의 정신적인 영역을 접촉하는 기관입니다. "기록된 바 첫 사람 아담은 생령이 되었다 함과 같이 마지막 아담은 살려 주는 영이 되었나니"(고전15:45). 첫 사람으로 창조된 아담이 생령, 산 혼이 되었다(고전15:45)는 것은 살아있는 혼을 가진 생명체라는 것입니다. 그러나 아담 안에 있는 산 혼은 혼적인 생명체이지만, 자신을 하나님의 생명으로 스스로 살게 하는 능력이 없습니다.

흠정역 성경은 자주 사람을 '혼'이라고 부릅니다(창12:5, 19:20, 46:26, 출1:5, 행7:14). 즉 혼적인 생명, 혼적인 사람을 말합니다. 흔히 우리가 '혼이 빠졌다', '정신 나갔다'라고 하는데 이것은 '자기 자신이 아니다'라는 말입니다. 산 혼이 선악과를 먹은 이후에 타락하여 자아가 된 것입니다. 즉, 혼에 속한 육적인 자아임을 말합니다. 사람의 혼이 개인적 인격이며 자아입니다. 사람은 영을 사용하지 않음으로써 사탄에게 미혹을 받아 타락하여 영의 기능이 상실되어 죽게 되었고, 혼은 자아가 되었으며 사람의 몸은 부패시켜 육체(창6:3)가 되게 하여 죄를 짓게 했습니다. 하나님께서는 사람을 영과 혼과 몸으로 아름답게 만들었지만, 죄로 인하여 타락한 인간은 전파를 수신할 수 없고 잡음만 내는 고장 난 라디오처럼 내적인 본성이 전적으로 부패하게 되었습니다.

사람 안에 두 생명

인간의 정체는 인격적인 자아, 혼입니다. 우리 안에는 두 생명, 영에 속한 생명과 혼에 속한 생명이 있습니다. 혼이 하나님의 영의 통치를 받고 사는 사람은 영에 속한 생명이며, 반면에 혼이 자신의 자아인 육신에 따라 사는 사람은 육신에 속한 혼 생명입니다. 아담 안에 있는 산 영은 혼적인 생명체이지만, 자신을 하나님의 생명으로 스스로 살게 하는 능력이 없으며, 마지막 아담인 그리스도는 살리는 영, 즉 생명 주는 영으로 영원한 생명을 주시는 것입니다(고전15:45, 고후3:6). 그러므로 우리는 예수 그리스도를 받아들여 부활하신 생명 주시는 영을 통하여 영의 통치와 제한을 받음으로써 영에 속한 영적인 생명을 가져야 합니다. 사람의 몸은 가장 바깥에 있고, 사람의 영이 된 생명의 호흡은 가장 깊은 안에 있으며, 혼은 영과 몸 중간에 거하는 매개체가 된 것입니다. 이렇게 사람은 영과 혼, 몸의 세 부분으로 구성되었습니다(살전5:23). 이와 같이 사람은 살아 있는 혼, 보이는 몸과 보이지 않는 영을 지니고 있습니다. 영과 혼과 몸은 각각 다른 실체이면서 하나로 되어 있습니다.

사람도 삼위일체 하나님처럼 삼위

이것은 사람도 삼위일체 하나님처럼 삼위로 되어 있음을 의미합니다.
삼위일체는 "태양"의 세 광선이 예시해 줍니다. 느끼기는 하지만 볼 수 없는 열선, 볼 수 있지만 느끼지 못하는 가시광선, 볼 수도 느낄 수도 없는 화학방사선, 이 셋은 각각 삼위일체 하나님에 걸맞게 연결됩니다. 즉 느낄 수 있으나 볼 수 없는 성령님, 볼 수 있으나 느낄 수 없는 예수 그리스도, 어느 누구도 본 적이 없고 느낄 수 없는 아버지 하나님입니다. 이와 같이 사람은 눈에 보이는 몸이 있고, 그 안에 볼 수 없는 혼이 있고, 또 그 안에 사람의 영이 존재합니다. 영과 혼과 몸으로 구성되어 있는 인간은 하나의 몸으로 된 각각 다른 세 가지의 실체입니다. 사람의 구성 요소를 통해서 삼위일체 하나님을 예시해 주는 것입니다.

"평강의 하나님이 친히 너희를 온전히 거룩하게 하시고 또 너희의 온 영과 혼과 몸이 우리 주 예수 그리스도께서 강림하실 때에 흠 없게 보전되기를 원하노라"(살전5:23). 사람의 영은 하나님으로부터 주어진 것이요, 혼은 살아있는 생령인 산 혼이요, 몸은 하나님께 지음받은 것입니다. 사람의 영은 특히 하나님 자신을 담고 하나님으로 충만하도록 만들어졌기 때문에 사람의 영 안에 하나님을 담지 않고 빈 상태로 있다면, 인간의 그 어떤 것으로 채워도 결코 만족되지 않습니다. 사람은 생각을 통하여 하나님을 객관적으로 인식할 수 있습니다. 그러나 하나님을 접촉하고 하나님을 담고 하나님을 누리는 것은 하나님은 영이시기 때문에 반드시 영을 통해서만 가능합니다.

두 생명의 운명

"누구든지 제 목숨을 구원하고자 하면 잃을 것이요 누구든지 나를 위하여 제 목숨을 잃으면 찾으리라 사람이 만일 온 천하를 얻고도 제 목숨을 잃으면 무엇이 유익하리요 사람이 무엇을 주고 제 목숨과 바꾸겠느냐 인자가 아버지의 영광으로 그 천사들과 함께 오리니 그때에 각 사람이 행한 대로 갚으리라"(마16:25-27).

여기에서 목숨은 혼 생명을 말합니다. 주님을 위하여 혼 생명을 잃으면, 마지막 날에 주님이 다시 오실 때(히10:37) 혼 생명인 혼의 구원을 얻습니다(마16:25, 막8:35, 눅9:24, 17:32, 요12:25, 벧전1:9). 혼 생명을 이기는 자들은 유업으로 왕국의 보상을 받는 것입니다(마16:25-27). 그러하기 위해서 우리의 혼인 생각과 감정, 의지가 항상 영의 다스림, 통치를 받고 살아야 합니다. 영의 다스림을 받지 않고 혼의 즐거움과 심리적인 쾌락을 좋아하고, 혼 목숨을 잃지 않고, 그리스도를 따르지 않는다면, 오는 시대에 혼 안에서 심판의 부활로 나와 주님께 징계의 질책을 받는 것입니다(요5:29, 고후5:10). "거기서 슬피 울며 이를 갈게 되리라"(마8:12, 13:42, 13:50, 22:13, 24:51, 25:30, 눅13:28, 계18:

19). 이 시대에 우리의 운명은 혼을 잃는 것입니다. 오늘날 이같이 혼을 잃으면 오는 시대에 우리의 혼 생명을 얻어 주님이 주시는 기쁨과 다스림 안으로 들어가는 유업의 보상으로 천년왕국에서 만왕의 왕이신 그분과 함께 왕 노릇 하게 됩니다(계11:15, 20:6).

구원은 은혜로 받지만, 유업의 보상은 구원받은 후에 혼 생명의 조성과 주어진 일을 행한 행위에 따라서 받습니다(갈4:6-7, 마16:27-28, 25:20-30, 고전3:14, 롬4:4, 8:17, 계2:23). 구원을 받은 후 우리의 행위가 그리스도인으로서 합당하지 않으면, 장래 믿는 우리는 대가에 대한 심판을 받게 됩니다(눅12:47-48, 골3:23-25, 고후5:10, 롬14:10). "바깥 어두운 데로 내어 쫓으라 거기서 슬피 울며 이를 갈게 되리라" 이러한 질책의 심판은 하나님의 집에서 먼저 시작합니다(벧전4:17). 따라서 사람은 혼이 내 안의 자아이므로 혼 생명이 관건입니다. 혼 생명을 어떻게 하느냐에 따라서 사람의 운명이 좌우되는 것입니다.

성경은 사람이 어디서 왔으며, 어떻게 만들어졌고, 어디로 가고 있는지에 관하여 말하고 있습니다. 이것은 또한 사람에 대한 계획과 운명을 말하는 것입니다. 믿는 우리는 이제 장차 다가올 천년왕국의 시작, 곧 공의의 심판 때에 하나님의 질책을 받지 않도록 하나님의 긍휼을 얻는 것이 필요합니다(딤후1:18). 이와 같은 사실들을 깨닫고 영과 혼과 몸으로 된 사람의 구성요소가 각각 다른 3개의 실체(살전5:23)이지만, 한 몸으로 구성된 의도는 사람이 완전한 피조물로 하나님의 생명을 담아 그 사람 전체를 통해 하나님을 나타내고 표현하기 위함(고후4:11, 3:18)입니다. 주님은 주님이 오실 때에 우리의 영과 혼과 몸이 흠 없게 보전되기를 갈망하고 원하십니다(살전5:23).

2. 이분설과 삼분설에 대한 성경적인 기준

"평강의 하나님이 친히 너희를 온전히 거룩하게 하시고 또 너희의 온 영과 혼과 몸이 우리 주 예수 그리스도께서 강림하실 때에 흠 없게 보전되기를 원하노라"(살전5:23). "몸은 죽여도 영혼은 능히 죽이지 못하는 자들을 두려워하지 말고 오직 몸과 영혼을 능히 지옥에 멸하실 수 있는 이를 두려워하라"(마10:28). "믿음의 결국 곧 영혼의 구원을 받음이라"(벧전1:9).

구약과 신약의 경륜을 깨닫지 못함으로써 말씀을 변질케 하여 실제가 되지 않는 세 가지의 요소가 있습니다. 첫째는, 구약의 율법과 신약의 천국(왕국) 복음을 구분하지 못하고 혼합시켜서 복음적인 삶으로 살아가지 못한다는 점입니다. 둘째는, 종교와 생명을 혼합시켜서 아직도 기독교종교적인 신앙생활을 하고 있는 것입니다. 셋째는, 영과 혼을 혼합시켜서 영혼과 몸 이분설로 진리를 왜곡시키고 있는 점입니다. 이와 같은 문제는 오늘날까지도 교계에 교단마다 그리스도가 생명 주는 영(고전15:45), 말씀이 실제가 되는 진리의 영으로 오셨음(요14:17)에도 불구하고 구약과 신약의 경륜을 깨닫지 못한 데서 비롯되는 것입니다.

아직도 논쟁거리가 되는 건 세 번째 요소인 영혼의 혼합 문제입니다. "영혼"과 "몸" 이분설(마10:28, 벧전2:11, 약2:26)과 "영", "혼", "몸" 삼분설(창2:7, 살전5:23, 히4:12)이 여전히 논쟁거리가 되는 것은 참으로 애석한 일입니다. 사실 이분설과 삼분설 모두가 성경에서 유래되었습니다. 그런데도 아직까지 사람들이 뜨거운 감자 취급하며 서로를 이단시하고 정죄하는 것은 진리를 모르는 무지의 소치입니다. 또한 이러한 그릇된 설로 혼란을 겪는 일이 발생한다면 바로잡아야 합니다.

영과 혼의 차이를 아는 것은 참으로 중요한 문제입니다. 사람들은 영과 혼을 쉽게 혼동합니다. 어떤 사람들은 영과 혼이 동의어라고 생각합니다. 그러나 문제 되는 영과 혼을 구분하는 해석은 법리적 구속 즉 구원에 영향을 주는 것은 아닙니다. 무엇보다 중요한 것은 믿는 이들의 영적인 생명의 성장과 하나님께서 사람을 지으신 영원한 목적과 계획을 이루는 데에 직접적인 관계를 갖고 있기 때문에 매우 중요합니다. 이것은 믿는 이들의 영적 생명과 매우 깊은 관계가 있습니다. 만일 믿는 이들이 영의 경계(境界)가 어디까지인지를 모른다면 어떻게 영성(靈性)의 생활을 할 수 있겠습니까? 영과 혼을 온전히 깨닫지 못한 채로 어떻게 영성이 성장하여 그리스도의 장성한 분량까지 자란 사람으로 생활을 할 수 있겠습니까? 그런 사람이 하나님의 목적을 성취해 갈 수 있겠습니까? 믿는 이들이 영과 혼을 구분하지 못하고, 분별하지 못하게 되면, 성경의 해석도 난해하게 되어 말씀의 해석이 혼돈될 뿐만 아니라, 영적 생명으로 성숙해 가는 과정을 잘 모르게 됩니다. 또한 혼에 속한 것을 영에 속한 것으로 여기기 때문에 오랫동안 혼에 속한 생활을 하고, 영에 속한 것을 더 추구하려고 하지 않는 문제를 낳게 되는 것입니다.

일반적인 학설에 의하면, 사람을 "영혼"과 "몸"으로 나눕니다. 영혼은 영과 혼을 뭉뚱그려 부르는 말로 사용하기도 합니다. 혼을 영으로 주장하는 혼령, 즉 영혼은 죽은 사람에게 사용하기도 합니다. 영혼은 육신과 구분되며 사람 속에 있어 보이지 않는 정신적인 부분이고, 몸은 사람 겉으로 보이는 신체입니다. 이것은 타락한 인류의 사상이며 비성경적인 표현입니다. 그러나 성경에는 인간을 지으실 때에 코에 생기를 불어 넣어 영과 혼을 산출함으로 영혼을 동일하게 보는 경향이 있으나, 성경은 영과 혼을 동일한 것으로 여기거나 서로 섞어 놓지 않았습니다. 특히 초림 예수님이 오심으로써 율법과 복음이 쪼개진 뒤, 사람을 영과 혼과 몸(살전5:23, 히4:12, 창2:7) 세 부분으로 구분하고 있습니다. "평강의 하나님이 친히 너희를 온전히 거룩하게 하시고 또 너희의 온 영과 혼과 몸이 우리 주 예수 그리스도께서 강림하실 때에 흠 없게 보전되기를 원하노라"(살전5:23). 이 구절에서 사람 전체를 '영과 혼과 몸'의 세 부분으로 분리하여 서로 다른 실체를 가진 존재임을 분명하게 말씀해 주고 있습니다.

"하나님의 말씀은 살아 있고 활력이 있어 좌우에 날선 어떤 검보다도 예리하여 혼과 영과 및 관절과 골수를 찔러 쪼개기까지 하며 또 마음의 생각과 뜻을 판단하나니"(히4:12). 골수가 관절에서 분리되듯이 사람의 혼이 우리의 영으로부터 분리될 수 있음을 말합니다. 제사장이 희생제물을 드릴 때에 칼로 온전히 해부하고 분리해 그 속에 어떤 것도 숨기지 못하게 하듯이 우리의 관절은 뼈의 부분이며, 이 뼈 안에 골수가 있음을 알게 됩니다. 골수는 뼈 속에 감추어져 있지만 뼈와는 전적으로 다릅니다. 뼈는 혼과 같고, 골수는 영과 같습니다. 영은 혼 안에 감추어져 담겨 있으며, 혼은 영으로부터 분리될 수 있습니다.

원어성경 누가복음 1장 46절과 47절에서도 영과 혼의 차이점을 볼 수 있습니다. 마리아는 이렇게 말합니다. "마리아가 이르되 내 혼이 주를 찬양하며 내 영이 하나님 내 구주를 기뻐하였음은." 이것은 마리아의 영과 혼이 각각 행한 두 가지의 일입니다. 전도서 3장 21절에서도 영이 없는 짐승에게 혼이 존재한다고 하셨으므로, 혼을 영으로 보는 이분설은 성경과 대립됩니다. 계속해서 빌립보서 1장 27절은 영과 혼이 한 실체가 아니라 두 실체라는 것을 원어성경에서 계시하고 있습니다.

이와 같이 하나님의 말씀으로 돌아온 사람은 진리를 깨달아 완전히 분리하여 영에 속한 것과 혼에 속한 것과 몸에 속한 육신적인 것을 모두 일일이 찔러 쪼개어 통시적으로 분별합니다. 혼과 영을 쪼갤 수 있다면, 혼과 영이 다르다는 의미입니다. 그러므로 사람은 영, 혼, 몸, 세 요소로 이루진 존재(창2:7, 살전5:23, 히4:12)입니다. 이것은 우리가 삼위일체 하나님께 참여하는 데 꼭 필요한 기본적인 문제입니다.

구원하실 때 세 단계로 대하심

이와 같이 사람이 세 부분으로 되어 있기 때문에 주님은 우리를 구원하실 때 세 단계로 대하십니다. 첫째로, 우리의 영을 거듭나게 하시고 (요3:6) 우리의 영 안에 생명으로 거하십니다. 둘째로, 우리의 혼을 변화시키심으로써(롬12:2) 우리의 전 존재를 적시고 채우시며 소유하시어 그분의 형상으로 변화케 해 이 땅에 사는 동안에 그분을 표현하게 합니다. 셋째로, 믿는 우리의 몸을 주님이 오실 때에 변형(빌3:21)시키시고, 우리의 죽을 몸을 하나님의 영광 안으로 이끄실 것입니다. 이와 같이 주님은 우리 전 존재의 각 부분을 특별한 방법으로 대하십니다. 영과 혼을 구분하는 것은 믿는 이들의 영적인 생명의 성장과 하나님의 영원한 목적과 계획을 이루는 데에 직접적인 관계를 갖고 있기 때문입니다. 영을 통하여 하나님의 생명으로 연결되고 혼인 생각과 감정, 의지까지 연합하여 하나님의 인격으로 합병된 하나의 그리스도의 몸으로 생명을 건축하게 합니다. 이것이 놀라운 비밀, 그리스도와 교회의 비밀인 생명의 건축입니다(엡5:32).

사람의 영은 사람의 내적인 기관으로서 사람이 하나님을 알고 경배하고 영적인 것들을 접촉하고 받아들이고 담고 하나님을 자신의 온 존재 안에 소화 흡수하여 자신의 생명과 모든 것이 되게 합니다. 사람의 영은 사람이 하나님께 경배하고(요4:24), 하나님에 의해 거듭나며(요3:6), 하나님과 연결되게 합니다(고전6:17, 딤후4:22). 특별히 사람의 마음속에는 하나님을 경배하려는 경향이 있습니다. 그 이유는 모든 인종과 민족마다 종교가 있고 나름대로 제사를 드림으로써 절대자를 경배하는 모습을 보면 알 수 있습니다. 이것이 사람이 짐승과 다른 점이며, 사람마다 종교성이 있다(행17:22)는 것은 사람 안에 영이 있다는 증거입니다(욥32:8, 잠20:27, 슥12:1).

사람의 혼은 사람의 인격이며 사람 자신입니다(출1:5, 행2:41). 혼은 사람의 영과 사람의 몸이 결합함으로써 산출된 것입니다(창2:7). 사람의 혼은 생각과 감정과 의지로 구성되어, 우리의 인격과 자아가 되며 정신적인 영역을 접촉합니다.

영과 혼의 구별에는 다음의 예가 도움이 될 것입니다. 우리가 어떤 물건을 구입하게 될 때를 가정해 보면, 우리가 그 물건을 보고 생각하면 더욱더 갖고 싶어집니다. 결국 그것을 사겠다고 결정합니다. 그 물건을 좋아하기 때문에 감정을 사용하는 것이고, 그 물건을 고려하였기 때문에 생각을 사용한 것이고, 그것을 사겠다고 결심했기 때문에 의지를 사용한 것입니다. 그러므로 혼 전체를 사용하였습니다. 그러나 그것을 사려고 할 때에 한편으로 우리 속 깊은 곳에 있는 무언가가 제한을 할 때가 있습니다. 우리의 감정은 그것을 좋아하고, 우리의 생각은 그것을 고려하고, 우리의 의지는 그것을 선택합니다. 그러나 이 모든 것들보다 더 깊은 곳에서 무언가 반대하고 제한하는데, 이것이 바로 우리의 영입니다. 우리 존재에서 가장 안에 있는 부분, 영은 우리의 혼과는 전적으로 다릅니다.

사람의 생각과 감정과 의지가 하나님의 생각과 감정과 의지로 변화되려면, 맨 먼저 그리스도께서 우리 영 안에 계신 그 영이심을 반드시 깨달아야 합니다. 그런 다음에 영과 혼의 차이를 분별하여야 합니다. 이럴 때 우리는 혼, 즉 자아를 부인하고 영에 의해서 살 수 있습니다. 그러므로 인하여 영 안에서 생명의 느낌에 따라서 행하고, 또한 가르침을 받고, 그분의 영의 통치와 제한을 받고 살 때에 그분을 체험하고 누리는 것입니다. 하나님의 목적을 이루기 위하여 하나님과 유기적인 연결 안에서 영으로 행하고 살아가야 혼의 구원이 성취되는 것입니다. 혼의 구원이 성취될 때에 타락한 인간이 그리스도의 인격으로 변화되는 것입니다. 그러므로 믿음은 결국 혼의 구원입니다(벧전1:9). 이와 같이 사람은 영과 혼과 몸으로 구성되었습니다(창2:7, 살전5:23, 히4:12).

사람의 대표성을 가진 아담은 하나님의 형상대로 창조되어 영과 혼과 몸을 가졌고, 하나님의 생명을 받아들이고, 하나님을 위하여 다스리도록 준비가 되어 있었습니다. 땅의 '흙'은 인간의 '몸'이며(창3:19, 전3:21, 12:7), 생명의 호흡은 인간의 '영'이고(겔37:14, 요3:6), 살아있는 혼은 말 그대로 인간의 '혼'(창2:7)이라고 성경은 구분하여 기록하고 있습니다. 일반적으로 우리가 사용하는 성경은 영과 혼을 문자적, 원어적으로 번역하지 않았기 때문에 때로는 "영"이 영혼으로, "혼"이 영혼으로 번역되었습니다(벧전1:9). 성경을 번역할 때 후세에 통용되도록 이 단어를 직역해서 그릇된 오해나 혼란이 발생하지 않도록 해야 할 것입니다.

하나님께서는 성경을 계시해 주실 때, 영과 혼이라는 두 단어를 사용하셨습니다. 그래서 영, 혼, 몸, 세 요소로 구분해야 합니다. 그래야 사람의 존재를 정확하게 계시해 주고, 영적인 성장과 주님의 목적을 인도하는 중요한 매개체 역할을 하게 됩니다. 우리의 영은 그리스도를 통하여 거듭(요3:6)나야 하고, 우리의 혼은 그 영으로 인하여 변화(살후2:13, 롬15:16)되어야 하며, 우리의 몸은 주님이 다시 오실 때에 부활체로 변형(빌3:21, 롬8:23, 요일3:2)되어야 합니다.

3. 타락하기 전과 타락한 후의 인간의 상태

> "한 사람의 범죄로 말미암아 사망이 그 한 사람을 통하여 왕 노릇 하였은즉 더욱 은혜와 의의 선물을 넘치게 받는 자들은 한 분 예수 그리스도를 통하여 생명 안에서 왕노릇 하리로다 그런즉 한 범죄로 많은 사람이 정죄에 이른 것 같이 한 의로운 행위로 말미암아 많은 사람이 의롭다 하심을 받아 생명에 이르렀느니라"(롬5:17-18).

우리가 타락하기 전후 인간의 상태를 아는 것은 참으로 중요합니다. 사람의 본질을 알게 되기 때문에 하나님의 측면에서 앎과 인간의 측면에서 앎은 우리에게 너무나 유익을 주는 것입니다. 우리가 세상에서 살아가면서 사람을 모르므로 사람을 오해하게 되고 한편으로는 두려워하게 되고 상처받을 때가 많음을 인식합니다. 그러나 타락한 인간의 전후를 알게 되면 그를 믿지는 않지만 인정하고 포용하고 불쌍히 여겨 사랑할 수가 있습니다.

믿는 우리 안에는 세 가지 생명이 있습니다. 첫째로, 우리는 창조의 때에 창조를 통해 사람으로 창조되어 혼 생명을 얻었습니다(창2:7). 둘째로, 타락의 때에 사탄에 의해 선과 악의 지식의 나무를 접하여 사탄의 타락된 생명을 얻었습니다. 셋째로, 우리가 하나님의 아들, 예수 그리스도를 믿고 그분을 영접함으로써 이제 하나님의 생명을 얻었습니다(요 3:36, 요일5:12). 이 세 가지 사건인 창조, 타락, 구속이 우리 안에 발생했기 때문에 우리는 본성에 있어서 서로 다르다는 것을 알 때에 우리는 생명의 길에 관해 분명해질 수 있습니다. 우리가 사람이기 때문에 사람을 안다고 하지만 실상은 잘 모릅니다. 오죽하면, '열 길 물속은 알아도 한 길 사람 속은 모른다'는 속담이 있겠습니까. 사람을 알아야 사람을 용납하고 이해할 수 있고 오해하지 않을 뿐만 아니라 사람이 사는 세상을 이해할 수가 있습니다. 또한 주님께 인도할 수가 있습니다. 근본적으로 사람을 알기 위해서 성경적으로 타락하기 이전과 타락한 이후의 사람을 알아야 할 뿐 아니라 사람이 어느 정도까지 타락하고, 또한 얼마나 깊게 타락했는지, 구원을 받은 후에 사람의 상태는 어떠한지를 깨닫는 것이 중요합니다.

타락하기 이전의 사람의 상태

사람이 타락하기 전에, 하나님께서는 하나님의 형상과 모양을 지닌 사람을 창조하여 사람 안으로 생명을 분배하여 하나님을 표현하게 하셨습니다. 그뿐만 아니라 하나님의 권위인 통치권을 가지고 땅을 통치하고, 사탄을 쳐부수어 이길(창1:26-28) 수 있는 하나님의 배필이자 신부로서 하나님을 대신하는 자를 얻기 위한 목적을 두셨습니다(창2:21-24). 이것이 하나님의 갈망입니다. 그러므로 하나님께서는 창조의 목적대로 사람을 이끌기 위해서 사람을 생명나무 앞에 두셨습니다.

하나님께서 사람을 생명나무 앞에 두신 의도는 생명나무의 열매를 먹게 하여 영원한 하나님의 생명을 얻게 하려는 데 있었습니다(창2:16-

17, 신30:19, 요5:39-40, 20:31). 하나님께서 사람을 지으셨으나 생명 나무로 예표된 생명과 본성에 참여하기 전에, 하나님께서는 선악을 알게 하는 나무를 제외한 나무의 실과를 임의로 먹으라고, 사람의 자유 의지를 존중하여 선택권을 주신 것입니다(창2:16-17). "내가 오늘 하늘과 땅을 불러 너희에게 증거를 삼노라 내가 생명과 사망과 복과 저주를 네 앞에 두었은즉 너와 네 자손이 살기 위하여 생명을 택하고"(신30:19). 사람이 하나님을 표현하고 대표할 수 있는 유일한 길은, 하나님의 아들들과 배필이 되도록 주신 자유의지를 가지고(창2:16) 생명과를 먹어서 하나님의 생명을 받아들이는 것입니다.

하나님께서 인간을 하나님의 형상과 모양으로 창조하셨기 때문에 사람은 하나님과 같은 생각과 같은 수준에 있었습니다. 역시 몸도 죄가 없었습니다. 타락하기 전에 아담은 하나님이 주신 지혜로 하나님과 같이 아주 영리하고 지혜롭게 동물들의 이름을 지었습니다(창2:19). 사람이 창조된 직후에는 사람의 몸은 혼에 복종하고, 또한 혼은 영에 복종했습니다. 사람의 영은 하나님과 교통하고 하나님의 뜻을 이해했으며, 영을 사용하여 자신을 하나님의 뜻에 복종시켰습니다. 영에 의해 교통하며 살며 통제를 받고 누렸습니다.

창조 당시 인간은 살아있는 혼적인 사람(산 혼)이었기 때문에(창2:7, 고전15:45) 하나님의 생명을 가지지 못했습니다. 지금도 하나님을 믿는 많은 분들이 하나님의 생명을 가진 아담으로 창조한 줄로 알고 있으나 그렇지 않습니다. 아담을 하나님의 생명을 담을 수 있는 사람의 영(슥12:1), 즉 그릇(롬9:24)으로 지으신 것입니다. 아직 창조되지 않은 영원한 생명을 받아들이지 않았으므로 하나님의 생명인 생명과를 선택할 필요가 있었습니다. 그래서 선택할 자유의지를 주신 것입니다. 사람이 생명을 택하면 살 것이지만 선악을 알게 하는 지식의 나무 실과를 먹는 날에는 정녕 죽으리라 하셨습니다(창2:16-17). 그러나 사람 아담은 말씀을 의심케 하는 사탄의 질문의 유혹에 넘어가 하나님이 주신 영을 사용하지 않아 선악과를 취하고 생명을 선택하지 않았습니다. 예수님께서도 유대인들을 향하여 "너희가 영생을 얻기 위하여 내게 오기를 원하지 아니하는도다"(요5:40)라고 하셨습니다.

생명과는 무엇입니까? 영생할까 하노라(창3:22), 즉 영원한 생명이신 하나님의 생명, 우리의 생명이신 그리스도이십니다(골3:4). 그리스도가 어디 계십니까? 말씀 안에 그리스도가 계십니다. 하나님을 담는 내 영 안에 그리스도가 계십니다. 사탄이 미혹할 때 말씀 안으로 가고, 영 안에서 말씀하시는 성령의 인도하심을 따라서 가면, 영생하는 하나님의 생명을 받을 수 있습니다. 그러나 사람은 영을 사용하지 않아 결국 하나님의 대적인 타락한 천사, 즉 사탄에 유혹되어 하나님께서 금하신 선악과(선과 악을 판단하는 지식의 나무)를 먹음으로써 죄를 범하고 타락하게 되었습니다.

타락한 후 사람의 상태

사람이 타락하기 이전에는 혼적인 사람은 영이라는 내적인 기관과 외적인 몸의 기관을 가지고 있었습니다. 외적인 사람의 몸은 물질적인 세계를 접촉하기 위한 것이며, 내적인 사람의 영은 영적인 세계를 접촉하는 하나님의 목적으로 창조되었습니다. 그러므로 창조 때에 사람은 혼을 가진 사람, 산 혼이었고(창2:7, 고전15:45), 몸과 영, 두 개의 기관을 가졌습니다. 사람의 영이 하나님과 교통할 수 있었습니다. 그러나 타락한 후에는 하나님과 단절되었고(엡4:18), 하나님을 향해 죽었습니다(골2:13, 엡2:1). 하나님께서는 처음부터 아담에게 선악과를 먹는 날에는 정녕 죽으리라고 말씀하셨습니다(창2:17). 그럼에도 불구하고 선악과를 먹은 후에도 아담은 930세까지 살았습니다(창5:3-5). 이것은 육신이 죽기 전에 영이 죽을 것임을 암시해 주는 의미입니다. 영이 죽었다(창2:17, 엡2:1, 골2:13)는 것은 영이 사라진 것이 아니라 하나님과 단절되고 더 이상 교통할 수 없게 되었다는 뜻입니다. 이것은 영의 기능이 상실되었다는 의미입니다.

아담의 타락은 영의 타락입니다. 타락한 후에도 영은 존재하지만 영의 기능을 잃어버려 하나님을 향해 죽은 것입니다. 이것은 마치 귀나 눈이 있는 자가 기능을 상실하면, 듣지도 못하고 보지도 못하는 것처럼, 하나님이 계시지 않는 것이 아니라 사람이 하나님을 접촉하고 표현할 수 있는 기능을 잃어버린 것입니다. 이것이 사람이 타락하여 죄가 사람 안에 들어오게 된 후의 첫 번째 결과입니다. 그러므로 사람은 하나님에 대하여 알지도 못하고 더 이상 하나님께 속한 일들을 이해할 수 없으며, 자신이 어디에서 와서, 어디에 있는지, 그리고 어디로 가는지를 모르며, 자신의 심신을 향해 주권을 행사할 수가 없습니다. 죽은 낙엽처럼 물 흐르듯이 바람 부는 대로 흘러가는 삶을 살아갔습니다. 그렇다고 믿는 성도에게만 영이 있고, 믿지 않는 불택자에게는 영이 없는 것이 아닙니다. 모든 사람에게 동일하게 영이 있으나, 믿는 성도는 예수 그리스도의 대속으로 인해 죄 문제를 해결하여 영으로 활동을 회복한 산 영이 되었으나, 믿지 않는 불택자는 영이 있으나 영의 기능을 상실하여 죽은 영이 된 것입니다.

영의 기능을 회복하여 산 영이 될 때에 우리는 하나님과 교통할 수 있으며, 그 영을 통해서 우리의 심신을 향해 주권을 행할 수 있습니다. 이와 같이 사람은 타락을 통하여 결국, 사탄의 죄가 사람 안으로 들어와 사람의 몸을 부패시켜 육체가 되게 했습니다(창6:3). 몸 안에 들어온 사탄은 혼을 점령하기 위한 근거지로 삼아 사람의 혼을 오염시켜서 자아가 되게 했습니다. 자아는 혼 생명의 본성이고, 혼 생명은 인격의 혼 생명입니다(마16:24-26).

혼 생명의 본성은 타락한 사탄적인 자아, '에고'가 되었습니다. 이렇게 타락한 인간은 영을 사용하지 않아 혼에 의하여 판단하고 결정하는데, 이것이 곧 혼의 타락입니다. 따라서 혼의 타락으로 사람은 자신의 생각과 관념에 따라 종교적으로 하나님을 섬길 뿐만 아니라, 육체에 따라서 행하여 추악한 행위를 내보이게 됩니다. 이것이 몸의 타락입니다.

아마 나는 선한 사람이라 죄를 짓지 않는다고 말할지 모르지만, 모든 사람이 싸움 구경을 좋아하고, 외설적인 영화 포스터를 좋아하며, 불구경을 좋아합니다. 남이 잘되는 것보다 넘어지고 망하는 것을 보면서 속으로 즐거워합니다. 사랑하는 것은 오직 자기와 돈과 쾌락이며, 선을 사랑하지 아니하고 하나님을 사랑하지 않습니다(딤후3:2-4). 이것이 바로 전적으로 타락한 인간의 본성입니다. 그뿐인가요. 가치 있는 말보다 험담과 악담에 빠른 것이 타락한 귀입니다. 우리의 입술은 열린 무덤으로(롬3:13) 온갖 더럽고 썩은 것이 다 입에서 나옵니다. 시기와 중상과 모략, 비방이 다 입에서 나옵니다. 따라서 성경은 우리의 몸은 죄의 몸(롬6:6)이요, 죽음의 몸(롬7:24)이라고 했습니다. 죄를 짓는 데에는 매우 활동적으로 힘을 발휘하여 죄들을 범하기 때문에 죄의 몸입니다. 그러나 하나님께서 기뻐하시는 일과 선한 일에 관련하여 우리의 몸은 시체처럼 무기력하고 약합니다.

공부하려면 삼십 분도 못 가서 졸지만 영화를 볼 때는 서너 시간을 꼼짝도 않고 볼 수가 있습니다. 근무시간에는 계속해서 몸을 비틀지만 노름판을 벌이면 며칠 밤을 새웁니다. 이것이 죄의 몸입니다. 그뿐만 아니라 우리의 혼은 사랑하기보다 거스름과 불신으로 충만합니다. 누가 가르치지 않아도 속된 것은 잘 알고, 청개구리처럼 부모를 거스르고, 선생을 거스르고, 반역과 무질서가 충만합니다. 우리의 몸은 죄를 짓는 것에는 죄의 몸이지만, 하나님의 뜻을 순종하는 것에는 불신과 죽은 몸입니다.

사람의 영은 죄로 인하여 죽었습니다(엡2:1). 이 죽음은 육체의 죽음을 가리키는 것이 아니라 사람 안에 있는 하나님을 접촉하는 기관인 영이 죽어 영의 기능이 상실되고 마비되어 하나님을 찾지 않고, 섬기는 기능이 상실된 것을 뜻합니다. 사람이 영의 기능이 상실되어 영을 사용할 줄 모르면 금수의 차원과 다를 바가 없습니다. 사람이 외적으로 많은 것을 소유하고 즐거운 쾌락을 누린다고 하여도 여전히 허전함을 느끼는 이유는 우리 마음 깊은 곳에 있는 영이 비어 있기 때문입니다. 이것이 죄로 타락한 인간의 비참한 모습입니다.

우리의 영이 죽어 있을 때 사람에게 나타나는 세 가지의 표현

하나님을 접촉하는 우리의 영이 죽어 있을 때 사람에게 나타나는 세 가지의 표현이 있습니다.

"그는 허물과 죄로 죽었던 너희를 살리셨도다 그때에 너희는 그 가운데서 행하여 이 세상 풍조를 따르고 공중의 권세 잡은 자를 따랐으니 곧 지금 불순종의 아들들 가운데서 역사하는 영이라 전에는 우리도 다 그 가운데서 우리 육체의 욕심을 따라 지내며 육체와 마음이 원하는 것을 하여 다른 이들과 같이 본질상 진노의 자녀이었더니"(엡2:1-3).

첫째는, 이 세상의 풍조를 따르게 됩니다(엡2:2상). 즉 통상적으로 말하면 현대적인 유행을 따르게 됩니다. 마치 나뭇가지에서 떨어진 낙엽처럼 물결을 따라서 시냇가로 떠내려갑니다. 우리가 낙엽과 나뭇가지처럼 물결치는 대로 시대의 유행의 풍조를 따라서 흘러간다면 생명이 없어 죽어 있는 송장과 같은 것입니다. 물고기는 아무리 작아도 물살을 거슬러서 위로 헤엄쳐 올라갑니다. 작은 물고기는 살아있고 생명이 있기 때문입니다.

둘째는, 공중권세를 잡은 통치자(엡2:2하) 곧 사탄을 따른 것입니다. 이러한 공중의 권세를 잡은 자는 악한 권세를 형성하고, 지금도 타락하여 여전히 반역하는 사람 안에서 운행합니다. 악한 공중 권세를 잡은 자의 우두머리는 사탄입니다. 오늘날 많은 사람들이 자유를 이야기하지만 사실 자유로운 사람이 없는 것은 사탄의 통제 안에 있기 때문입니다. 사람의 양심은 도박이나 절도, 마약 등과 같은 것을 해서는 안 된다고 생각하지만 사실 그것을 행하는 것은 그 어떤 힘이 그것을 하지 않을 수 없게 만들기 때문입니다. 이것은 사탄이 사람 안에 거하여 사람에게 죄를 짓도록 하기 때문입니다.

셋째는, 육체의 정욕과 생각의 욕구대로 행하는 것입니다(엡2:3). 육체의 사욕은 곧 정욕이며, 생각의 욕구는 자기 자신의 애호입니다. 사람은 자신의 정욕과 애호를 따라서 행합니다. 이와 같이 영의 타락으로 인하여 사람들은 스스로 웅덩이를 파는 이해타산적인 기질과 속성이 있는 믿지 못할 존재가 된 것입니다(렘2:13).

만물보다 거짓되고 심히 부패한 것이 사람 마음이기 때문에(렘17:9) 의인은 하나도 없습니다(롬3:10). 구스인이 그 피부를, 표범이 그 반점을 지울 수가 없듯이(렘13:23) 사람은 믿음의 대상자가 아니고 의지하고 기대하는 대상자는 더더욱 아닙니다. 따라서 타락한 인간을 신뢰하고 의지하게 되면 사람 때문에 실망하고 상처를 받게 됩니다. 타락한 인간을 인식하는 것이 중요합니다. 타락한 인간은 오직 불쌍히 여겨 구원할 사랑의 대상자이므로 그리스도의 생명을 공급받아야 하는 존재입니다. 그리스도를 통해서 하나님의 생명을 분배 받아서 그 생명을 누리는 자라야 비로소 사람으로서 가치를 찾을 수 있고 그리스도를 표현하고 나타내는 참된 만족을 맛볼 수 있습니다. 그 원인을 성경은 낱낱이 밝히고 있습니다.

타락한 인간의 세 방면의 손상

하나님께서 주신 영을 사용하지 않아 타락함으로써 사람의 세 방면이 손상되었습니다. 영은 죽게 되었고, 혼은 자아가 되어 하나님께 반역하고 독립하게 되어 자기 기준에 따라서 옳고 그름을 판단하여 결정하게 되었고, 몸은 육체가 되어 저절로 육체에 따라서 죄를 짓게 되었습니다(창6:3, 엡2:1, 5). 이렇게 해서 사람은 영과 혼과 몸이 손상을 입은, 전적으로 타락한 존재가 된 것입니다(롬3:9-10).

　영이 죽었다는 것은 영의 기능들이 손상되었다는 의미입니다. 영이 죽음으로써 하나님과 접촉하는 기능을 알 수가 없었습니다. 선악과를 먹고 타락한 아담은 눈이 밝아져 자신이 벌거벗었음을 알고, 부끄러움과 수치심으로 죄의식을 갖게 되었습니다(창3:7). 또한 그들은 하나님의 임재를 떠나서 숨었으며(창3:10), 범죄를 시인하지 않고 하와는 아담에게, 아담은 하와에게, 하와는 뱀에게 책임을 전가하고 변명을 하였습니다(창3:12-13). 사람이 죄의식으로 감추고 숨기고 책임 전가하고 변명하는 것은 타락한 인간의 죄의 본성 때문입니다. 결국에는 하나님의 심판을 받고 죽음에 처하게 되었습니다(롬5:12, 14, 고전15:22).

　타락한 인간은 마치 전파를 수신할 수 없고 음악을 들을 수도 없는 고장 난 라디오와 같았습니다. 그러므로 역대 인류의 모든 사람들은 죄에서 벗어날 수 있는 가능한 모든 방법을 찾았습니다. 그러나 인간의 선행도, 교육도, 윤리도, 사상도, 유물론도 사람을 이러한 죄에서 결코 건져 내지 못했습니다. 모든 사람이 사탄의 포로가 되어 죄의 법의 통제 아래에 있기 때문에 자신을 구원할 소망이 전혀 없으며, 결국 사망에 이르게 되었습니다. 죄는 이제 혼으로 자립하게 되어, 이기적인 혼 생명으로 변해 버렸습니다. 죄는 육신의 힘을 더하여 죄의 성품으로 육신에 왕 노릇하여 죄의 종으로 나를 다스리게 되었습니다(롬5:17). 인간의 타락으로 말미암아 사람의 존재, 사람의 인격, 사람의 혼은 사탄의 인격과 함께 사탄의 존재로 충만하게 되었습니다.

　그러므로 성경은 사람의 자녀들을 진노의 자녀(엡2:3), 마귀의 자녀(요일3:10)라고 부릅니다. 왜 그렇습니까? 사람의 마음은 혼의 생각의 부분들과 영의 한 부분인 양심으로 이루어졌기 때문에, 사탄이 혼을 점령하고 영이 죄로 인하여 죽게 되면, 사람의 마음은 당연히 악하게 되는 것입니다. 그러므로 "만물보다 거짓되고 심히 부패한 것은 마음이라"(렘17:9)고 말했습니다. 결과적으로 타락한 마음의 생각은 사탄에 의해 혼미하게 되고(고후4:4) 완고해졌습니다(고후3:14). 심지어 사탄이 죄로서 사람 안으로 들어올 때 사망을 가져와 사람은 사망의 희생물이 되었고, 결국 사람의 모든 부분이 황폐해지고 죽게 되었으며, 사람은 소망이 없게 되었습니다.

"한 사람의 범죄로 말미암아 사망이 그 한 사람을 통하여 왕 노릇 하였은즉 더욱 은혜와 의의 선물을 넘치게 받는 자들은 한 분 예수 그리스도를 통하여 생명 안에서 왕 노릇 하리로다 그런즉 한 범죄로 많은 사람이 정죄에 이른 것 같이 한 의로운 행위로 말미암아 많은 사람이 의롭다 하심을 받아 생명에 이르렀느니라"(롬5:17-18).

아담 한 사람의 범죄는 그가 대표하는 모든 후손으로 하여금 죄 있는 위치에 서게 했으며, 사망이 왕 노릇 하게 되었습니다. 선악을 알게 하는 나무 즉 선과 악을 판단하는 지식의 나무는 사망에 이르게 하는 사탄을 상징합니다(히2:14). 사탄의 미혹으로 사람이 선과 악을 판단하는 지식의 나무를 먹음으로 말미암아 사탄이 사람 안으로 들어갔으며, 사람 안에서 바로 죄가 되었고, 사람은 그 지식으로 옳고 그름을 판단하고 정죄하여 분리하고 독립, 분열하게 하여 결국 사망에 이르게 되었습니다.

생명의 나무는 사람이 하나님을 의지하도록 하지만(요15:5), 선악의 지식의 나무는 사람의 혼을 고양시키고, 사람의 영을 위축시키는 지식의 나무이므로 하나님을 거역하고, 하나님에게서 독립적이게 합니다. 혼 생명이 발전되고 고양될 때에 영의 생명은 죽은 것같이 억제되고, 하나님에 대한 지식을 잃게 하여, 자기 기준으로 늘 옳고 그릇된 것을 판단하게 됩니다. 그러므로 생명과를 먹지 않고 선악과를 먹는 곳에는 다툼과 분쟁이 절로 생기게 되는 것입니다. 이와 같이 사람이 하나님의 말씀을 불순종으로 거역하고 영이 타락하게 됨으로써 전쟁과 불법, 가난, 범죄, 억압, 질병과 같은 어두움의 부산물들이 세상을 덮게 되었습니다. 사람들은 하나님으로부터 정죄를 받고, 하나님과 분리 독립되고, 하나님의 목적을 이룰 수 없게 됐으며, 죄의 허물로 인하여 수치심을 갖게 되고, 세상의 풍조를 따르고, 공중권세 잡은 자를 따르게 되는 습성을 갖게 되었습니다(엡2:1-3).

그러므로 타락한 인간은 물결 따라 떠내려가는 낙엽처럼 하나님을 향한 목적 없이 시대의 조류에 따라 떠내려가고 이 시대의 것들로 덮일 수밖에 없었습니다. 사람들의 마음은 저절로 육체의 정욕에 살고, 육체의 욕구대로 행할 뿐만 아니라, 생각의 욕구대로 행하였습니다(엡2:2-3). 마치 마귀가 가룟 유다의 마음에 팔려는 생각을 넣으므로 인하여 예수님을 은 30에 팔게 된 것과 같습니다. 타락한 인간의 본성은 생각의 욕구로 행하게 하고, 육체의 정욕으로 행하게 합니다. 물론 사람에게는 이와 같이 악한 본성인 죄의 속성만 있는 것이 아니라, 선한 본성도 있습니다(롬7:19). 타락하기 전에 하나님의 형상대로 창조되어 하나님의 본성과 어울리는 선한 마음과 같은 미덕들을 소유했습니다.

사람 안에서 타락을 통한 악한 본성인 죄의 법과 선한 본성인 선의 법이 서로 싸우는 전쟁이 시작되었습니다(롬7:18-25). 우리가 선을 행하기 원할 때, 우리 속에서 죄성, 즉 악한 갈망이 나와서 우리를 사로잡습니다. 우리는 선을 원했지만, 한편으로는 악을 행하고 실패하고 맙니다(롬7:18). 사람은 죄를 가지고 있는 죄성 때문에 선한 의도대로 살 수 없으며(롬7:21), 더욱이 악한 본성인 죄의 법에서 벗어날 수 없습니다. 사도 바울은 사람 안에 선한 것이 거하지 않는다고 말합니다(롬7:18). 또한 죄의 포로가 되어 결국 인간의 한계를 깨닫고 인간의 곤고함을 토로합니다. 이것은 하나님의 생명으로 살지 않고 타락한 사람의 본성으로 살아가는 삶의 실제를 보여주는 것입니다. 이러한 모든 것이 영적으로 타락한 사람들이 어두움 가운데서 살고 행하는 삶의 특징들입니다. 이러므로 유대인이나 헬라인이나 다 죄 아래 있으며 의인은 하나도 없고 전적으로 타락된 존재입니다(롬3:9-10). 만물보다 거짓되고 심히 부패한 것이 사람의 마음이며(렘17:9), 구스인이 피부를 표범이 반점을 지울 수 없습니다(렘13:23). 따라서 타락한 사람은 믿음의 대상자도 아니며 의지하거나 기대하는 존재도 아닙니다. 다만 긍휼히 여겨 그리스도의 구속함을 받아 그리스도를 공급하는 사랑의 대상자입니다.

사람의 타락의 결과

인간의 타락의 결과로 사람의 생각은 옳지 못한 쪽으로 어그러지게 되었습니다(창6:5, 막7:20-23). 사람의 감정은 욕망이 더해져 정욕으로 변했습니다(롬1:24, 26-27). 마음은 돌처럼 굳어져 버렸습니다(엡4:18, 겔36:26). 사람의 의지는 반역이 가득하여 목이 곧아져서 하나님 의지에 굴복하지 않고 완고해졌습니다(느9:16-17, 신31:27, 렘7:26, 17:23, 엡4:18, 겔36:26). 사람의 마음이 굳어진 것은 타락한 감정 때문이고, 한편으로는 마음이 굳어 의지가 강하여 바꾸는 것이 죽기보다 어렵기 때문입니다. 이와 같이 사람의 몸은 사탄이 점령하여 완전히 육체가 되어 부패되었고, 영은 더러워져 죽게 되었습니다. 다시 말하면 잠자는 상태가 되어 영의 기능을 잃어버린 것입니다. 혼은 사탄과 연합된 자가 되어버렸습니다. 그리고 마음은 만물보다 거짓되고 부패하였고(렘17:9), 우리의 생각은 사탄 때문에 혼미하게 되고 완고해졌습니다.

사람의 몸은 본래 선하고 순수했습니다(창1:31). 육체가 아니었으나 죄가 사람의 몸에 주입되어 부패하고 파괴되어 육체로 변했습니다. 타락한 육체가 되는 몸을 죄의 몸(롬6:6), 사망의 몸(롬7:24)이라 합니다. 그 이유는 죽을 몸으로 온갖 정욕과 악의 요소가 충만하여 죄를 범하는 데에는 살아있고, 하나님의 일, 선한 일을 하는 데 있어서는 '죽을 몸'이 될 정도로 약하게 되어 순종이 쉽지 않기 때문입니다. 즉 하나님의 말씀에 순종하는 것에는 무기력하여 죽을 몸이 되어버렸지만, 죄의 몸이기 때문에 죄를 짓는 일에는 기회가 있으면 매우 능동적입니다. 자기의 정욕적인 일만 사랑하게 되었습니다. 바로 자신을 사랑하고, 돈을 사랑하고, 쾌락을 사랑하는 것입니다. 물론 사람에게는 반드시 사랑이 있어야 합니다. 그러나 사랑하는 대상에 유의해야 합니다. 또한 타락한 인간은 다른 일에는 쉽게 지치지만 죄 짓는 일을 할 때에는 지치지 않고 힘이 넘치게 되는 죄의 몸입니다.

이와 같이 사람은 전적으로 타락하여 하나님을 떠나가길 좋아하고 타락한 천사 아이콘처럼 배신, 반역, 불신하는 속성들이 있기 때문에 귀한 생명의 말씀을 주어도 아멘으로 잘 받아먹지 못합니다. 이것이 영과 혼과 몸이 전적으로 타락한 사람의 본질 상태입니다. 그러므로 타락의 결과는 사망이며 그 후에 하나님의 심판이 있습니다(히9:27). 따라서 사람은 믿음의 대상자가 아니며, 오직 하나님만이 믿음의 대상자입니다. 우리는 사람을 긍휼히 여겨 그를 위하여 기도할 뿐입니다.

하나님께서는 하나님을 담고, 하나님을 대표하고 표현하는 그릇이 되게 할 목적으로 하나님의 형상대로 사람을 지으셨으나 사람이 타락하여 본래의 기능을 잃어버리고 영과 혼과 몸이 완전히 손상되어 버렸습니다. 그렇기 때문에 하나님의 생명을 받기 위해서 우선은 우리의 생명이신 예수 그리스도를 영접하여 죄에서 구속받을 뿐만 아니라, 죄의 율법과 육체로부터 해방되어야 합니다. 이제 믿는 우리는 그리스도를 누림으로 결국 혼의 구원을 이루어 생각이 새로워지고 감정과 의지가 변화하여 온 존재가 구원받는 전인구원을 이루어 하나님을 표현하는 형상을 입은 유용한 사람이 되어야 합니다.

4. 하나님 앞에서 인간의 상태와 구원받은 후의 인간의 상태

"한 번 죽는 것은 사람에게 정해진 것이요 그 후에는 심판이 있으리니"(히9:27). "그러므로 우리가 낙심하지 아니하노니 우리의 겉사람은 낡아지나 우리의 속사람은 날로 새로워지도다"(고후4:16).

우리는 거듭나기 전에는 다만 인간의 생명을 갖고 있었으며, 오직 한 인격 혹은 한 사람이었습니다. 이제 우리는 각자 구주이신 그리스도를 영접함으로써 인간의 생명과 하나님의 생명을 모두 갖고 있는 두 사람입니다. 이전에는 혼 안에 있는 한 사람에 불과했지만, 이제는 하나는 혼 안에 있고 다른 하나는 영 안에 있는 두 사람입니다. 혼 안에 있는 사람은 인간의 생명을 갖고 있는 혼적인 사람입니다. 혼적인 사람은 또한 옛사람(롬6:6, 엡4:22, 골3:9)이고, 겉사람(고후4:16)입니다. 그러나 영 안에 있는 또 다른 사람은 하나님의 생명을 갖고 있는 영적인 사람, 새사람(엡4:24, 골3:10), 속사람(고후4:16, 엡3:16)입니다.

사람의 타락은 사탄이 자신을 사람 안으로 일해 넣은 것이고, 사람의 구원은 하나님께서 자신을 사람 안으로 일해 넣으신 것입니다(골1:27, 갈2:20). 다시 말하면 하나님께서 우리 안에 들어오시어 하나님의 생명이 우리의 영 안에 거하게 된 것입니다. 이로 인하여 우리의 영이 살아난 것입니다. 사람의 영이 하나님의 영과 연합된 것(고전6:17)이 참된 구원입니다.

첫째로, 사람의 상태 인간은 사탄에 의하여 타락해 하나님 앞에서 죄를 범한 것이며, 죄가 있는 것입니다(롬5:12). 왜냐하면 하나님의 생명을 받아들일 수 있는 그릇으로 만들었는데 받아들이지 않았기 때문입니다. 그러므로 생명 되신 그리스도를 받아들여야 하는데, 예수 그리스도를 믿지 않고 받아들이지 않는 것은 죄입니다(요16:9). 성경은 사람이 하나님을 떠나 분리된 것을 죄라 합니다(렘2:1, 13, 사59:2, 요16:9). 오늘날 이 세상에서 죄를 조금도 범하지 않은 사람일지라도 하나님 앞에서는 여전히 죄가 있습니다. 내가 도덕적인 사람이면 도덕적인 죄인이고, 내가 고상한 사람이면 고상한 죄인입니다. 왜냐하면 그 사람도 아담의 후손으로 죄를 짓게 하는 일종의 본성, 죄의 법칙을 가지고 있기 때문입니다. 아담은 하나님이 세운 인류의 머리로서 온 인류를 대표합니다. 아담 한 사람의 범죄는 그가 대표하는 모든 후손으로 하여금 죄 있는 위치에 서게 했습니다(롬5:17-18). 아담이 범죄할 때 온 인류를 대표했을 뿐만 아니라 온 인류를 포함했습니다. 아담의 후손들은 출생할 때부터 그들 자신들이 더 이상 죄를 범하지 않아도 이미 죄가 있습니다.

둘째는, 죄로 인하여 사람은 하나님의 심판 아래 있으며 벌써 정죄를 받았습니다(요3:18). 사람은 죄를 범했으므로 하나님의 심판 아래 있게 되었습니다. 하나님은 의로우신 분이고 율법을 세우신 분이기 때문에, 그분의 의로움과 율법에 따라 반드시 범죄한 사람을 심판하십니다(히4:13, 9:27, 딤후4:1, 롬2:16, 전12:14). 오늘날 사람들은 하나님의 심판 아래 있을 뿐 아니라 벌써 정죄를 받았습니다. 사람들이 알든지 모르든지, 느끼든지 느끼지 못하든지, 사람은 하나님 앞에서 벌써 정죄를 받았습니다. 따라서 우리에게는 유혹하고 범죄하게 하는 본성, 죄의 법(롬7:23)이 있기 때문에 그리스도를 통해서 구속을 받아야 하고, 몸으로 지은 죄들은 반드시 사함을 받아야 합니다.

셋째는, 이제 우리는 하나님의 진노 아래 있으며 불순종의 아들들입니다. 오늘날 사람들은 범죄로 인하여 하나님의 공의를 범하므로 하나님의 심판 아래 있을 뿐만 아니라, 정죄를 받게 되었으며, 하나님의 진노 아래 있습니다. 또한 하나님의 진노를 유발시킨 진노의 자녀(엡2:3)입니다. 하나님의 진노는 오늘날 뇌성을 발하려 하는 번개처럼 폭발하려고 사람의 머리 위에 머무르고 있습니다. 만일 사람이 끝까지 회개하지 않으면, 하나님의 진노는 반드시 폭발할 것입니다(롬2:5).

넷째는, 죄의 삯은 사망(롬5:23)이기 때문에 사람이 한 번 죽는 것은 사람에게 정하신 것이요 그 후에는 심판이 있습니다(히9:27, 딤후4:1). 하나님의 율법에 따르면 범죄한 자는 반드시 죽게 됩니다. 오늘날 기꺼이 회개치 않는 죄인 앞에 놓여 있는 것은 바로 죽음입니다. 사람이 죽으면 모든 것이 끝나는 것이 아니라 사람이 죽은 후에는 반드시 심판이 있습니다(히9:27). 믿는 자에게는 그리스도의 심판이(고후5:10), 불신자에게는 백 보좌의 심판(계20:11)이 기다리고 있고 이미 정하신 대로 집행하십니다. 하나님은 사람이 회개하기를 원하시기 때문에 심판주로 오시겠다는 약속이 더딘 것처럼 보일 정도로 사람들에게 회개할 기회를 주려고 참고 기다리고 계시는 것입니다(벧후3:9).

다섯째는, 타락한 사람이 하나님을 받아들이지 않을 경우에는 최종 심판 후에 불못에 던져져 멸망합니다. 장래에 하나님의 최종적인 심판, 백 보좌 심판을 받은 후에 사람은 반드시 영원한 멸망, 곧 불못에 던져집니다. 불못은 마귀와 그 사자들, 그를 추종하는 사람들을 위하여 예비된 영영히 꺼지지 않는 불과 유황 못으로, 고통을 받아 나올 수 없는 곳입니다(마25:41, 계20:10, 15, 21:8). 공의의 하나님은 믿는 자라도 하나님의 의, 선악에 따라 반드시 심판하십니다(고후5:10, 롬14:10). "선한 일을 행한 자는 생명의 부활로, 악한 일을 행한 자는 심판의 부활로 나오리라"(요5:29). 이러한 인간의 타락과 사탄의 방해 때문에 하나님께서는 인간을 향한 하나님의 영원한 목적을 접을 것인가? 그렇지 않습니다. 여전히 하나님께서는 기쁘신 뜻에 따라서 하나님의 경륜 안에서 영원한 뜻을 세우시고 그 목적을 교회 된 우리를 통해서 성취하길 원하십니다(엡1:10, 3:9-11). 그러므로 하나님께서 타락한 사람들의 죄를 처리하고 하나님 자신께로 되돌리시기 위해 그리스도를 보내셨습니다.

그리스도께서 우리의 죄들을 십자가에서 직접 몸에 담당하셨습니다. "이는 우리로 죄에 대하여 죽고, 의에 대하여 살게 하심이라"(벧전2:24). 모세가 광야에서 놋 뱀을 들어 올린 것은 십자가의 구속의 예표입니다(민21:4-9, 요3:14). 이스라엘 자손들이 죄를 범하여 죽어야 했지만, 하나님께서는 모세에게 놋 뱀을 만들어 장대 위에 매달라고 말씀하셨고, 뱀에 물린 사람들이 그것을 쳐다보면 살 것이라고 말씀하셨습니다. 이와 같은 방식으로 예수님께서는 십자가 매달리셨습니다. 놋 뱀은 죄가 없으신 예수 그리스도의 예표이며(요3:14), 장대는 십자가를 예표하고(벧전2:24), 놋은 심판을 상징합니다. 아담의 후손인 타락한 우리는 옛 뱀 마귀에게 물린 자들입니다. 우리는 모두 옛 뱀의 독을 가진 뱀에 물린 죄인 된 존재입니다. 하나님이 보실 때는 타락한 인간은 독 있는 뱀들입니다. 장대에 매달린 뱀처럼 우리는 죽어야 합니다. 그러나 여기의 놋 뱀은 뱀의 모양은 있으나 독이 없는 죄인으로, 사람의 모양으로 오신, 말씀이 육신이 되신 예수 그리스도를 예표합니다(롬8:3).

그리스도는 우리의 죄들을 담당하여 죽으시고, 부활을 통과하시어 생명 주시는 영이 되셨습니다(고전15:45, 고후3:6). 이로써 우리의 죄들을 담당하여 법리적인 구속을 이루시고, 죄로 죽은 우리를 하나님의 생명으로 살 수 있게 하셨습니다. 이 목적은 그분을 믿는 자마다 영원한 생명을 얻게 하시기 위함입니다(요3:14-15, 20:31). 그러므로 하나님께서는 믿는 자 안에 들어오시어 사람들에게 생명을 분배하시기를 늘 갈망하십니다. 그 목적을 위하여 생명을 그리스도 안에 두셨습니다(요1:4, 요일5:11). 우리가 거듭나기 전에는 혼 안에서 인간의 생명인 한 사람에 불과했지만, 거듭난 후에는 우리의 영 안에 하나님의 생명이 거하여, 내 안에 두 사람이 된 것입니다. 이것이 구원을 받은 사람의 상태입니다.

구원받은 후 내 안에 두 영역의 상태

구원받은 후에는 내 안에 두 영역이 존재합니다. 혼 안에 있는 사람은 인간의 생명을 갖고 있는 혼적인 사람, 즉 옛사람(롬6:6, 엡4:22, 골3:9)이고 겉사람(고후4:16)입니다. 그러나 우리의 영 안에는 신성한 생명에 거하는 새사람(엡4:24, 골3:10), 속사람(고후4:16, 엡3:16)이 있습니다. 인격적으로 혼 생명인 '에고', '나'는 그리스도의 십자가에서 끝났지만, 생각하고 사랑하고 선택하는 기능과 같은 혼의 기능들은 여전히 존재합니다. 이제 혼은 다만 영을 위해 기능을 발휘하는 유용한 기관으로 축소되었습니다. 본래 혼은 인격과 생명이었고, 영은 기관이었습니다. 그러나 구원을 받은 이후 영은 이제 인격과 생명이 되고, 혼은 다만 하나의 기관이 되어야 합니다. 우리는 더 이상 혼에 의해 살아서는 안 되며, 도리어 영에 의해서 살아야 합니다. 믿는 자가 영에 의해서 살 때 인격적인 영이 기관인 혼을 사용할 것입니다.

우리의 혼은 우리 영이 사용하는 하나의 기관으로 축소되어야 합니다. 우리는 우리의 혼에게 우리의 생명이 될 근거나 권리를 절대로 주어서는 안 됩니다. 왜냐하면 우리가 혼 안에 살면 자아 안에 살게 되고, 즉시 사탄과 죄와 육체와 연결되어 죄의 종으로 굴복되기 때문입니다. 우리의 혼이 견물생심으로 '물건을 사고 싶다'라고 제안할지 모릅니다. 이때 우리는 이렇게 말해야 합니다. '그렇게 말하지 마라. 사실 넌 이미 십자가에서 끝났다. 너는 권리가 없다. 너는 다만 기관일 뿐이다.' 이제 나의 생명은 내 영 안에 계신 그리스도입니다. 우리는 반드시 영에 의해 살아야 하고, 혼은 단지 영의 목적을 이루는 데 사용하는 기관으로만 두어야 합니다. 왜냐하면 더 이상 생명이 아니고 기관이기 때문입니다. 그러므로 우리는 더 이상 혼에 의해 살아서는 안 되는 것입니다. 우리는 그 영에 따라 생각하고 사랑하고 통치와 제한을 받고 순종해야 합니다. 우리가 혼 안에 살면 자아 안에 사는 것입니다. 우리는 우리로부터 혼적인 생명과 자아와 사탄과 죄와 육체를 제거해야 합니다. 영 안에서 행하고 처신하는 것을 배우고 훈련할 때에 내 안의 겉사람과 관련된 모든 것이 단절되는 것입니다.

은혜 받고 구원 받을 만할 이때(고후6:2)에는 생명 주는 영(고전15:45, 고후3:6, 롬8:2)이신 그분의 통치와 제한을 받고 살아가는 자만이 소망이 있고, 그리스도의 실제를 누릴 수가 있습니다. 내 안에 계신 그분으로 살아갈 때만이 하나님을 대신하는 후사인 아들(롬8:14)과 신부(계19:8)가 되어 하나님의 영원한 목적을 성취하게 하십니다. 믿는 자들이 구원받은 후에는 이러한 것들을 반드시 알아야 합니다. 속 생명에 관련된 이러한 것을 필수적으로 알아야 그리스도의 삶의 모습이 실제화되는 것입니다. 그러므로 구원을 받은 후에 하나님의 영원하신 경륜의 목적을 알고 그리스도를 공급받아 새 언약이신 그 영을 누리며 살아가는 자에게는 영원한 소망이 있습니다.

5. 불신자 안의 두 가지 생명과
   믿는 자 안의 세 가지 생명의 인격

"여호와 하나님이 땅의 흙으로 사람을 지으시고 생기를 그 코에 불어넣으시니 사람이 생령이 되니라"(창2:7). "평강의 하나님이 친히 너희를 온전히 거룩하게 하시고 또 너희의 온 영과 혼과 몸이 우리 주 예수 그리스도께서 강림하실 때에 흠 없게 보전되기를 원하노라"(살전5:23).

우리가 사람을 좀 더 깊게 이해하고, 영적인 생명으로 승리하는 생활을 하고, 주님이 원하시는 목적을 성취하려면, 앞에서 언급한 기본진리를 반드시 지으신 자 입장에서 이해하는 것이 필요합니다. 그러나 많은 분들이 본인이 사람이기 때문에 사람을 잘 안다고 생각하나 실상은 잘 알지 못하여 오해받는 일이 허다합니다. 지으신 자 편에서 사람을 인식하지 않기 때문에 사람으로 인하여 상처와 시험을 많이 받고 실족합니다. 성경이 말씀하신 사람에 대한 기본진리를 이해함으로써 사람을 알게 되고 이해할 수 있습니다. 이것이 하나님이 원하고 갈망하고 기뻐하시는 경륜의 목적으로 인도될 수 있는 놀라운 비밀입니다.

일반적으로 믿지 않는 사람에게는 두 가지의 생명이 있지만, 구원을 받은 우리에게는 세 가지의 생명, 즉 하나님의 생명뿐만 아니라 사람의 생명, 사탄의 생명이 있습니다. 성경의 계시에 따르면, 사람과 사탄과 하나님의 세 가지 다른 생명은 우리 존재의 세 부분인 사람의 혼과 몸과 영 안으로 각각 들어왔습니다. 첫째로, 하나님께서 흙으로 사람을 지으셨을 때 그분은 생기를 사람 안으로 불어 넣으셨고 "사람이 산 혼"이 되었습니다(창2:7). 이것은 창조를 통해 얻은 사람의 생명이 사람의 혼 안에 있음으로써 혼 생명을 의미합니다. 둘째로, 사람은 사탄에게 유혹되어 타락했을 때 사탄을 의미하는 선과 악을 알게 하는 지식의 나무의 열매를 먹음으로써 몸 안으로 사탄의 생명을 성취하였습니다. 그러므로 타락을 통해 사람이 얻은 사탄의 생명은 사람의 몸 안에 있습니다. 셋째로, 사람이 주 예수님을 구주로 영접하여 구속받아 거듭날 때 하나님의 영, 성령은 하나님의 생명을 가지고 사람의 영 안으로 들어오십니다(요3:6, 요일 5:12). 그러므로 구원을 통해 사람이 얻은 하나님의 생명은 사람의 영 안에 있습니다. 이 때문에 구원받은 사람은 영 안에 하나님의 생명을 갖고, 혼 안에 사람의 생명을 가지며, 몸 안에 사탄의 생명을 가지고 있습니다.

사람의 세 부분 - 영과 혼과 몸의 생명

신약에 인간의 생명을 규정한 매우 중요한 구절이 있는데 바로 데살로니가전서 5장 23절입니다. "평강의 하나님이 친히 너희를 온전히 거룩하게 하시고 또 너희의 온 **영과 혼과 몸**이 우리 주 예수 그리스도께서 강림하실 때에 흠 없게 보전되기를 원하노라". 사람은 세 부분, 곧 영과 혼과 몸으로 구성되어 있다는 것을 분명히 말씀해 줍니다.

사람의 몸의 생명은 헬라어로 '비오스'(bios), 혼의 생명은 '프쉬케'(psuche), 영의 생명은 '조에'(zoe)입니다. '혼'(soul)을 말할 때 구약에서는 네페쉬(히브리어), 신약에서는 프쉬케(헬라어)로 기록하고 있습니다. '영'(Spirit)은 '루아흐'(히브리어), '프뉴마'(헬라어)로, '몸'(Body)은 '바살'(히브리어), '소마'(헬라어)로 기록하여 인간의 영, 혼, 몸을 구분합니다. 육신의 생명인 '비오스'는 육신 안에 있는 생명을 가리킵니다. 사람의 생명인 '프쉬케'는 사람의 타고난 생명, 즉 혼 생명을 가리킵니다(마16:26, 눅9:24). 하나님의 생명인 '조에'는 믿는 이들의 영 안에 있는 영적인 생명이며 가장 높은 하나님의 생명을 가리킵니다(요3:16). 사람의 영이자 생명의 호흡인 영에 사용한 말은 '네샤마'(neshamah: 호흡, 숨, 영, 생기, 정신; 욥32:8, 잠20:27, 슥12:1)입니다. 이것은 하나님께서 인간에게 "사람의 영"을 주셨음을 알려줍니다. 구약에 나오는 하나님의 영은 히브리어로 '루아흐(ruach: 영, 바람)'인데 여기서 언급한 호흡인 영은 **'네샤마'**입니다.

보통 사람들은 사람 안에 오직 한 생명, 즉 부모로부터 얻은 사람의 생명만 있다고 생각합니다. 그러나 성경은 사람의 타락으로 인해 사람 안에 사람의 생명 외에 사탄의 생명이 있음을 보여줍니다. 그러므로 사람 안에, 즉 사람의 육신 안에 죄가 거한다고 말합니다(롬7:18, 20). 이 죄는 사탄의 생명을 가리킵니다. 육신은 사탄의 생명을 담고 있으며, 사람이 구원받은 후에도 계속해서 사람 안에 머물며 자주 성령을 거슬러 육신의 열매를 산출하게 합니다(갈5:17-21). 그러므로 사람은 구원받은 후에도 여전히 안에 사탄의 생명, 죄의 법을 소유하고 있습니다(롬7:23). 그로 인하여 성경은 사람이 죄들 안에 있으며, 정죄 아래 있고, 하나님의 진노 아래 있으며, 죽음 안에 있고, 흑암 가운데 있다고 말합니다. 그래서 혹자는 사탄에 장악되어 사탄의 인격과 하나 되어 양심에 화인을 맞아 인간 이하의 짐승의 생명으로 살아가기도 합니다(시49:20, 사56:10, 빌3:2, 계22:15). 성경에서는 이러한 사람의 자녀들을 마귀의 자녀(요일3:10), 진노의 자녀(엡2:3)로 칭하며 마치 멸망하는 짐승과 같다고 합니다(시49:20).

온갖 종류의 죄로 가득 차 있는 사탄의 생명은 모든 타락의 씨와 악의 요소들을 담고 있어 사람에게도 죄성, 독성, 악성이 있습니다. 사탄은 사람 안에 살면서 사람의 정욕을 품고(요8:44) 죄를 범하도록 합니다(요일3:8). 그러므로 사탄의 생명은 사람이 죄를 살아내도록 하는 악의 근원(마9:12, 13:19, 요17:15, 요일2:13, 5:18-19)입니다. 사람이 저지르는 다양한 죄들은 사탄의 생명 또는 그 안에 거하는 마귀의 생명으로부터 나옵니다. 이 마귀적인 생명이 사람 안으로 들어온 이래 지금까지, 비록 때때로 사람이 그의 생명을 좇아 사람의 선함을 약간 살아낼 수 있긴 하지만, 대부분의 시간을 그 마귀적인 생명을 좇아 무서운 악들을 살아내었습니다. 때때로 사람은 매우 점잖을 수 있습니다. 교양 있게 행동할 수 있고, 참된 사람의 이성의 향기를 발할 수 있습니다. 그러나 화가 폭발할 때는 정말 마귀와 같고 악취로 가득합니다. 사람이 술 취함과 방탕함과 호색함과 도박과 여러 가지 범죄에 빠져 있을 때에는 무서운 모습을 지니며 마귀의 냄새로 가득합니다. 사람이 마귀적인 생명을 살아내는 것은 본인의 의지가 아닙니다. 그 사람 속에 있는 마귀의 생명이 그를 속여 마귀적인 사람이 되게 하고 사람과 마귀가 혼합된 생활을 살게 하는 것입니다.

이것이 오늘날 세상 사람들의 실제적인 내적 상태입니다. 사람에게는 사람의 혼 생명과 사탄의 두 생명이 있고, 선한 본성(선의 법)과 또 다른 악한 본성(죄의 법)이 있습니다. 따라서 사람은 한편으로는 선하고 정직해지려는 소망을 갖고 있고, 다른 한편으로는 타락과 악을 향하려는 경향을 갖고 있습니다(롬7:22-23). 그러므로 여러 세대를 거쳐 인간 본성을 연구했던 철학자들은 두 가지 다른 사상을 주장해 왔습니다. 하나는 사람의 본성이 선하다는 성선설이고, 다른 하나는 사람의 본성이 악하다는 성악설입니다. 사실 사람은 우리 안에 선한 생명과 악한 생명을 다 소유하고 있으므로 안에 이 두 본성인 선의 법과 죄의 법이 다 존재합니다(롬7:23). 그러나 우리는 주님께 감사합니다! 오늘날 구원받은 우리는 사람과 마귀의 생명을 소유할 뿐 아니라 하나님의 생명인 성령의 법도 소유하고 있습니다(롬8:2).

사탄이 사람의 타락을 통해 그의 생명을 우리 안으로 주입하여 우리를 그와 혼합되게 하고 그에게 사로잡히면 그의 본성인 온갖 악을 소유하게 합니다. 마찬가지로 하나님 역시 그분의 건지심을 통해 그분의 생명을 우리 안에 두심으로, 우리를 그분과 연합되게 하시고, 그분께 사로잡히면 그분의 본성의 모든 신성한 선함을 소유하게 하십니다. 타락의 결정적인 요점이 생명이듯이 구원의 결정적인 요점 역시 생명입니다.

하나님의 생명이 우리 안으로 들어올 때, 믿는 우리 안은 세상 사람들보다 좀 더 복잡해집니다. 믿는 우리는 사람의 혼 생명과 사탄의 사악한 생명과 신성하고 선한 하나님의 생명을 소유합니다. 이것은 우리가 사람과 사탄과 하나님을 소유한다는 의미입니다. 사람과 하나님과 사탄, 셋으로 구성되었던 에덴동산의 상황이 오늘 우리 안에도 그대로 존재합니다. 사람과 하나님과 사탄, 셋이 모두 있는 에덴동산의 축소판이 우리 안에 있다고 말할 수 있습니다. 그러므로 에덴동산에서 사람을 사이에 둔 하나님과 사탄의 영적 전쟁이 오늘날에 우리 혼 안 생각 속에서 계속되고 있습니다.

우리 안의 두 영역인 하나님의 나라와 사탄의 나라

사탄은 우리를 소유하려는 그의 사악한 목적을 실현할 수 있도록 우리가 그와 협력하기를 바라면서 오늘날 우리 안에서 움직이고 있습니다. 하나님 역시 그분의 선한 기쁘심을 성취하시기 위해 우리가 그분과 협력하기를 바라시면서 우리 안에서 운행하십니다. 이와 같은 일이 우리 안에서 일어나는 이유는 우리 안에 두 영역인 하나님의 나라(왕국)와 사탄의 나라(왕국)가 존재하고 있음을 보여주는 것입니다. 만일 우리가 우리 안의 사탄의 생명을 좇아 산다면, 우리는 사탄의 사악함을 살아내어 사탄이 우리에 대한 그의 악한 목적을 실현할 수 있도록 하게 합니다. 만일 우리가 우리 안에 있는 하나님의 생명을 좇아 산다면, 우리는 하나님의 신성한 선함을 살아내어 하나님께서 우리 안에서 그분의 선한 목적을 성취하실 수 있도록 합니다. 때로 우리가 사탄의 생명과 하나님의 생명을 좇지 않고 사람의 생명만을 좇아 독립적으로 사는 것처럼 보일지라도, 사실상 우리는 독립적일 수 없습니다. 왜냐하면 우리는 하나님의 생명을 좇아 살지 않으면, 사탄의 생명을 좇아 살게 되기 때문입니다. 그 이유는 내 안에 있는 죄의 생명(죄의 법)이 더 강하기 때문입니다. 따라서 그리스도인들은 아주 다른 세 종류의 사람처럼 행동할 수 있고 서로 다른 세 종류의 생활을 할 수 있습니다.

예를 들면, 매우 친절한 한 형제가 아침에는 정말 사람처럼 보이고, 정오에 그의 아내에게 화낼 때는 마귀를 방불케 하며, 밤에 기도 시간 중에 아내에게 잘못했다는 것을 느끼고 하나님과 그의 아내 앞에 자백할 때에는 마치 하나님같이 보입니다. 그래서 하루 중에도 그는 아주 다른 세 사람처럼 행동하고, 서로 다른 세 가지 인격으로 살아냅니다. 아침에는 사람처럼 친절하고, 정오에는 마귀처럼 화를 내고, 밤에 죄를 처리한 후에는 하나님의 모양을 나타냅니다. 하루 종일 그의 생활 가운데 사람, 마귀, 하나님이 모두 표현됩니다. 그가 그러한 방식으로 행동할 수 있는 것은 그 안에 세 인격인 사람과 마귀와 하나님의 생명이 모두 있기 때문입니다. '열 길 물속은 알아도 한 길 사람 속은 모른다.'는 속담처럼 사람의 마음 알기가 정말 어렵습니다. 도둑놈처럼 아주 악한 마음도 있고, 자기 유익을 위해서는 아첨하기도 합니다. 그러므로 사람의 생명은 이해타산적이면서 칠면조 같다고 합니다. 혹자는 그러한 사람은 믿지 말라고 합니다.

하나님께서는 믿는 자가 자신의 모습을 거울처럼 보게 하기 위하여 사건과 환경을 통해서 찔러보는 사건을 주십니다. 이것은 자기의 존재성을 알고 감당하라는 것입니다. 우리가 사람의 생명을 좇아 행할 때에는 사람과 같고, 마귀의 생명을 좇아 행할 때에는 마귀와 같으며, 하나님의 생명을 좇아 행동할 때에는 하나님의 모양을 표현합니다. 우리가 좇아 사는 그 생명이 우리가 살아내는 바를 결정하게 됩니다. 그러므로 우리는 구원받은 한 사람 안에 세 가지 다른 생명 즉 창조된 혼 생명과 사탄의 타락된 생명, 하나님의 생명이 있음을 분명히 알아야 합니다. 그래야 사람을 알 수가 있습니다.

우리 안의 세 가지 생명의 발생 동기

우리 안에는 세 가지 생명이 모두 있지만, 우리는 세 가지 다른 사건 때문에 세 번의 다른 시점에 그 생명들을 얻었습니다. 첫째로 우리는 창조의 때에 창조를 통해 창조된 혼 생명을 얻었고(창2:7), 둘째로 타락의 때에 사탄과 선과 악을 알게 하는 지식의 나무를 접함으로써 사탄의 타락된 생명을 얻었으며, 셋째로 우리가 구원받았을 때 하나님의 아들을 믿고 그분을 영접함으로써 하나님의 생명을 얻었습니다(요3:36, 요일5:12). 이 세 가지 사건인 창조, 타락, 구속이 우리 안에서 발생했기 때문에 우리는 본성에 있어서 서로 다른 세 가지 생명인 사람의 생명과 사탄의 생명과 하나님의 생명을 얻었습니다. 이것을 보고 알 때, 우리는 생명의 길에 관해 분명해질 수 있습니다.

사람과 사탄과 하나님, 세 가지 서로 다른 생명이 동시에 우리 안에 존재하고 있습니다. 이제 우리는 어느 생명을 좇아 살아야 하는가? 사람의 생명인가, 하나님의 생명인가, 아니면 사탄의 생명인가? 우리가 좇아 사는 그 생명이 우리가 살아내게 될 생명입니다. 우리 앞에는 생명의 길이 놓여 있습니다. 더욱이 "아들을 믿는 자에게는 영생이 있고"(요3:36)라고 말씀하십니다. 또한 "아들이 있는 자에게는 생명(하나님의 생명)이 있고"(요일5:12)라고 말씀하십니다. 이것은 하나님의 아들을 믿고 구원받은 사람에게는 사람의 생명과 타락을 통해 생긴 사탄의 생명뿐 아니라, 하나님의 영원한 생명이 있음을 말합니다. 거듭나기 전에는 우리에게 육신의 생명과 사람의 생명인 혼의 생명만 있을 뿐입니다. 그러나 우리가 예수를 믿고 받아들임으로 인하여 거듭날 때에 받은 신성하고 영원한 생명 '조에'가 내 영 안에 존재합니다. "육으로 난 것은 육이요 영(the Spirit)으로 난 것은 영(spirit)이니"(요3:6). 우리가 거듭날 때에는 하나님의 거룩한 생명인 성령으로 거듭나는 것입니다. 이러한 영적인 생명인 하나님 자신이 우리 안으로 들어올 때 우리의 영 안으로 하나님의 영, 즉 성령이 들어오십니다. 그러나 많은 분들이 지금까지 우리가 사람의 영을 가지고 있다는 것을 잘 모르고 있습니다.

사람의 영

성경에는 현저하게 사람의 영이 언급되어 있는데도 대부분이 놓쳐 왔고, 지금도 놓치고 있습니다. 사람의 영에 대하여 언급하는 성경 구절들은 다음과 같습니다. 창2:7, 욥32:8, 잠20:27, 슥12:1, 롬1:9, 8:16, 고전2:11, 15, 5:4, 16:18, 갈6:18, 살전5:23, 딤후4:22, 히4:12 등입니다.

사람에게는 영이 존재하므로 하나님에 대한 의식을 가지며, 하나님을 접촉하고 영접하고 예배할 수 있습니다(요4:24, 롬8:16, 딤후4:22). 영이신 하나님은(요4:24) 사람을 지으실 때(창2:7) 영을 가진 사람으로 창조하셨습니다(슥12:1). 만일에 사람에게 영이 없다면, 하나님을 접촉할 수가 없습니다. 대부분의 그리스도인이 성령으로 거듭났음에도 불구하고 삶을 살아갈 때나 심지어는 교회에 와서도 다른 기관의 영, 사람의 영을 사용해 하나님을 접촉하고 예배하는 경향이 있습니다. 이 영은 하나님의 성령이 아니라 우리 사람의 영입니다. 생명 되신 그리스도를 영접하면 우리의 영 안에 함께 계십니다(딤후4:22). 그리스도는 우리의 영 안에 있는 살려주는 영(고전15:45, 고후3:6), 즉 생명 주는 영이십니다(롬8:2). 왜냐하면 주와 합한 자는 한 영이기 때문입니다(고전6:17). 이 두 영이 합하여 그 영에 따라서 실제이신 그리스도를 교통하고 누릴 때에 그 예배를 받으시고 찾으십니다. "아버지께 참되게 예배하는 자들은 영과 진리로 예배할 때가 오나니 곧 이때라 아버지께서는 자기에게 이렇게 예배하는 자들을 찾으시느니라. 하나님은 영이시니 예배하는 자가 영과 진리로 예배할지니라"(요4:23-24).

우리가 성령으로 거듭나는 것도 우리의 영 안에서이며(요3:6), 우리가 살리심을 받은 것도 우리의 영 안이며(엡2:5, 롬8:10), 하나님이 거주하는 것도 우리의 영 안이며(엡2:22, 딤후4:22, 롬8:16), 우리가 주님과 합하는 것도 우리의 영 안에서입니다(고전6:17). 우리는 우리의 영 안에 있는 그 영을 따라 행하여야 합니다. 즉 우리가 영 안에서 섬기며(롬

1:9), 영 안에서 기도하며(엡6:18), 영 안에서 계시를 보며(엡1:17, 3:5, 계1:10, 4:2, 17:3, 21:10), 영 안에서 형제들과 교통을 갖고(빌2:1), 영 안에서 하나님이 거하시는 처소를 다른 이들과 함께 건축하여 세워 가는 것입니다(엡2:22). 그러나 대부분의 그리스도인은 영 안에서 성령으로 거듭났음에도 불구하고 여전히 자신의 헤아림으로 헤아리고, 좋아하는 것들과 싫어하는 것들, 선악의 시비를 따라 혼 생명으로 예배하고 살아갑니다.

성경의 말씀은 우리가 사람의 영을 가지고 있으며, 하나님께서 우리로 그분을 접촉하게 하기 위해서 사람의 영을 창조하셨음을 분명히 계시하고 있습니다. 그러나 우리가 그분을 영접함으로 내 안에 계신 성령, 그 영을 따라서 행할 때에 육체의 욕심을 이루지 아니한 성령의 사람(갈5:16), 즉 하나님의 사람이 되는 것이며, 하나님의 생명을 갖는 것입니다. 이러한 사람은 인간이지만 하나님의 생명을 받아서 하나님의 생명으로 살아갑니다(눅6:35-36). 어떤 사람은 자기 안의 사탄에 장악되어 사탄의 인격으로 하나 되어 양심에 화인을 맞아 인간 이하의 짐승의 생명으로 살아가기도 합니다(시49:20, 사56:10, 빌3:2, 계22:15). 성경에서는 사람의 자녀들을 마귀의 자녀(요일3:10), 진노의 자녀(엡2:3)들이라 부르기도 합니다. 이들에게서는 사탄이 주는 동물적인 본성이 나타납니다. 그래서 사람들은 이들에게 동물의 이름으로 별명을 붙이기도 합니다. 또한 혼적인 생명을 가진 사람은 합리적이고 이해타산적으로, 인간의 생명으로, 계산적으로 행합니다.

사람의 생명인 혼 생명은 이해관계 속에서 서로 보완하며 선대한 자를 선대하고, 칭찬받기를 바라고 혼적으로 살아갑니다(6:32-34). 일반적으로 사람들은 자신의 의는 드러내기를 원하지만, 남의 칭찬은 잘 하지 않고 오히려 평가절하하고 정죄합니다. 특별히 자기와 이해관계가 있을 때 칭찬하고 아첨하는 모습을 봅니다. 이것이 인간의 삶의 모습이자, 인간의 혼 생명에서 나오는 삶입니다. 그러므로 사람 안에서 이해타산적인 혼 생명이 나온다고 해서 이상한 것이 아니며, 사람의 생명으로는 정상적인 모습입니다. 물론 각 개인의 생명의 분량에 따라서 사람마다 정도의 차이가 있습니다.

반면에 하나님의 생명을 가진 자는 하나님의 생명을 받아서 생명 주는 영의 통치를 받으므로, 주님의 마음을 가지고 은혜를 모르는 자와 악한 자에게도 인자하게 대하며 살리는 삶으로 살아갑니다(눅6:35-36). 내 안에 계신 영의 통치와 제한을 받고 사는 것이 생명과 경건에 참여하는 것입니다. 신의 성품에 참여하는 주님의 마음을 가지고 살면(벧후1:3-4) 혼 생명까지 연결 연합되어 저절로 그리스도를 나타내고 미덕을 표현하는 열매를 맺는 삶으로 나타나는 것입니다(요15:4, 빌1:20, 벧후1:5-8, 고후4:11, 창1:26-27). 인간의 생명이 하나님의 생명으로 전환되기 위해서는 생명복음인 새 언약의 사역으로만 가능합니다. 다른 복음으로는 주님이 오실 때까지 신앙생활 하여도 내적인 실제는 변화하지 않습니다. 주님은 다른 복음을 좇는 것을 이상하게 여긴다고 했습니다(갈1:6). 이와 같이 믿는 자 안에는 세 가지 생명과 세 가지 인격이 있습니다.

우리 안에 있는 세 가지의 생명을 인식하게 될 때에 인간을 폭넓게 이해할 수 있으며, 한편으로는 사람으로 인한 시험이나 상처를 덜 받을 수가 있습니다. 또한 영 분별이 생기므로 상대를 포용하고 긍휼히 여기며 정죄하기보다 용서하고 기도해 줄 수 있는 사람으로 변혁이 됩니다(고전2:14-16). 그러므로 개인적으로 그리스도의 생명으로 조성될 필요성을 깨닫게 됩니다. 우리 안의 두 영역 안에서 하나님의 통치를 받을 때 우리는 개인에서 단체적으로 그리스도의 몸을 건축하게 되어 하나님이 원하시는 목적을 성취하게 됩니다.

6. 구속보다 더 놀라운 하나님 생명의 분배

"내가 그리스도와 함께 십자가에 못 박혔나니 그런즉 이제는 내가 사는 것이 아니요 오직 내 안에 그리스도께서 사시는 것이라 이제 내가 육체 가운데 사는 것은 나를 사랑하사 나를 위하여 자기 자신을 버리신 하나님의 아들을 믿는 믿음 안에서 사는 것이라"(갈2:20).

인생에 풍부한 물질적인 누림이 있어도 사람의 생명이 끝나면 모든 것이 끝나는 것입니다. 사람의 모든 일은 생명에 있으며, 어떤 생명을 막론하고 모두 다 그 생명의 삶이 있습니다. 개는 개의 생명이 있기 때문에 개의 생명을 살고, 미꾸라지는 미꾸라지의 생명이 있기에 미꾸라지의 생명을 살고, 원숭이는 원숭이의 생명이 있기에 원숭이의 생명을 살게 됩니다. 원숭이가 아무리 오래 살아도, 수천 년이 지나도 원숭이가 사람이 되는 법칙은 없습니다. 동물의 생명만이 아니라 식물의 생명 또한 마찬가지입니다. 천 년이 가고 수만 년이 흘러도 타고난 생명에 따라서 삶을 살아갑니다. 사람 또한 마찬가지입니다. 사람이 자신의 의를 통해서 선한 마음을 가지고 의를 행하려고 해도 인간의 한계가 있고(롬7:18-24), 결국에는 사람의 생명인 이해타산적으로 관계를 유지하며, 판단하며 살아갑니다(눅6:32-33). 더 이상 변하지 않고 식물은 식물의 생명으로, 동물은 동물의 생명으로, 사람은 사람의 생명으로 살아갑니다. 콩 심은 데 콩 나고 팥 심은 데 팥 나는 원리와 같습니다. 이것은 인류의 역사가 증명하고 있으며, 자연이 증명하는 피조물의 법칙이자 생명의 문제입니다.

생물학적 생명은 천년, 만년이 흘러도 절대 근본적으로 변함이 없으며, 영원하지 않으며, 그 생명은 그 생명으로만 산출됩니다. 그러므로 성경에서 말씀하신 생명은 영원한 생명(요일2:25), 삼위일체 하나님 자신만이 생명이라고 정의합니다. 유일하신 하나님 아버지가 생명(렘2:13)이시고, 오직 그리스도가 생명(요14:6, 11:25, 골3:4, 요일1:2, 5:12)이시고, 그 영이 생명이십니다(요6:63, 롬8:2, 10, 고후3:6). 오직 생명이신 하나님만이 영원하기 때문입니다(시90:2). 그러므로 우리는 반드시 영원하신 하나님의 생명을 분배받아야 합니다.

 하나님께서 하나님의 형상과 하나님의 모양대로 지으신 사람을 생명나무 앞에 두신 것은 생명과를 먹고 누려서 영원하신 하나님의 생명을 받아들이게 하기 위함이었습니다(창3:22). 그 이유는 생명이신 그리스도를 영접하여 죄에서 구속하기 위함이요, 또 다른 근본적 이유는 하나님의 갈망인 하나님의 생명을 분배하여 자신의 배필이 되게 하는 것이었습니다(창2:18). 그렇다면 하나님께서는 왜, 다른 생명이 아닌 사람에게만 하나님의 생명을 분배하려고 하는가? 하나님께서는 영이시기에 자신을 표현할 몸이 없어 영과 몸이 있는 사람을 통해서 자신을 표현하기 위함입니다. 하나님께서 사람과 같은 모양을 가지고 계시기 때문에 사람을 하나님의 형상과 모양으로 지으셨습니다. 선지자들은 하나님이 사람과 같은 모양을 가지고 있다고 증언하고 있습니다(단7:9, 겔1:26-27, 왕상22:19-20, 출33:20-23, 롬8:3, 계1:13-16). 그래서 하나님이신 예수 그리스도께서도 사람의 모양을 가지신 육신의 옷을 입고 오신 것입니다(요1:14, 롬8:3).

 하나님께서 식물이나 동물을 창조하실 때는 같은 종류, 즉 같은 종별로 창조하셨습니다(창1:24). 이 사실은 하나님께서 사람에게 하나님의 영원한 생명을 분배하기 위한 계획을 가지고 있음을 계시해 줍니다. 하나님의 생명의 분배는 하나님의 형상과 모양으로 창조하신 같은 종에만 생명이 분배될 수 있고 접목이 될 수가 있다는 것을 계시합니다. 사람 외에 어떤 다른 피조물도 하나님의 생명을 분배받을 수 없습니다.

영원한 하나님의 생명의 분배 전이

 생명의 분배는 하나님의 생명이 그리스도를 통해서 사람 안으로 옮겨지는 것(요일5:11-12)을 말합니다. 하나님께서는 사람을 하나님의 형상과 모양으로, 영과 혼과 몸으로 창조하셨습니다(창1:27, 2:7). 하나님은 사람의 육신의 모양을 가지고 이 땅에 실제로 오셨습니다(롬8:3, 요 1:14). 그리고 그를 믿고 영접하는 자의 영 안에 하나님의 생명이신 하나님의 영, 성령을 분배하셨습니다(요3:6). 우리가 성령 안에서 다시 태어나는 것은 생명을 바꾸는 것, 즉 원래 인간의 생명에서 다시 더 좋은 생명, 하나님의 생명으로 바꾸는 것입니다. 하나님은 창조 전부터 그러한 계획을 가지고 계셨기에 사람을 창조하셔서 생명의 떡이신 그리스도를 먹이기 위해서 생명과를 앞에 두신 것입니다. 인간의 생명을 하나님의 생명으로 전환하는 것이 바로 그리스도입니다.

세상의 종교는 아무리 열심히 믿고 수양하고 노력하고 시간이 흘러도 인간의 존재가 하나님의 생명으로 절대로 바뀌지 않습니다. 하나님의 생명의 분배는 마치 생명 없는 무정란 같은 인간에게 그리스도의 생명을 넣어 유정란으로 만드시는 것과 같습니다. 예수 그리스도를 영접한다는 것은 아들 되신 그리스도를 통해 하나님의 생명의 씨를 받는 것입니다(요일5:12, 벧전1:23). 겉으로 보기에는 유정란과 무정란이 잘 구분이 가지 않듯이 그리스도를 믿는 자와 믿지 않는 자도 마찬가지입니다. 그러나 믿는 자 안에는 생물학적 생명이 아닌 하나님의 영원한 생명이 분배되어 있습니다(요일2:25). 그러므로 믿는 이들은 죽음에서 생명 안으로 옮겨졌습니다(요5:24). 우리가 거듭났을 때 그분이 내 안에 들어오셨고, 우리는 그리스도 안으로 옮겨졌습니다. 어둠에서 빛으로, 어두운 권세에서 하나님의 왕국으로, 율법에서 은혜로 옮겨졌습니다. 이러한 사실은 예수 그리스도께서 죽음에서 부활하시어 생명 주는 그 영이 되심으로써 생명의 분배가 실제가 되었고, 우리에게 체험이 된 것입니다.

안으로 옮겨지는 하나님의 생명의 분배는 참으로 기묘하고 놀랍습니다. "내가 진실로 진실로 너희에게 이르노니 한 알의 밀이 땅에 떨어져 죽지 아니하면 한 알 그대로 있고 죽으면 많은 열매를 맺느니라"(요12: 24). 우리가 원수 되었을 때에 하나님의 아들의 죽음을 통해 하나님과 화목하게 되었다면, 이미 화목하게 된 우리는 더욱 그분의 생명 안에서 구원을 받은 것입니다(롬5:10, 요일4:10).

생명의 분배를 이루는 주님의 죽으심의 방면은 구속의 방면보다 훨씬 놀라운 것입니다. 구속은 뛰어나고 기묘하고 놀라우며, 그것보다 뛰어난 것이 없는 것처럼 보입니다. 그러나 생명을 분배하는 것은 구속을 능가합니다. 주님은 한 죄인의 죄를 위해 십자가 위에서 죽으시고 피를 흘리신 하나님의 어린양이십니다(요1:29). 죄인이 정결케 될 수 있는 피는 심지어 샘을 이룹니다. 죄로부터 구속받아 정결케 되었지만, 우리는 마치 시체 안치소에 있는 송장과 같이 여전히 영 안에서 죽어 있습니다. 죽은 채로 피로 정결케 된 죽은 사람인 것입니다. 이것으로 우리가 알 수 있는 것은 피로 정결케 되는 것만으로는 충분하지 않다는 것입니다. 우리는 또한 살아 있어야 합니다. 만일 우리가 거듭나지 않은 채 구속만을 받았다면 우리의 상태는 여전히 가련한 인생입니다. 하나님의 목적은 구속에 이어 생명을 넣어 주는 것입니다. 구속은 이를 위한 것으로, 우리로 하여금 거룩한 생명을 영접할 수 있도록 길을 예비해 줍니다.

피 다음에는 또한 물이 뒤따라야 합니다. 예수님께서 십자가에 못 박혀 계실 때에 로마 군병이 창으로 옆구리를 찌르자 피와 물이 나왔습니다(요19:34). 피는 구속을 위한 것으로 우리가 정결케 될 수 있는 샘을 이루었으며, 물은 거듭남을 위한 것으로 언제든지 우리가 마실 수 있는 생수의 샘, 생명의 흐름, 공급을 이루심으로 자라는 것입니다.

예수님의 죽으심과 부활을 통해서 우리는 외적으로는 정결케 되었으며, 내적으로는 거룩한 생명의 씨를 받았습니다. 이제 우리는 정결할 뿐 아니라 생명이 살아 있기 때문에 이렇게 외칠 수 있습니다. "할렐루야! 나는 구속받았으며 거듭났습니다." 예수님은 생명의 분배를 위하여 육체가 되시고 죽음과 부활의 과정을 통과하셨습니다. 부활 안에서 생명 주는 영이 되심으로써 우리와 한 영이 되신 것입니다(고전6:17). 그릇과 그 안의 내용이 하나이듯이, 포도나무가 가지와 유기적으로 하나이듯이, 남편이 아내와 하나이듯이, 이제 돌감람나무였던 우리가 참감람나무에 접붙임을 받았습니다. 이것이 하나의 구원의 방법입니다. 하나님의 구원의 방법은 생명을 바꾸는 것입니다. 마당에 떫은 감나무가 있다면 어떠한 방법으로 단감을 맺을 수 있게 하겠는가? 떫은 감나무의 가지를 잘라서 단감나무의 가지에 접붙이면 됩니다. 접붙임의 생명은 개선하는 것이 아니고 생명을 바꾸는 것입니다. 신성한 하나님의 생명의 분배는 위치적이지만 접붙이는 생명은 기질적인 변화입니다. 그러므로 하나님의 영원한 생명의 분배는 하나 됨을 계시합니다. 생명 안에서 연결, 접붙여진 생명이십니다. 접붙임은 그리스도와 유기적인 연결을 묘사합니다. 연결하여 그리스도를 먹고 생수를 마시고 누리어 자라면, 다른 한쪽의 생명과 특성에 참여하여 그 기능들을 부활시키고 풍성하게 하여 우리의 혼을 적시고 변화시켜 하나님의 형상으로 조성됩니다.

생명의 분배를 통해서 우리는 그리스도로 인하여 생명이 연결되고, 본성으로 연합하여 인격 안에서 합병이 되어서 하나님의 영원하신 갈망이자 거처인 그리스도의 몸이 성취되는 것입니다. 이와 같이 우리는 날마다 그리스도께서 우리 안에 사시도록 허락해 드려야 합니다. "내가 그리스도와 함께 십자가에 못 박혔나니 그런즉 이제는 내가 사는 것이 아니요 오직 내 안에 그리스도께서 사시는 것이라 이제 내가 육체 가운데 사는 것은 나를 사랑하사 나를 위하여 자기 자신을 버리신 하나님의 아들을 믿는 믿음 안에서 사는 것이라"(갈2:20). '나는 아니요 그리스도이심을 믿고' 믿음 안에서 영이신 생명으로 살 때에 혼적인 인간의 생명이 그리스도의 성분으로 조성이 되고, 단체적이고 공동체적인 그리스도의 몸이 건축되는 것입니다.

제3장

구원의 비밀의 실제

1. 생명으로 거듭나 영의 구원을 얻는 비밀 | 2. 구원의 확신 스스로 확인하는 방법 | 3. 사람의 혼과 혼의 구원 | 4. 사람의 혼인 생각의 변화의 실제 | 5. 혼의 생명을 얻는 변화의 유일한 길 | 6. 옛사람이 주님과 함께 어떻게 십자가에 죽고 사는가? | 7. 혼 안에 생명이 부어져 그리스도의 몸으로 조성되는 비밀

하나님께서는 영원한 계획 안에서 만물을 창조하시고 사람이 타락한 후에도 구속을 성취하실 것을 미리 예정하시고 계획하셨습니다(창3:15, 엡3:9-11, 갈4:4, 히2:14, 요일3:8). 그러나 우리 인간은 모두가 타락하였기 때문에 구속을 받아야 합니다. 또한 하나님을 표현하는 용도이고 그릇(롬9:24)이기 때문에 모든 사람은 하나님의 생명을 가져야 할 필요성이 있는 존재입니다.

하나님의 완전한 구원은 법리적인 방법과 유기적인 방법을 통해서 전인적인 영과 혼, 몸의 구원을 성취하십니다. 먼저 법리적인 면에서는, 타락한 인간을 그리스도의 구속을 통해서 하나님의 의로운 율법의 요구를 만족시키는 것입니다. 반면에 유기적인 구원은 그리스도를 통해서 구속을 받은 자가 그리스도의 생명으로 인하여 변화되고 성장, 성숙하여 하나님의 구원이 온전하게 성화되는 것입니다. 하나님의 완전한 구원을 이루시는 법리적인 면은 행하시는 과정의 절차이고, 유기적인 면은 행하시는 목적입니다. 법리적인 면에서는 우리의 죄를 용서받고, 죄가 씻어지며, 법리적으로 의롭게 되고, 하나님과 화목하게 되며, 위치적으로 거룩하게 되기 위해 성취합니다. 반면에, 유기적인 면에서는 그리스도의 구속으로 생명을 받은 자가 구원을 온전히 얻기 위한 거듭남, 목양, 기질상의 거룩하게 됨, 변화, 건축, 아들의 형상을 이룸, 영광스럽게

됨으로 성취됩니다. 이것은 하나님의 경륜 가운데 신성한 생명으로 말미암아 믿는 이들에게 이루고자 하시는 그분의 목적입니다. 우리는 먼저 초기 단계에서 전인구원(영, 혼, 몸)의 완전한 구원을 이루어야 합니다. 우리가 구원을 받는 것은 하나님의 은혜에 의한 것입니다(엡2:8-9).

1. 생명으로 거듭나 영의 구원을 얻는 비밀

"육으로 난 것은 육이요 영으로 난 것은 영이니 내가 네게 거듭나야 하겠다 하는 말을 놀랍게 여기지 말라"(요3:6-7). "하늘에서 내려온 자 곧 인자 외에는 하늘에 올라간 자가 없느니라 모세가 광야에서 뱀을 든 것 같이 인자도 들려야 하리니 이는 그를 믿는 자마다 영생을 얻게 하려 하심이니라 하나님이 세상을 이처럼 사랑하사 독생자를 주셨으니 이는 그를 믿는 자마다 멸망하지 않고 영생을 얻게 하려 하심이라"(요3:13-16).

우리는 어떻게 거듭나 죄에서 구속함을 받고 구원을 성취해 가는가? 이 문제는 죄인 된 인간 모두 누구나 필수적으로 알아야 합니다(딤전2:4, 벧후1:8-11). 우리는 죄인이기에 구속함이 반드시 필요할 뿐만 아니라 주님의 지상 명령입니다. 우리는 구원의 진리를 막연하게 알고 전하는 경향이 있습니다. 그래서 구원의 확신이 없는 사례들이 허다합니다. 반드시 구체적으로 성경적으로 깨닫고 확신 있게 전해야 합니다.

사람은 죄를 지어서 죄인인 것이 아니라, 죄인이기 때문에 자연스럽게 죄를 짓는 것입니다. 우리는 부모로부터 인간의 생명으로 태어날 때에 죄의 본성을 가지고 태어납니다(시51:5). 왜냐하면 모든 사람이 "원하는 바 선은 행하지 아니하고, 도리어 원하지 아니하는 바 악"을 행하는(롬7:18-19) 죄인이기 때문입니다. 이것은 우리 속에 죄의 본성, 즉 뛰어넘거나 이길 수 없는 중력 같은 죄의 법이 있다는 것을 보여 줍니다

(롬7:23). 이것이 바로 타락한 죄의 본성입니다. 성경은 "한 사람을 통하여 죄가 세상에 들어왔고"(롬5:12)라고 말합니다. 아담이 선과 악을 알게 하는 지식의 나무의 열매를 먹을 때 사탄이 인류 안에 독을 넣었습니다. 그때부터 죄의 본성이 유전처럼 전달되어 사람에게는 그 죄성과 독성과 악성이 있어 자연스럽게 많은 죄를 범합니다. 그러므로 모든 사람이 죄로 인하여 하나님의 영광에 이르지 못합니다(롬3:23). 죄의 삯은 사망(롬6:23)이므로 사람은 반드시 죽고, 결국에는 둘째 사망인 영원한 불못(계20:14)에까지 들어가기 때문에 반드시 구속함을 받아 거듭나 구원을 받아야 합니다. "하나님은 모든 사람이 구원을 받으며 진리를 아는 데에 이르기를 원하시느니라"(딤전2:4).

왜 우리는 거듭나야 하는가?

거듭난다는 것은 외적으로 개선하거나, 수양이나 행위의 문제가 아니라 하나님의 생명을 받기 위해서 다시 태어남, 또는 새로 태어남을 의미합니다. 육신의 부모에게서 태어나면서 인간의 생명을 얻듯이 하나님에게서 날 때는 신성한 하나님의 생명인 영원한 생명(영생)을 얻습니다. 이것은 인간의 근본적인 생명의 문제(요10:31)입니다.

오늘날 모든 사람이 전적으로 타락했기 때문에 거듭나야 하고, 하나님의 생명을 가지려면 거듭나야 한다고 말합니다. 그렇습니다. 그러나 꼭 그렇지만은 않습니다. 왜냐하면 에덴동산에서 생명나무 열매를 먹었더라면, 아담은 지음 받은 사람에서 거듭난 사람이 되었을 것입니다. 지음 받은 사람과 거듭난 사람이 다르다는 말입니다. 지음 받은 사람과 다시 난 사람은 다릅니다. 하나님께서는 사람을 지으시고 생명나무 열매를 먹고 다시 나도록 정하셨습니다. 하나님께서는 사람을 완전하게 지었지만, 그 안에 무엇인가 담아야 하도록 지으셨습니다. 그릇은 금이나 나무, 흙, 보석 등 아무리 고귀한 재료로 만들었더라도 그 안에 무언가를 담아야 합니다. 아무리 기름진 옥토라도 그 안에 씨가 들어와야 합니다. 흙의 성분이 나빠서가 아니라, 흙에는 싹을 틔울 씨가 필요하기 때문입니다. 흙에서 명상이나 수양을 한다고 해도, 백일이 가고 천년이 지나도 씨 없이 가만히 있으면 씨가 나오지 않습니다.

우리가 예수 그리스도를 믿는 이유가 바로 이것입니다. 만일 앉아 있어도 씨가 나온다면 왜 믿겠는가. 내 속에 천년만년 동안 감춰져 있던 씨가 종교적으로 명상을 하니까 나왔다면 하나님은 없는 것입니다. 아니면 자기가 하나님입니다. 그렇지 않습니까? 우리는 이것을 분명히 해야 합니다. 모든 사람은 부도로부터 받은 생명, 사람의 생명을 가지고 있습니다. 바로 일차적이고 혼적인 생명으로 산 혼이며 지음 받은 생명입니다(창2:7). 이것은 빈 그릇과 같은 상태입니다. 무엇을 담기 위한 그릇일 뿐입니다(렘18:6, 롬9:21, 24).

사람이 지음 받았다고 해서 전부가 아닙니다. 지음 받은 우리는 많은 기능을 가지고 있을 뿐입니다. 타락했기 때문이 아닙니다. 용도가 다르기 때문입니다. 그러므로 지음 받은 생명이 전부가 아닙니다. 그렇다고 하나님께서 사람을 잘못 창조했다는 것이 아닙니다. 지음 받은 생명은 지음 받은 생명으로 완전하지만 우리는 하나님의 말씀으로 다시 나야 한다는 것입니다. 우리는 하나님을 표현할 하나님의 도구이며, 그릇이기 때문에 다시 거듭나야 한다는 말입니다. 다시 말씀드리면, 긍정적으로는 우리가 하나님을 가지지 않았기 때문에 거듭날 필요가 있습니다. 부정적인 면에서는 우리의 생명이 타락하고 악해졌으며 악에서 개선될 수 없기 때문에 하나님의 생명으로 거듭날 필요성이 있습니다. "만물보다 거짓되고 심히 부패한 것은 마음이라 누가 능히 이를 알리요마는"(렘17:9). "구스인이 그의 피부를, 표범이 그의 반점을 변하게 할 수 있느냐 할 수 있을진대 악에 익숙한 너희도 선을 행할 수 있으리라"(렘13:23). "내 속 곧 내 육신에 선한 것이 거하지 아니하는 줄을 아노니 원함은 내게 있으나 선을 행하는 것은 없노라"(롬7:18). 이와 같이 사람은 타락을 했든 하지 않았든, 좋든 나쁘든 상관없이 누구나 하나님의 생명을 가져야 합니다.

하나님의 생명의 필요성

예수님께서는 생명의 필요성을 언급하시면서 두 가지 표적을 행하셨습니다. 하나는 가나의 혼인집에서 물을 포도주로 바꾸시는 표적(요2:1-11)이요, 또 하나는 놋 뱀의 표적(요3:14)입니다.

예수님께서 갈릴리 가나의 혼인집에 계실 때에 물을 포도주로 바꾸시는 표적은 혼인잔치에 포도주가 모자라자 돌 항아리 여섯 개에 물을 가득 채워 그 물을 연회장에게 갖다주니 그 물이 좋은 포도주가 된 표적입니다(요2:1-11). 돌 항아리 여섯은 하나님께서 사람을 여섯째 날에 창조했음을 의미하는데, 육이라는 수는 창조된 사람을 나타냅니다(창1:27). 돌 항아리에 물을 채운 것은 사람들이 죽음의 물로 가득 차 있음을 의미합니다(창1:2). 그러므로 주님은 여기에 함께 계셔서 사망의 물을 영원한 생명으로 바꾸신다는 것입니다. 이 표적은 전적으로 사망을 생명으로 바꾸는 문제입니다. 그러므로 물이 담겨 있는 상태를 첫 번째 출생, 지음 받은 출생, 옛사람이라고 한다면, 포도주는 두 번째 출생인 셈입니다. 결국 사람에게는 두 번째 출생이 필요하다는 말입니다. 두 번째 출생의 거듭남이 반드시 필요하다는 것을 계시해주는 말씀입니다.

예수님께서 아주 근원적인 이야기를 하신 것은 니고데모의 질문에 대해 답한 내용입니다. 유대 관원인 니고데모는 세상적으로 아주 훌륭한 사람이고 도덕적인 사람이었는데, 훌륭한지 훌륭하지 않은지에 상관없이 다 거듭나야 한다는 것입니다. 사람은 착하든 나쁘든, 타락을 했든 타락하지 않았든 상관없이 하나님의 생명을 가져야 합니다. 사람의 생명에서는 그 생명의 본성이 나오기 때문에 반드시 거듭나야 합니다. 우리가 하나님께로 나오는 물과 성령으로 거듭나야 신성한 하나님의 생명을 가질 수 있습니다. 이것을 분명하고 확실하게 보여준 것이 바로 십자가입니다. 이것이 '놋 뱀의 표적'이요(요3:14, 민21장), 거듭나게 하는 표적입니다(요3:14).

"하늘에서 내려온 자 곧 인자 외에는 하늘에 올라간 자가 없느니라 모세가 광야에서 뱀을 든 것 같이 인자도 들려야 하리니 이는 그를 믿는 자마다 영생을 얻게 하려 하심이니라 하나님이 세상을 이처럼 사랑하사 독생자를 주셨으니 이는 그를 믿는 자마다 멸망하지 않고 영생을 얻게 하려 하심이라"(요3:13-16).

장대 위에 달린 놋 뱀은 우리를 위해 십자가 위에 달리신 예수 그리스도를 예표합니다. 아담의 후손인 우리는 옛 뱀 마귀에게 물린 자들입니다. 그러므로 우리는 본성 안에 옛 뱀의 죄성을 가진 뱀 같은 존재들입니다. 우리를 구속하시기 위하여 예수님께서 독이 없는 놋 뱀이 되셨습니다. 예수님께서 놋 뱀으로 들리신 목적은 그분을 믿는 자마다 영원한 생명을 얻게 하시기 위해서입니다(요3:16).

물이 포도주로 변한 것은 생명의 원칙을 말합니다. 생명은 저절로 되지 않습니다. 무엇이 와서 되는 것입니다. 물이 포도주가 되는 것처럼 무엇으로 인해서 포도주가 되지 그냥 되는 게 아니라는 말입니다. 저절로 되는 것은 없습니다. 누구로 인하여 무엇인가가 들어와야 포도주가 되는 것이지 그냥 물이 저절로 포도주가 되겠습니까? 이것은 사람에게는 영원한 생명이 없고 밖으로부터, 즉 영원하신 이로부터 생명이 와야 한다는 뜻입니다. 우리는 이것을 명심해야 됩니다. 생명은 저절로 있는 게 아니고, 스스로 있는 게 아닙니다. 무엇으로 인해서, 즉 그리스도로 인해서 있는 것입니다. 하나님의 생명으로 거듭나는 것은 예수 그리스도로 인하여 물과 성령으로 거듭나는 것입니다.

니고데모는 거듭나야 한다는 말씀을 듣고 어리둥절하여 "사람이 늙으면 어떻게 다시 날 수 있느냐"(요3:4)고 물었습니다. 이때에 예수님께서는 "육으로 난 것은 육이고 영으로 난 것은 영이라"고 하심으로써 영(프뉴마)이라는 말을 사용하여 거듭남이란 물과 성령으로 난 것이라고 설명하셨습니다. 그러자 니고데모는 다시 "어찌 그런 일이 있을 수 있느냐"(요3:9)고 묻습니다. 예수님께서는 거듭남이란 모태에 들어갔다 나오는 것이 아니고, 물과 영으로 난 것이라고 설명했습니다. 이 설명을 듣고 니고데모는 더 의문이 생겼습니다. 어찌 그런 일이 있을 수 있는가? 사람이 모태에 들어갔다 나온다는 말은 이해가 되지만 물과 영으로 다시 난다는 말은 도저히 이해가 안 되었습니다.

어떻게 물과 성령으로 거듭나는가?

물과 성령으로 '거듭난다'는 것은 무엇을 의미하는가? 물로 거듭난다는 것에 대하여서는 전통적으로 두 가지 해석이 있습니다. 첫째는 '회개(침례)를 통하여 영으로 난다'는 것이고, 둘째는 '말씀(벧전1:23, 약1:18)을 통하여 영으로 난다'는 것입니다. 또 물은 생명이라고 할 수도 있습니다. 물은 세례, 즉 침례를 받는 것입니다. 세례 요한의 사역의 중심은 침례였습니다. 침례의 목적은 회개입니다. 회개를 통해서 씻음과 성령의 새롭게 하심으로 우리가 거듭나 구원받습니다(딛3:5). 또 다른 하나는 물은 말씀을 통해서 영으로 난다고 말씀할 수 있습니다.

"너희가 거듭난 것은 썩어질 씨로 된 것이 아니요 썩지 아니할 씨로 된 것이니 살아 있고 항상 있는 하나님의 말씀으로 되었느니라"(벧전1:23). "그가 그 피조물 중에 우리로 한 첫 열매가 되게 하시려고 자기의 뜻을 따라 진리의 말씀으로 우리를 낳으셨느니라"(약1:18).

둘 중 어느 것이라고 꼭 집어 말할 수 없습니다. 우리가 거듭나려면, 반드시 말씀을 받고 회개해야 합니다. 회개만 한다고 해서 말씀을 안 들어야 하나? 그것이 아닙니다. 말씀을 들으면 회개를 안 해도 되는가? 그것도 아닙니다. 회개도 필요하고 말씀도 필요합니다. 또 물을 다르게 해석하면, 생명이라고도 할 수 있습니다. 물은 크면 사망이고 작으면 생명입니다. 큰물인 홍해바다는 사망입니다. 세례 즉 침례를 통해서 죽음의 물에 잠기면 사망입니다. 여기서 물은 사망의 물, 죽음의 물을 말합니다. 즉 옛사람이 장사 되어서 죽은 다음 나오면, 부활생명을 얻습니다. 물에 잠기는 침례(고전10:2), 즉 세례는 옛사람을 끝내는 물이기 때문에 우리는 그 사실을 믿고 받아들여야 합니다. 이것이 회개입니다. 인간의 옛 생명은 어쩔 수가 없구나 하고 받아들이고 믿는 것입니다.

지팡이로 내려친 매 맞은 반석에서 나오는 물은 생명이었습니다(출 17:6). 예수님께서 그 배에서 생수의 강이 흘러내릴 것이라 했고, 요한계시록 마지막에도 생명수의 강이 흐른다고 했습니다. 생명의 물, 물을 생명이라고 할 수도 있습니다. 거듭난다는 것은 땅에서 일어나지만 하늘에 속한 것입니다(요1:13). 그러므로 진리의 말씀으로 거듭나려면, 말씀을 깨달아야 합니다. 진리의 말씀이신 하나님께서 하나님의 보좌를 버리시고 왜 육신의 옷을 입고 예수로 이 땅에 오셨는가? 왜, 예수님께서 십자가에 죽으셔야만 했는가? 그분이 부활하셔서 그리스도가 되셨는가? 그분이 우리 안에 거하여 생명 주는 영(고전15:45)이 되셨는가? 이런 질문들에 대하여 밥을 먹듯이 진리의 말씀을 먹어 소화해 깨달아야 합니다. 그 진리를 믿는 자는 반드시 성령에 의하여 마음에 동한 감동이 오게 됩니다. 그러므로 그 진리를 믿는 자가 고백하고 시인하고 받아들일 때에 성령에 의하여 단번에 생명을 얻고 영원한 구원을 얻습니다. 구원을 받기 위해서는 이와 같이 회개와 믿음이 필요합니다.

"네가 만일 네 입으로 예수를 주로 시인하며 또 하나님께서 그를 죽은 자 가운데서 살리신 것을 네 마음에 믿으면 구원을 받으리라 사람이 마음으로 믿어 의에 이르고 입으로 시인하여 구원에 이르느니라"(롬10:9-10).

우리는 막연히 복음이신 예수 그리스도를 믿으면 구원을 얻는다는 생각을 가지고 있습니다. 마치 의사가 '당신은 약을 먹어야 병이 낫습니다. 이 약은 공복에 먹으세요. 식후 30분 후에 드세요. 이 약은 다른 약과 섞어서 먹으면 안 됩니다. 이 약을 먹고 음식도 고루 드시고 운동도

하세요.' 하고 지시한 대로 행하여야 병이 쉽게 치유되듯이 구원을 얻는 방법도 마찬가지입니다. 우리가 밥을 먹으면 먼저는 씹고 위에서 소화시켜야 내 몸속으로 들어옵니다. 말씀으로 말하면 완전한 이해가 되어 먹어야 소화되어서 내 것이 되는 것입니다.

음식이 내 몸의 체액을 통해서 소화되듯 내 인생을 통해 그 말씀을 소화해야 이해가 되는 것입니다. 그러므로 복음이신 예수 그리스도를 뜻을 풀어 진리를 가르쳐서 진리로 거듭나야(약1:18, 엡1:13) 합니다. 이와 같이 예수님이 "그리스도"이심을 가르쳐(행5:42, 17:3, 9:22, 18:5, 28, 고전1:23, 롬8:34, 마23:10, 요20:31) 그분이 나의 구주이심을 성령에 의해서 믿고 입으로 시인하여 고백하면 누구나 구원을 얻습니다(롬10:9-10).

진리의 말씀으로 거듭나려면

"그들이 날마다 성전에 있든지 집에 있든지 예수는 그리스도라고 가르치기와 전도하기를 그치지 아니하니라"(행5:42). "바울이 자기의 관례대로 그들에게로 들어가서 세 안식일에 성경을 가지고 강론하며 뜻을 풀어 그리스도가 해를 받고 죽은 자 가운데서 다시 살아나야 할 것을 증언하고 이르되 내가 너희에게 전하는 이 예수가 곧 그리스도라 하니"(행17:2-3).

진리의 말씀으로 거듭나려면, 이와 같이 은혜의 복음을 믿어야 하고, 복음이신 예수 그리스도의 의미를 가르쳐야 합니다. 타락한 인생이 회개한다는 것은 하나님을 잃어버려 하나님을 등지고 살았던 것을 돌이키는 것입니다. 하나님을 등지고 살았기 때문에 각종 죄들의 열매가 마음에서 나오는 것입니다. 그러므로 "나는 죄인입니다"라고 회개하고 자백할 때, 우리는 우리의 영으로 그분을 접촉하고, 우리의 깊은 마음속에서 주 예수님의 이름을 불러야 합니다(롬10:12-13). 부활하신 그리스도, 생명 주시는 영이신 그분이 내 영 안으로 들어오는 것입니다. 그러면 생명이신 그리스도가 받아들여지는 것입니다(롬10:10). 이제 죄로 인하여 타락한 내가 하나님의 생명으로 단번에 거듭나는 것입니다(히10:10). 할렐루야!

이제 우리 속에 있는 내적인 죄의 본성을 끝내기 위해서 우리 구주가 되신 예수 그리스도가 필요하고, 새 생명이신 하나님의 생명이 필요합니다. 이것은 한 나무의 나뭇가지에 다른 나무를 접붙이는 것과 같이 아주 간단합니다. 그리스도와 연결하는 것을 가로막는 것이 바로 죄입니다. 그러므로 내 영 안에 하나님의 생명이 접목되려면, 반드시 자신이 가지고 있는 혼 생명이 죄의 생명이고, 완전하지 않은 타락한 생명임을 먼저 회개하고 죄들을 시인하고 자백하는 것이 우선입니다.

거듭남은 사람에게 본래 있던 혈통 외에 다시 성령으로 인한 출생입니다. 이제 그리스도로 인하여 하나님의 생명으로 태어난 것입니다(요일5:12). "육으로 난 것은 육이요 영(the Spirit)으로 난 것은 영(spirit)이니"(요3:6). 이 말씀은 십자가를 통해서 옛사람에 속한 것이 죽고, 부활의 영으로 거듭나는 것입니다. 이제 내 안에 생명 주는 영(고전15:45)이 되셨습니다. 우리가 생명이신 그리스도를 믿고 받아들일 때에 하나님의 거룩한 생명인 성령(the Spirit)이 내 영(spirit), 사람의 영 안으로 들어와 연합되는 것입니다(고전6:17, 롬8:16). 즉 성령(the Spirit)이 들어오신 것입니다. "주와 합하는 자는 한 영이니라"(고전6:17)고 했습니다. 이렇게 해서 영원한 생명을 지닌 하나님의 생명이 성령에 의해서 단번에 들어와 거듭나게 하신 것입니다. 거듭남은 혈통에서나 육체의 뜻에서나 사람의 뜻에서 나는 것이 아니라 하나님께로 난 것입니다(요1:13). 거듭남은 하나님의 생명이 우리 영 안에 들어오는 것일 뿐 아니라, 내 영 안에서 그리스도께서 출생하시는 것입니다. 따라서 우리의 영은 하나님의 생명을 얻어 낳음을 입습니다. 부모님이 우리에게 타고난 출생을 주었다면, 하나님의 성령은 우리에게 영적인 출생을 주셨습니다. 거듭남은 육에 속한 출생이 아니라, 하나님의 영에 속한 영의 출생입니다.

육은 우리의 천연적인 옛사람, 겉사람, 육인 부모에게 난 사람입니다. 그러나 거듭난 영은 우리의 속 부분인 속사람(고후4:16, 엡3:16), 영이신 하나님께로 난 사람입니다. 거듭남은 또한 우리 안에 새사람이 시작됨을 의미합니다. 거듭남은 영의 문제입니다. 우리가 거듭나기 전에는 아담 안에 있었으며 타락한 죄인이었고 옛사람이었습니다. 일단 우리가 거듭나면, 그리스도 안에 있는 하나님의 생명이 우리 영 안으로 들어옵니다. 하나님의 생명이 우리의 영 안에 들어왔기 때문에 이것을 "영의 구원"(고전5:5)이라 합니다.

거듭남은 성령의 일

물과 성령으로 거듭남이 니고데모의 말처럼 너무 기이하여 "어찌 그런 일이 있을 수 있는가?" 그런 생각을 할 때가 있습니다. 그러나 주님은 그런 일을 기이히 여기지 말라고 했습니다. 왜냐하면 "바람이 임의로 불매 네가 그 소리는 들어도 어디서 와서 어디로 가는지 알지 못하나니 성령으로 난 사람도 다 그러하니라"(요3:8). 거듭남은 성령의 일입니다. 성령은 바람(요3:8)과 같습니다. 거듭남은 바람처럼 느낄 수 있으나 바람이 어디로 사라지는지를 우리가 모르고 이해할 수가 없습니다. 이러한 현상은 마치 바람이 임의로 불 때에 잎사귀와 꽃을 살랑거리게 하면서 바람 소리는 들어 느껴도 어디로 와서 어디로 가고 오는 것을 알지 못하듯이 성령이 사람의 영 안에 거하는 역사도 이와 같습니다(요3:8). 성령은 바람, 호흡이라는 뜻입니다. 바람은 볼 수가 없지만 나뭇가지가 흔들린다든가 나뭇가지가 부러진다든가 하는 흔적을 보면 분명이 있습니다. 볼 수는 없지만 결과가 나옵니다. 그래서 이 비유를 사용합니다.

또 한 예로, 계란의 유정란과 무정란은 겉으로 보기에는 잘 표시가 나지 않듯이 그리스도를 믿는 자와 믿지 않는 자가 겉으로 보기에는 표시가 나지 않습니다. 바람의 움직임을 설명할 수 없는 것처럼 거듭나는 과

정도 정확하게 설명할 수 없습니다. 어떤 사람의 거듭난 과정을 확실한 시간이나 장소를 대어 말할 수 없고, 그 모든 환경을 자세히 추적할 수 없습니다. 이렇게 하나님의 생명은 그리스도를 믿어 받아들임으로 내 안에 거하여 하나님의 생명의 씨를 받는 것입니다(막4:4, 26, 요일5:12). 이 씨를 썩지 않는 씨라고 합니다(벧전1:23). 내 안에 하나님의 생명의 씨가 심어진 것입니다. 이것이 시작이며, 이제 하나님의 왕국으로 입성한 것입니다. 이와 같은 것을 육신적으로 생각할 때 참으로 기이한 일입니다. 이것은 우리의 영과 연합될 때에 우리 안에서 새사람, 새로운 피조물이 된 것입니다(고후5:17).

거듭나 구원을 받는 것은 사람에게 본래 있던 생명 외에 예수 그리스도를 믿어 받아들임으로 하나님의 생명을 얻는 것입니다. 그 생명으로 구원을 받는 길은 안으로 하나님이 부르시고(롬10:14), 그리스도를 믿고(엡2:8), 시인하며(롬10:10), 세례인 침례를 받는(막16:16) 것입니다. 그러므로 우리가 죄 사함으로 구속함을 받고, 하나님의 생명도 받고 구원도 받은 것입니다. 구원은 우리가 그리스도를 영접하는 순간 단번에 얻는 것입니다(히10:10, 19, 엡2:8). 왜냐하면 하나님은 유일하신 한 분이시기에 단수이므로 단번에 구원을 얻는 것입니다. 이렇게 하여 내 영 안에 하나님의 생명의 씨가 심겨진 것이요, 영은 의를 인하여 생명을 얻는 것이요, 산 것입니다(롬8:10). 그리스도의 씨는 하나님의 생명을 담고 있습니다. 하나님의 말씀은 하나님의 생명을 담고 있는 썩지 않는 씨입니다(벧전1:23).

거듭난 영으로 그리스도에게로 원적이 바뀜

하나님은 살아 있고 항상 있는 이 생명의 말씀을 통하여 그분은 그분의 생명을 우리 영 안에 옮겨 부어 우리를 거듭나게 하시고, 그 영으로 말미암아 우리의 죽은 몸도 결국 살리게 하십니다(롬8:11). 이제 믿는 우리는 죽은 자가 아니라 산 자들입니다. 육체의 사람들이 세상적으로 성공하고 부와 명예를 누려도 내 안에 하나님의 생명이 없으면, 하나님이 보실 때 누구나 다 죽은 자들입니다. "예수께서 이르시되 죽은 자들이 그들의 죽은 자들을 장사하게 하고 너는 나를 따르라 하시니라"(마 8:22).

죽은 세상 사람들을 부러워하는 것은 참으로 어리석은 일입니다. 우리가 거듭남으로써 그리스도의 거룩한 영이 우리 죽은 영을 소생시키기 위해 우리 영으로 들어오셨습니다. 그와 동시에 우리 영 안으로 하나님을 넣어 줍니다. 이것이 거듭남입니다. 이어서 성령이 우리 안에 거하게 됩니다. 이것이 성령의 내주함입니다. 그분이 내주하므로 성령의 본질적인 역사 안에서 우리는 그 능력을 소유할 뿐 아니라 그 생명을 소유하게 되었습니다. 그러므로 우리가 얻는 구원은 영원한 구원입니다(요10:28-29, 롬8:39, 전3:14). 이것을 일컬어 하나님의 법리적인 구속이라 합니다. 우리가 하나님에 의해서 태어나면, 우리의 상태와 상관없이 그 출생이 무효가 될 수가 없으며 법적으로 인정되는 것입니다. 또한 우리는 하나님의 생명을 갖게 되므로 그분의 임재를 갖는 것이며 그 생명은 우리에게 영원한 것입니다. 법리적인 구속은 그리스도의 구속을 통해서 하나님의 의로운 율법의 요구를 만족시킵니다.

반면에 유기적인 구원은 그리스도를 통해서 구속을 받은 자가 그리스도의 생명으로 인하여 성장, 성숙, 변화하여 하나님의 구원이 온전하게 되는 것입니다. 거듭난 생명의 목적은 이 땅에서 단체적이고 공동체적인 한 새사람을 갖는 것입니다. 이 새사람은 하나님의 형상을 갖고 하나님을 표현하고, 하나님의 권위인 통치권을 받아서 사탄이 강탈한 이 땅을 통치하고 다스리는 것입니다(창1:28, 골3:10-11, 계11:15). 하나님의 생명을 떠나서는 그 목적이 성취될 수가 없습니다. 거듭남의 생명은 우리의 첫 번째 체험입니다. 우리는 반드시 거듭나야 합니다.

"내가 진실로 진실로 너희에게 이르노니 내 말을 듣고 또 나 보내신 이를 믿는 자는 영생을 얻었고 심판에 이르지 아니하나니 사망에서 생명으로 옮겼느니라"(요5:24). 우리가 그리스도 안에서 다시 태어나는 것은 우리 생명의 원적을 바꾸는 일입니다. 아담 안에 있던 원적을 예수 그리스도에게로 바꾸는 일입니다.

2. 구원의 확신 스스로 확인하는 방법

"너희는 믿음 안에 있는가 너희 자신을 시험하고 너희 자신을 확증하라 예수 그리스도께서 너희 안에 계신 줄을 너희가 스스로 알지 못하느냐 그렇지 않으면 너희는 버림받은 자니라"(고후13:5). "내가 하나님의 아들의 이름을 믿는 너희에게 이것을 쓰는 것은 너희로 하여금 너희에게 영생이 있음을 알게 하려 함이라"(요일5:13).

오늘날 믿는 자들 가운데에는 구원에 대해 서로 다른 관점들을 갖고 있습니다. 어떤 이는 구원을 받은 것을 현재는 알 수 없고, 죽어봐야 안다고 생각하고, 또 어떤 이는 우리가 구원을 받았어도 여전히 멸망할 수 있다고 생각합니다. 이러한 현상은 성경적으로 구원론이 아직 열리지 않았기 때문입니다. 그러나 성경은 우리가 구원받은 것을 분명히 확증, 확신이 있게 알려줄 뿐만(고후13:5, 요일5:13) 아니라, 단번에 얻은 것이며(히10:10), 영원히 변하지 않는 것(요10:28)임을 알려 줍니다. 우리는 이미 믿은 때에 구속받고 구원(행10:43, 요일2:12, 롬3:28, 30, 5:1, 갈3:8)을 받았을 뿐만 아니라, 이미 거듭났습니다(요1:12-13). 또한 영원히 멸망하지 않고(요3:5-16), 믿은 때에 사망에서 생명(요3:16, 5:24)으로 옮겨졌습니다. 이러한 요점은 우리가 이미 믿을 때에 구원을 받았음을 알려 줍니다(요일5:13).

"구원의 확신"이란 나는 확실히 구원받았다는 것을 믿는 믿음을 말합니다. 내가 거듭나서 구원받았다는 증거를 어떻게 알 수 있는가? 혹자는 구원은 하나님의 소관인데 부족한 인간이 어떻게 알 수 있느냐, 사람이 죽어봐야 아는 것이다 하고 말하기도 합니다. 이러한 이유 때문에 많은 사람들은 구원의 확신을 신비적인 신앙에서 찾으려고 한동안 야단들이었습니다. 이적을 찾아다니고 환상과 예언을 쫓아다니며 방언과 은사에 치우쳤습니다. 구원의 확신은 믿음입니다. 성경적인 사실을 믿고 스스로 자신을 시험하고 확증할 수 있습니다. 이것은 구원파가 아니어도 알 수가 있으며, 방언을 받지 않아도 스스로 다 알 수가 있습니다. 물론 구원파나 방언하는 자가 구원을 받지 못했다는 얘기가 아닙니다. 구원을 확인하는 것이 그 방법만 있는 건 아니라는 말입니다. 믿는 자는 누구나 구원을 스스로 확인할 수가 있습니다(요일5:13). 구원은 다만 예수 그리스도를 믿는 믿음으로 얻어집니다(행16:31, 엡2:8, 롬10:10). 예수를 믿는다면, 구원의 확신을 가졌건 갖지 못했건 그런 것과는 상관없이 구원을 얻은 것입니다.

　그러나 예수를 믿고 구원을 받은 사람들 중에 분명히 구원을 받았지만, 받지 못한 것으로 잘못 알고 있는 사람들도 상당수 있습니다. 구원을 받았지만 구원받은 것을 알지 못하여 확신이 없기 때문에 의심하면서 종교적인 신앙으로 살아가 사탄의 밥이 되는 가련한 기독교 종교인들이 허다합니다. 우리는 반드시 구원을 검증하고 확신을 가져야 합니다. 왜냐하면 우리가 스스로 확증하지 못한다면, 버림을 받을 수 있을 뿐만 아니라(고후13:5), 사탄이 순간순간 밤낮없이 '네가 그러고도 구원을 받았느냐'고 참소하기 때문입니다(계12:10). 우리가 구원을 받으면, 내 안에 하나님의 영이 거하십니다. 이 사실을 성경에 근거하여 이미 구원받았음을 스스로 확인하여 알 수가 있습니다.

　성경은 하나님께서 우리에게 주신 약속일 뿐만 아니라 우리에게 주신 언약이요, 우리를 위해 기록한 증거(요일5:13)입니다. 사람은 유명(遺命)에 근거하여 기업의 후사를 승계 받습니다. 주님은 성경에 언약으로 쓰인 말씀들을 우리에게 유명으로 남겨 주셔서(히9:15-17) 그분의 축복을 승계 받도록 하셨습니다. 성경의 분명한 말씀의 정하심에 따라 은혜를 받았고 구원받은 것을 성경에 기록해 두셨기에 말씀에 근거하여 확신을 갖는 것입니다.

자신이 죄인이고 그리스도가 주님이심을 스스로 시인함

첫째로, 구원을 받은 자는 자신의 본성이 부패한 죄인임을 스스로 알게 되어 믿고, 주님이 주인이심을 시인하면 구원을 받은 것입니다.

"그는 허물과 죄로 죽었던 너희를 살리셨도다 그 때에 너희는 그 가운데서 행하여 이 세상 풍조를 따르고 공중의 권세 잡은 자를 따랐으니 곧 지금 불순종의 아들들 가운데서 역사하는 영이라 전에는 우리도 다 그 가운데서 우리 육체의 욕심을 따라 지내며 육체와 마음이 원하는 것을 하여 다른 이들과 같이 본질상 진노의 자녀이었더니 긍휼이 풍성하신 하나님이 우리를 사랑하신 그 큰 사랑을 인하여 허물로 죽은 우리를 그리스도와 함께 살리셨고 (너희는 은혜로 구원을 받은 것이라)"(엡2:1-5).

이와 같이 거듭나서 구원을 받은 자는 성령이 빛을 비추심으로 자신이 타락했음을 스스로 보게 됩니다. 이때에 바깥 행위도 부패하고 속의 본성도 부패하여 사탄의 역사에 따라 진노의 자녀임을 알게 됩니다. 이러한 사실을 알고 믿고 고백하고 시인할 때에 성령에 의하여 단번에 생명을 얻고 구원을 얻습니다. 구원을 받기 위해서는 회개와 믿음이 필요합니다. "네가 만일 네 입으로 예수를 주로 시인하며 또 하나님께서 그를 죽은 자 가운데서 살리신 것을 네 마음에 믿으면 구원을 받으리라 사람이 마음으로 믿어 의에 이르고 입으로 시인하여 구원에 이르느니라"(롬10:9-10).

성령께서 증언하심

둘째로, 하나님께로 온 영을 받은 사람은 하나님께서 나에게 주신 은혜를 스스로 알게 된다는 사실입니다.

"우리가 세상의 영을 받지 아니하고 오직 하나님으로부터 온 영을 받았으니 이는 우리로 하여금 하나님께서 우리에게 은혜로 주신 것들을 알게 하려 하심이라"(고전2:12).

우리가 예수를 믿으면 영이 거듭나고, 영이 살아난 사람은 자기 죄악의 수치를 느끼고 반응할 뿐만 아니라, 하나님께서 나에게 주신 은혜를 알게 됩니다. 그리스도께서 나를 대속하신 은혜뿐만 아니라, 하나님이 주신 말씀을 읽거나 들을 때에 나에게 주신 말씀으로 은혜를 받고 깨닫습니다. 왜냐하면 주님은 말씀으로 오셨고, 내게 주신 말씀이 영이요 생명이기 때문입니다(요6:63). 영이신 말씀을 먹어야 생기가 돌고 은혜를 받으면서 감동이 일어나고, 감정이 복받쳐 오르기도 하고, 너무 기뻐서 결단도 하는 등 다양한 모습으로 주관적으로 나타납니다. 내 안에 하나님의 영이 생겼기 때문에 그 영에 의하여 마음에 반응이 일어나는 증거가 있습니다(요일5:10). 예수님께서 나의 죄를 담당하여 목숨을 버리시고 핏값으로 나를 사셨는데(고전6:20), 나에게 아무런 감정도 없다면 문제가 있는 것이 아닙니까? 부모님의 은혜를 아는 자는 '어머니 은혜' 노래만 듣거나 불러도 눈시울이 뜨거워지지만, 부모님의 은혜를 모르는 자는 아무런 감정도 느끼지 못하는 것과 같습니다. 이와 같이 하나님의 영이 내 안에 거하면 나에게 주신 주님의 은혜를 깨닫습니다. 여기서 '알게 하려 하심'이란 주관적으로 깨닫는다는 말씀입니다. 그러한 은혜를 깨달았습니까? 내 안에 하나님의 영이 있다(롬8:16)는 것은 구원받았다는 증거이며 자연스럽게 하나님을 "아바, 아버지"라고 부르게 됩니다. 그 이유는 하나님의 아들의 영이 이미 내 안에 들어왔기 때문입니다.

내 안에 내적인 증거

셋째로, 하나님의 아들 그리스도를 믿는 자는 자기 안에 증거가 있습니다. 어떠한 증거가 있습니까?

"하나님의 아들을 믿는 자는 자기 안에 증거가 있고 하나님을 믿지 아니하는 자는 하나님을 거짓말하는 자로 만드나니 이는 하나님께서 그 아들에 대하여 증언하신 증거를 믿지 아니하였음이라 또 증거는 이것이니 하나님이 우리에게 영생을 주신 것과 이 생명이 그의 아들 안에 있는 그것이니라 아들이 있는 자에게는 생명이 있고, 하나님의 아들이 없는 자에게는 생명이 없느니라"(요일5:10-12).

믿음에 의하여 하나님의 아들을 믿는 자는 죄 사함을 받을 뿐만 아니라, 하나님의 생명도 받은 것입니다. 그 증거가 어떻게 나타나는가? 예수를 믿고 거듭난 새사람이지만, 한편으로는 아담 안에서 타락한 옛사람 즉 이중의 사람이므로 육신적으로 잘못하고 죄를 지을 때 사탄이 참소하여 내가 믿는 자인가, 구원을 얻은 자인가 하는 의심의 사망이 올 때가 있습니다. 그럴 때에 사탄의 사주에 따라서 '난 예수를 믿지 않는 자다.' 하고 토설하여 보라는 것입니다. 구원을 받아 생명이 있는 자는 거짓말로 증거를 부인하기가 쉽지 않습니다. 왜 그렇습니까? 성령이 내 안에 계시기 때문입니다. 마치 자신의 친부모가 세상에서 얼굴을 들 수 없는 죄를 지어 부끄러움과 수치 때문에 '그분은 내 부모가 아니다' 하고 부인하려고 해도 거짓말하기 쉽지가 않은 것과 같습니다. 왜 그렇습니까? 내 친부모이기 때문입니다. 마찬가지로 거짓으로 주님을 부인하기가 쉽지 않은 것은 내 안에 주님의 생명이 존재하기 때문입니다.

형제를 향한 우리의 사랑

넷째로, 믿는 형제를 관심을 갖고 사랑하게 되는 것은 우리가 죽음에서 벗어나 생명 안에 들어간다는 증거입니다.

"우리는 형제를 사랑함으로 사망에서 옮겨 생명으로 들어간 줄을 알거니와 사랑하지 아니하는 자는 사망에 머물러 있느니라"(요일3:14).

믿는 이들은 형제를 사랑하기 때문에 사랑을 내적으로 인식하게 되고, 그 생명을 자연스럽게 표현하게 됩니다. 마찬가지로 형제를 사랑하는 것은 믿는 자들이 생명의 빛 안에 거하는 표시입니다(요일2:10). 사랑은 우리를 빛 안에 거하게 하고 빛은 당연히 그분으로부터 난 자, 즉 형제들을 사랑하게 합니다(요일5:1). 그러므로 우리는 성경의 명확한 말씀과 영 안의 느낌, 사랑의 체험에 근거하여 우리 자신이 구원받은 것을 증명합니다.

말씀을 이루기를 열망하는 마음

다섯째로, 말씀을 이루려는 열망과 순종이 따르게 됩니다.
"내 속사람으로는 하나님의 법을 즐거워하되 내 지체 속에서 한 다른 법이 내 마음의 법과 싸워 내 지체 속에 있는 죄의 법으로 나를 사로잡는 것을 보는도다 오호라 나는 곤고한 사람이로다 이 사망의 몸에서 누가 나를 건져내랴"(롬7:22-23).

믿는 자들이 하나님의 법을 이루기 위한 열망으로 죄의 법에 대해 탄식하는 것은 하나님께서 마음속에 역사하고 계신다는 증거입니다. 왜냐하면 구원받지 못한 자들, 즉 주님의 원수들은 그런 열망을 가질 수 없고 순종해야 한다는 느낌이 없기 때문입니다. 믿는 자들의 생각, 감정, 의지, 양심의 요소들이 바뀌는 것은 나의 옛 마음이 새로워졌음을 증명합니다. 이와 같은 증거들, 곧 하나님의 말씀과 성령의 내적인 증언과 형제에 대한 사랑과 하나님의 사랑이 내 안에 나타나는 것은 그분의 영이 살아 있다는 증거이며, 내 안에 하나님의 영이 거하신다는 증거입니다. 이와 같은 체험을 하신 분들은 이미 죄 사함을 받았고, 하나님의 생명도 받고, 구원도 받으신 것입니다. 이제부터는 내가 구원을 받았나, 받지 않았나 의심하지 않으셔도 됩니다. 의심은 마귀가 주는 육신의 생각입니다. 마귀는 날마다 참소하여(계12:10) 나의 생각을 붙잡습니다(요

13:2). 마귀에게 속지 말고 구원의 확신을 가져야 합니다. 이제 영의 구원(고전5:5)을 받았으니 점검하고 이제부터는 구원의 복음을 뛰어넘어 천국복음에 이르는 생각과 감정, 의지, 즉 혼 생명에 하나님의 생명이 기름 부어지도록 늘 우리의 삶 속에서 성령의 통치를 받아야 합니다.

영의 구원은 은혜의 복음이요(행20:24, 엡2:8-9), 또한 구원의 복음입니다(엡1:13). 법리적 구속을 받았으니 이제부터는 구원복음에 머물러 있지 말고, 천국(왕국)복음(마4:23, 24:14, 딤후4:18), 즉 유기적 구원에 이르는 혼의 구원에 관심을 가져야 합니다. 구원의 복음은 신앙생활의 시작이자 초보입니다. "회개하라 천국이 가까이 왔느니라"(마3:2, 4:17). 여기에 안주하면 안 되는 것입니다. 내 영 안에 계신 그 영으로 통치를 받아 섬겨야 하며, 하나님께 경배해야 하며, 그분으로 행하여야 하며, 그분과 교통해야 하며, 그분의 통치와 제한을 받아 매사에 경기하는 자처럼 경주하며 올라가야 천국의 실제를 경험할 수 있습니다. 이제 우리는 구원의 복음, 영의 구원에 머물러 있지 말고, 혼의 구원을 받도록 영의 통치와 제한을 받고, 내 안에 그리스도의 생명이 표현될 수 있도록 천국의 삶을 이루어 가야 합니다. "믿음의 결국 곧 혼의 구원을 받음이라"(벧전1:9).

구원의 확신은 그리스도를 영접하여 거듭나 영의 구원을 받는 것입니다. 하나님의 생명의 씨가 내 안에 심어진 것입니다(벧전1:23). 그 생명의 씨가 자라도록 그 영의 통치를 받는 자는 장차 그리스도가 직접 통치하는 천년왕국에 입성하는 것입니다. 우리는 주님의 구속으로 인하여 영원히 구원을 얻었습니다(요10:28-29, 롬8:29, 전3:14). 성경적인 사실을 반드시 믿고 구원의 확신을 가져야 합니다. 믿는 우리는 주님의 마지막 때에 절대로 백 보좌 심판을 받지 않습니다(요5:24, 계20:11). 둘째 사망인 불못(계20:14)에 갈 수도 없습니다. 주님을 찬양합니다.

3. 사람의 혼과 혼의 구원

"믿음의 결국 곧 영혼의 구원을 받음이라"(for you are receiving the goal of your faith, the salvation of your souls)(벧전 1:9). "나의 사랑하는 자들아 너희가 나 있을 때뿐 아니라 더욱 지금 나 없을 때에도 항상 복종하여 두렵고 떨림으로 너희 구원을 이루라"(빌2:12).

인간은 영과 혼과 몸(살전5:23)으로 서로 구별되는 세 부분의 실체이지만, 또한 서로 연결 연합 합병된 유기적인 구성체입니다. 사람의 겉에는 몸이 있고, 속에는 영이 있습니다. 그리고 이 둘 사이에는 매개체인 혼이 있습니다. 사람은 영과 혼과 몸의 세 부분이 있기 때문에 주님이 구원하실 때도 세 단계로 우리를 대하십니다.

첫째는, 우리의 영을 거듭나게 하시고, 둘째는, 우리의 혼을 변화시키며, 셋째는, 우리의 몸을 변형시킵니다. "영은 주 예수의 날에 구원을 얻게 하려 함이라"(고전5:5). 여기에서는 영의 구원을 말하고 있습니다. "우리 몸의 구속을 기다리느니라"(롬8:24, 빌3:21). 이건 몸의 구원을 말합니다. 오늘 생각하고자 하는 것은 믿음의 결국은 혼의 구원(벧전1:9)이라는 것입니다.

우리가 예수 그리스도를 믿고 영접하여 성령에 의하여 단번에 영이 거듭나는 순간 칭의로 말미암아 원죄의 문제가 법적으로 해결(법리적 구속)됩니다. 하지만 인간의 타락으로 혼이 오염되어 여전히 죄의 영향으로 내 마음 안에 옛사람이 남아 있습니다. 예수님께서는 사람의 마음에서 나오는 것이 사람을 더럽게 한다고 했습니다. "속에서 곧 사람의 마음에서 나오는 것은 악한 생각 곧 음란과 도둑질과 살인과 간음과 탐욕과 악독과 속임과 음탕과 질투와 비방과 교만과 우매함이니 이 모든 악한 것이 다 속에서 나와서 사람을 더럽게 하느니라"(막7:21-23). 예수를 믿어도 각자 생명의 분량에 따라서 마음에 이와 같은 더러운 것들이 있습니다(렘17:9). 사도 바울도 당시에 우리처럼 영이 거듭났지만, 구원을 받지 못한 영혼들을 불쌍히 여겨 은혜의 복음(행20:24)을 전하면서도, 여전히 혼의 생명이 아직 거듭나지 않았기 때문에 늘 자신과 싸우는 영적 전쟁을 치렀습니다(롬7:19-24, 고전9:27). 이것은 우리가 진정으로 거듭나서 하나님의 생명을 얻고 구원을 받았어도, 육체의 소욕이 있다는 것을 뜻합니다. 왜냐하면 우리가 거듭날 때 우리의 영만 구원을 받기 때문입니다. 우리가 구원을 받아 새로운 피조물이 된 것도 우리의 몸이 아니라 영입니다. 그래서 구원받은 영과 구원받지 못한 몸 사이에 갈등과 대립이 존재하는 것입니다(롬8:5-8, 갈5:17). 그것이 바로 혼입니다. 따라서 우리는 혼이 새롭게 되고 변화되어야 합니다.

혼은 우리의 정신이요, 생각이요, 인격이요, 자아이기 때문에 '사람됨'은 바로 인격을 보고 알 수가 있습니다. 사람의 존재와 특성과 생명 등은 다 혼 때문에 있는 것입니다. 그러므로 원문 성경에 사람을 "혼"이라고 칭합니다[창12:5, 46:27(칠십의 혼이었더라), 출1:5, 행7:14]. 사람이 정신이 나가 자기 존재를 잃어버릴 때에 사람들은 혼이 나갔다고 말합니다.

혼의 세 부분 — 생각과 감정과 의지

사람의 혼은 우리 속에 내주하는 심리적인 부분으로 생각과 감정, 의지, 세 부분으로 되어 있습니다. 주된 부분인 생각은 사고하고 고려하는 기관이며, 사고하고, 고려하고, 인식하고, 기억하기 위해 있습니다. 사람은 생각을 통해 사상, 관념, 개념, 추론, 이해, 지식 등을 갖습니다. 즐거움과 분노와 슬픔과 기쁨의 기관으로 사랑하거나, 미워하거나, 좋아하거나, 싫어하거나, 기뻐하거나, 슬퍼하거나, 긍정이든 부정이든 감정적인 모든 느낌은 혼의 부분에 속한 것입니다. 의지는 의견을 세우고 결정하고 선택하는 기관입니다. 혼에 의해서 고려하고 생각하여 감정 안에서 느끼고 어떠한 것을 하겠다고 목적을 세우고 선택하고 결정을 내리는 데에는 바로 의지가 작용합니다.

혼은 세 부분으로 이루어져 있으나 두 부분, 생각과 감정만이 의식을 가집니다. 생각의 느낌은 합리성에 기초를 두고 있으며, 감정의 느낌은 좋고 싫음에 기초를 둡니다. 우리 혼의 두 느낌인 생각과 감정은 사람의 심리적인 부분, 즉 사람 자신 또는 자아를 느낄 수 있도록 하며 심리적인 세계를 접할 수 있도록 합니다. 그러므로 그것을 심리적인 느낌 또는 자아의식이라고 부릅니다. 생각과 감정과 의지는 혼의 세 부분입니다. 성경은 사람 안에는 속에 정한 마음이 있는 속 부분이 있고, 정직한 영을 새롭게 하는 감추인 부분이 있다고 합니다(시51:10). 내 속에 정한 마음인 생각과 감정, 의지는 속 부분이고, 내 속 깊이 감추어진 부분은 영입니다.

구원의 시제들

사람은 영과 혼과 몸, 세 부분으로 구성되었기(살전5:23) 때문에 우리를 구원하실 때 주님은 세 단계로 우리를 대하십니다.

첫째는, 우리의 영을 거듭나게 하시고(요3:6), 둘째는, 우리의 혼을 변화시키며(벧전1:9, 롬12:2), 셋째는, 우리의 몸을 변형시킵니다(빌3:21, 요일3:2). 특히 혼의 생각과 감정과 의지 같은 속 부분들은 복수라서 단번에 거듭나는 것이 아니라, 부분적이고 점진적으로 거듭나는 것입니다. 영은 단수여서 단번에 거듭나므로 구원을 얻었고, 얻었나니, 얻었노라와 같이 과거완료시제로 표현됩니다(엡2:8, 히10:10, 19). 혼은 혼들(souls), 생각과 감정과 의지가 복수이므로 "구원을 이루라"(빌2:12), "나는 날마다 죽노라"(고전15:31)처럼 시제가 현재 진행형임을 기억해야 합니다. 이러한 사람의 구성요소와 구원론의 시제를 모르면 구원론이 열리지 않으니 반드시 주의해야 합니다. 그러므로 누가 질문하길 "구원을 받으셨습니까"라고 물어 온다면, 우리가 그리스도를 통해서 구속함을 받아 "구원을 받았고(영), 구원을 받고 있으며(혼), 구원을 받을 것(몸)입니다."라고 과거 현재 미래 형식으로 답변을 하는 것이 실상 성경적인 정확한 답변입니다.

예수 그리스도를 영접하면 그 은혜로 인하여 믿음으로 영의 구원을 받았고(엡2:8), 이제 죄 사함을 받고 거듭난 성도들이 두렵고 떨림으로 혼의 구원을 이루고 있으며(빌2:12), 주님이 오실 때에 몸의 구원도 받을 것(롬8:24, 빌3:21)입니다. 사람의 영의 구원인 거듭남과 사람의 몸의 구원(속)인 변형은 순식간에 일어납니다(히10:10, 고전15:51). 우리에게 필요한 것은 계속해서 우리 영 안에서부터 우리 혼 안으로 확장되어 결국 우리 혼의 모든 부분의 형상으로 변화되는 것입니다. 이러한 생명의 성숙을 위한 혼의 구원인 생각, 감정, 의지의 변화(롬12:2, 고후3:18, 롬8:29)는 일생을 통해 이뤄집니다. 그렇게 되면 우리가 주님이 생각하시는 것처럼 생각하게 되고, 주님이 사랑하시는 것처럼 사랑할 것이며, 주님께서 결정하시는 것처럼 결정하고 선택할 것입니다. 왜냐하면 우리의 혼이 유기적인 구원으로 그분의 신성한 생명의 성분으로 적셔졌기 때문입니다.

자기의 혼 생명을 십자가로 부인하고 생명 주는 그 영(고전15:45)인 성령의 인도하심을 따르는 것인지, 아니면 내가 거듭났지만 자기 육에 좋은 대로 살 것인지에 따라서 이 땅에서 혼의 구원이 좌우되는 것입니다.

"나의 의인은 믿음으로 말미암아 살리라 또한 뒤로 물러가면 내 마음이 그를 기뻐하지 아니하리라 하셨느니라 우리는 뒤로 물러가 멸망할 자가 아니요 오직 영혼을 구원함에 이르는 믿음을 가진 자니라"(히10:38-39).

개역한글이나 영어성경에서는 이 부분을 "우리는 뒤로 물러가 침륜에 빠질 자가 아니요, 오직 혼(soul)을 구원함에 이르는 믿음을 가진 자니라"라고 말합니다. 말씀의 문맥을 볼 때 이 말씀은 복음을 전파하여 영혼을 구원하라는 말씀이 아닙니다. 거듭난 유대인들이 유대종교로 물러서지 말고 계속해서 믿음의 길, 생명 성숙의 길로 전진하라는 경고요, 권면입니다. 그러므로 오직 의인은 믿음인 성령으로 살아가야 혼의 구원을 받는다는 말씀입니다. 주님은 믿는 이들에게 그리스도의 심판대에서 혼의 구원 즉 개인적으로는 하나님의 생명으로 조성되고 공동체적이고 단체적으로는 그리스도의 몸으로 형성되었는가를 선악간에 심판하실 것입니다(고후5:10, 롬14:10, 고전3:15, 눅12:47-48). 만일에 일부에서 주장하는 거듭나는 순간에 영, 혼, 몸이 거듭나 구원을 받고 무조건 천국 간다면, 사도 바울이 권면한 이 땅에서 두렵고 떨림으로 이루는 구원(빌2:12), 자기의 몸을 쳐 복종케 하는(고전9:27) 혼의 구원은 없을 것입니다.

구원론의 잘못된 가르침은 성경이 말씀하는 사람의 영과 혼과 몸을 포함한 완전한 전인구원을 포함하지 못한 데서 생기는 혼란(히2:3, 요3:6, 빌3:21, 롬12:2, 고후3:18, 롬8:29)입니다. 사실 칼빈과 알미니안의 구원에 관한 대립도 '혼의 구원'의 방면에 대한 무지 때문에 믿는 이들의 구원론이 흔들리고 있음을 볼 수 있습니다.

혼의 구원을 지칭하는 성경 말씀을 열거하면 다음과 같습니다. 빌2:12-13, 롬5:10, 살전5:23, 벧후1:3-4, 고전9:23, 27, 히10:39, 고후3:18. 주님의 피로 죄 문제를 담당해 부활 생명으로 사망의 문제로부터 인류를 구속하셨고(법리적인 구원), 지금도 구원하고 계십니다. 주님은 십자가에서 구속의 역사를 이루셨을 뿐 아니라, 우리 안에 부활 생명으로 들어오셔서 우리의 영과 혼과 몸의 전인구원으로 영광에 이를 때까지 그 영으로 유기적인 구원의 역사를 과거 현재 미래로 이루고 계십니다. 그러므로 우리 그리스도인들은 영 안에서뿐만 아니라 혼 안에서도 하나가 되어야 합니다. 영 안에서 하나가 되는 것은 쉬우나 혼 안에서 하나가 되는 것은 매우 어렵습니다. 왜냐하면 혼 안에는 문젯거리인 생각과 혼란스러운 감정과 완고한 의지가 있기 때문입니다. 그러나 주님은 결국 혼의 구원을 당부하고 원하십니다(벧전1:9).

믿음의 결국은 혼의 구원

주님의 갈망과 주님이 원하시는 뜻은 믿는 자가 그리스도의 장성한 분량까지 성장하여 우주적인 그리스도의 한 몸, 한 새사람을 건축하여 신부인 새 예루살렘 성(천국)을 건축하는 것입니다(엡4:12-13, 계21:9-12). 주님이 원하시는 뜻을 이루기 위해서 우리의 혼에 하나님의 생명이 부어져야 합니다. 앞에서 말씀드린 것처럼 영을 사용하지 않아 사탄의 미혹을 받아 타락한 인간이 영의 기능을 회복하기 위해서는 맨 먼저 생명의 떡이신 그리스도를 먹고 믿어 영접해야 합니다. 그러면 사람의 영 안에 하나님의 거룩한 영(성령)이 거하여 단번에 거듭나는 것입니다. 이때에 내 영 안에 하나님의 생명인 그리스도의 씨가 심어집니다. 이것을 가리켜 아무런 공로 없이 예수 그리스도를 믿고 영접했더니 나를 은혜로 구속하여 주셨다고 해서 은혜복음(행20:24)이요, 구원해 주셨다고 해서 구원의 복음(엡1:13)이요, 우리 영 안에 하나님의 생명이 부어졌다고 하여 영의 구원(고전5:5)이라고 합니다. 영의 거듭남은 성령의 하나님이 단수여서 단번에 거듭나므로 구원을 얻었고, 얻었나니, 얻었노라와 같이 과거완료시제로 표현되었습니다(엡2:8, 히10:10, 19).

그러나 우리의 혼은 혼들(souls), 생각과 감정과 의지, 우리 존재의 속 부분들이 복수여서 단번에 거듭나는 것이 아니라, 부분적으로 하나, 하나씩 거듭나는 것입니다. 복수이므로 "구원을 이루라"(빌2:12), "나는 날마다 죽노라"(고전15:31)와 같이 시제가 현재 진행형으로 되어 있습니다. '믿음의 결국은 영혼의 구원'이라는 구절은 원어나 영어 성경(KJV), 다른 나라 성경 번역본을 보면 다 '혼의 구원'이라고 기록하고 있음을 기억해야 합니다. 우리말 성경만이 영혼의 구원이라고 기록하고 있습니다. "믿음의 결국 곧 **영혼의 구원**을 받음이라"(for you are receiving the goal of your faith, **the salvation of your souls**)(벧전1:9). 혼은 마음이자 자신의 인격이며 자기 자신입니다.

혼이 거듭나는 상태가 무엇입니까? 혼은 어디에 있습니까? 마음에 있습니다. 그래서 내가 영은 거듭났지만 혼이 거듭나지 못했기에 마음에서 나오는 생각이 다르고, 하나님이 주신 열매가 아니라 사탄이 주는 육신의 열매(갈5:19-21)가 나오는 것입니다. 그러므로 마음 밭에다가 예수님께서 씨를 뿌리는 것(마13장)입니다. 마음은 하나님의 씨를 받는 밭(고전3:9)입니다. 사람마다 마음의 밭이 다릅니다. 길가, 돌밭, 가시떨기 같은 내 심령의 밭을 기경하고 뽑아내고 제거해야 합니다. 사람마다 하나님의 눈으로 자세히 보면 부분적으로 길가, 돌짝 밭, 가시떨기 밭이 각자의 생명의 분량에 따라서 조금씩 남아 있습니다. 우리는 옥토가 되도록 일구어서 날마다 열매 맺는 밭, 그리스도의 생명의 미덕들이 나타나고 표현되는 인격으로 만들어가야 혼의 구원을 이루어 갈 수 있습니다. 따라서 그 영을 통해서 내 심령을 날마다 옥토로 일구어야 합니다. 내 마음의 밭을 기경하고, 내가 가지고 있는 고집과 교만과 잘못된 비진리를 뽑아내고, 이생의 자랑이나 염려와 재리, 일락을 제거해야 혼적인 마음이 성령에 적시어 옥토 된 마음에서 그리스도의 하나 된 인격의 열매로 산출되는 것입니다. 그러므로 내 인격의 혼이 거듭나지 않는 이상, 인생은 평생 갈등과 대립, 사탄의 부산물들이 내 안에 존재하는 것입니다.

내 속에 있는 겉사람이 제거되지 않은 혈과 육을 가진 생각과 감정, 의지로는 천년왕국을 유업으로 받을 수 없고, 더구나 천국에 갈 수도 없습니다(고전15:50). 따라서 반드시 혼이 거듭나야 합니다. 혼이 거듭난 사람은 머리 되신 그 영의 통치와 제한을 받아서 그리스도와 같은 생각을 하고 같은 감정과 같은 결단과 선택을 하고 순종하는 것입니다. 머리에서 생각이 나오면, 몸인 손과 발이 유기적으로 협력하여 움직입니다. 혼이 거듭난 자라야 그리스도의 몸을 추구하여 한 몸이 될 수가 있습니다. 그렇지 않고는 절대로 하나가 될 수 없습니다. 머리 되신 그리스도의 음성을 듣고 그분의 통치 속에서만이 점진적으로 사람의 영에서 혼으로 성령의 기름 부으심으로 이루십니다. 믿음의 결국은 혼의 구원(벧전1:9)이기 때문입니다.

오늘날 믿는 이들은 혼의 구원에 닫혀 있습니다. 그 이유는 영, 혼, 몸의 삼분설과 교회에 대한 몸의 이상과 천년왕국과 그리스도의 심판대에 대한 진리가 닫혀 있기 때문입니다. 이 땅에서 그리스도의 몸을 세우고 생명을 성숙시키는 혼의 구원의 방면의 진리가 닫혀 있습니다. 그러므로 사도 바울은 사랑하는 제자 디모데에게 이렇게 권면합니다. "하나님은 모든 사람이 구원을 받으며 진리를 아는 데에 이르기를 원하시느니라"(딤전2:4). 그리스도의 몸을 세우는 진리, 혼의 구원을 이루는 진리를 반드시 알아야 합니다.

4. 사람의 혼인 생각의 변화의 실제

"너희는 이 세대를 본받지 말고 오직 마음을 새롭게 함으로 변화를 받아 하나님의 선하시고 기뻐하시고 온전하신 뜻이 무엇인지 분별하도록 하라 내게 주신 은혜로 말미암아 너희 각 사람에게 말하노니 마땅히 생각할 그 이상의 생각을 품지 말고 오직 하나님께서 각 사람에게 나누어 주신 믿음의 분량대로 지혜롭게 생각하라"(롬12:2-3). "사람이 만일 온 천하를 얻고도 제 목숨을 잃으면 무엇이 유익하리요 사람이 무엇을 주고 제 목숨과 바꾸겠느냐 인자가 아버지의 영광으로 그 천사들과 함께 오리니 그 때에 각 사람이 행한 대로 갚으리라"(마16:26-27).

오늘날 그리스도를 믿는 사람들은 많지만 주님의 의도와 목적대로 변화되는 사람은 드물어 주님이 더디 오신다고 생각을 합니다(벧후3:9).

우리의 영이 거듭난 이후부터 주님의 갈망은 생명의 변화가 우리 혼 안으로 계속 확산되어 생각과 감정과 의지가 모두 변화되길 원하십니다. 주님이 원하시는 시대의 이상은 믿는 자들이 변화되어 몸의 형상을 원하지만, 사탄이 여전히 사람의 마음을 사로잡아 땅의 것에 매여 땅의 것을 추구하게 함으로써 주님이 원하시는 혼 생명의 변화가 여전히 차순위로 밀려나는 것은 참으로 안타까운 일입니다.

믿는 우리의 혼 부분인 생각이 어떻게 새롭게 되고, 하나님의 생명이 혼에 어떻게 부어지는가? 이것은 믿는 이들의 과제이며 너무나 중요한 비밀이요, 매우 가치가 있는 주님의 새 언약의 사역이요, 말씀이 실제가 되기 위한 길잡이입니다. 반드시 성소 안에 생명의 빛 비춤이 있어야 합니다. 우리가 예수님을 믿고 받아들여 영이 거듭난 이후에도 우리의 혼인 생각과 감정과 의지는 변화되지 않고 여전히 예전과 동일한 낡은 상태, 즉 옛사람으로 남아 있습니다. 믿는 자의 영 안에 생명이신 그리스도께서 계시지만, 우리 혼 안에 그리스도의 생명이 거하지 않으면, 믿는 자라도 변하지 않습니다. 그러므로 우리에게 필요하고 주님이 원하시는 것은 그리스도께서 계속해서 우리의 영 안에서부터 혼 안으로 확장되어 우리 마음이 새롭게 되어 혼의 모든 부분이 그리스도의 형상으로 온전히 변화되는 되는 것입니다(롬12:2, 고후3:18, 갈4:19, 엡4:12, 골1:28). 그러나 믿는 자 중에 많은 무리가 실제 변화되지 않고 종교적인 신앙생활로 주님의 뜻과 상관없이 자기의 위로나 마음의 평안, 기복으로 살아가는 현장을 보면 참으로 안타깝습니다. 이러한 종교적인 신앙이 내 안에서 씻기지 않는 삶은 주님과 아무런 상관이 없는 것입니다(요13:8, 마7:23).

마음이 새로워짐

성경은 "너희는 … 오직 마음을 새롭게 함으로 변화를 받아"(롬12:2)라고 말씀합니다. 영의 부분인 양심과 혼의 부분인 생각을 마음이라고 합니다. 마음을 이루는 생각이 어떻게 새롭게 되는가? 일반적으로 사람들은 생활인으로 살면서 생각하고 느끼기 나름이라고 말합니다. 믿는 자들은 대부분 영은 거듭났지만, 생각과 감정과 의지는 믿지 않는 세상 사람과 똑같습니다. 믿는 자라도 생각하고 사랑하고 결정하는 문제에 있어서 변화가 없다는 것은 여전히 옛사람 즉 낡은 상태에 있어서 불신자들과 다를 바가 없다는 것입니다. 이런 모습은 우리가 영 안에서는 거듭 났지만 혼은 여전히 변화되지 않고 있다는 증거입니다. "이 세대를 본받지 말고 오직 마음을 새롭게 함으로 변화를 받아"(롬12:2). 혼의 주도적인 기관인 마음은 먼저 생각이 새롭게 되어야 혼이 변화될 수 있습니다.

생각에서의 변화란 무엇인가? 우리의 생각을 영에 둠으로써 혼이 변화하는 것을 말합니다. 우리는 영 안에 생명이신 그리스도를 모시고 있지만 그리스도가 혼의 각 부분인 생각, 감정, 의지 안으로 확장되고 적셔져야 할 필요가 있습니다. 그 결과 우리는 그리스도처럼 생각하고, 그리스도처럼 사랑하며, 그리스도처럼 선택하게 될 것이고, 결국 일상생활에서도 혼이 그분의 형상으로 변화될 것입니다.

"너희는 이 세대를 본받지 말고"(롬12:2). 우리가 이 세상의 시대에 붙잡혀 있다면, 우리의 생각은 결코 새로워질 수도 없고 변화될 수도 없습니다. 왜냐하면 이 세상의 시스템은 사탄의 구조이기 때문입니다. 생각은 혼의 일부분이므로 변화는 혼에서 일어납니다. 거듭남은 영 안에서 이루어졌지만 거듭난 후에는 혼의 각 부분이 생명으로 적셔져야 심령이 새롭게 되는 것입니다. "오직 너희의 심령이 새롭게 되어 하나님을 따라 의와 진리의 거룩함으로 지으심을 받은 새 사람을 입으라"(엡4:23-24)라고 말씀합니다. 우리의 혼은 영과 몸의 중간에 개입되어 있기 때문에 생각은 육신의 영향, 즉 마귀, 사탄의 영향을 받아 육신이 나를 사로잡아 버리면 육신적인 사람이 됩니다. 마치 가룟 유다의 마음에 마귀가 예수를 팔려는 생각을 넣으므로 사탄의 사신이 되어 예수를 은 삼십에 팔았던 것(요13:2)과 같습니다. 반면에 우리의 생각이 영의 영향을 받아 영의 통제를 받으면 영적인 사람이 됩니다(고전2:13). 이와 같이 생각이 육신의 영향을 받음으로써 육신의 생각이 되어 영적인 사망을 낳습니다.

생각을 영에 둠

우리의 마음이 새로워져 혼이 거듭나는 데 무엇보다 중요한 것은 혼의 요소인 생각입니다. 왜냐하면 생각이 결정적인 요인일 뿐만 아니라 영적인 두 나라의 전쟁터이기 때문입니다. 생각에는 육신의 생각과 영의 생각이 있습니다.

"육신을 따르는 자는 육신의 일을, 영을 따르는 자는 영의 일을 생각하나니 육신의 생각은 사망이요 영의 생각은 생명과 평안이니라 육신의 생각은 하나님과 원수가 되나니 이는 하나님의 법에 굴복하지 아니할 뿐 아니라 할 수도 없음이라"(롬8:5-7).

육신의 생각은 누가 주는가? 가룟 유다의 마음에 마귀가 예수를 팔려는 생각을 넣으므로 사탄의 사신이 되어 예수를 은 삼십에 팔았던 것입니다(요13:2). 하나님은 믿는 자의 영 안에 거하지만 사탄은 우리의 몸 안에 거합니다. 사탄은 몸이 육체가 되게 해서 우리의 몸을 죄의 몸(롬6:6), 사망의 몸(롬7:24)으로 만들어 우리의 생각을 지배하려는 계략을 가지고 있습니다. 왜냐하면 우리의 생각을 지배하면 사탄의 사람이 될 수 있기 때문입니다. 사탄은 혼을 중심으로 육체의 몸에 거하기 때문에 밖에서 안으로 일하고, 하나님은 우리의 영 안에 거하기 때문에 안에서 밖으로 일하는 것입니다. 혼적인 나의 존재인 혼 생명은 중간에 있습니다. 혼의 한 부분인 나의 생각을 두고 끊임없이 싸웁니다. 하나님과 사탄 사이의 영적인 전쟁은 전적으로 우리 생각 속에서 일어납니다. 혼이 육체를 따라 살면 사탄의 나라에 거하는 것이고, 영을 따라서 살면 하나님의 나라에 거하는 것입니다. 따라서 내 혼의 생각이 영적인 전쟁터입니다. 마귀도 내 혼의 생각을, 성령님도 내 생각을 붙잡기를 갈망하기 때문에 끊임없이 생각이 나를 사로잡습니다. 믿는 자들이 생활하다 보면 믿지 않을 때보다 더 복잡하고 혼동이 생겨 부담이 되고 갈등하게 되는 경향이 많습니다. 구원을 받기 이전에는 매사가 복잡하지 않고 간단합니다. 왜냐하면 모든 결정을 육신의 생각대로, 사탄이 시킨 대로 하면 되기 때문입니다. 세상 사람들은 어떠한 일을 결정하지 못하고 주저하고 머뭇거리면 생각대로 하라고 권합니다. 그러나 믿는 자들은 기도해 보라고 합니다. 사탄은 우리 몸속에 거하여 틈만 나면 우리의 생각을 지배하려 합니다. 그럴 때 사탄 마귀를 어떻게 처리하고 결박해야 하는가?

첫째는, 생각을 만지면 안 되는 것입니다. 자신의 생각을 만지면 혼 생명인 이해타산적인 생각으로 이미 결론을 내려 판단하기 때문입니다. 생각을 사탄에 붙잡히면 세상 사람들뿐만 아니라 믿는 자도 하나님의 법에 굴복하지 않을 뿐만 아니라 할 수도 없습니다(롬8:7).

둘째는, 하나님의 권위를 만져서 은혜보좌에 거하여 십자가를 통해서 생각을 붙잡고 있는 마귀를 결박시키는 것이 우선입니다. 내 안에 거하는 생각과 마음을 붙잡고 있는 사탄을 결박시켜 달라고 기도하여 결박해야 사탄의 왕국에서 벗어날 수가 있습니다. 우리 혼 생각 안에 있는 요새와 진지가 파쇄되어야 합니다. 생각 속의 모든 이론은 관념, 사상, 의견, 판단, 사고방식으로 구성된 진지들입니다(고후10:4-5). 이것들을 결박하고 늑탈하여야 그 집을 차지할 수 있습니다(마12:29).

셋째는, 생각을 영에 두어야 합니다. 생각을 영에 두고 영으로 생각하여야 두려움과 의심, 귀신이 사라집니다(눅24:37). 생각을 영에 두고 신의 성품에 참여하여 주님의 마음을 가져야 귀신들이 사라지는 것입니다(마12:28). 내 생각을 어디에 두느냐가 중요합니다. 생각을 육신에 두면 사탄의 왕국(나라)이 임하고, 생각을 영에 두고 살면 내 안에 하나님의 왕국(나라)이 임하는 것입니다. 예수님은 "사탄아! 내 뒤로 물러가라"(마16:23)라고 베드로를 책망하시면서 그의 생각을 하나님의 일에 두지 않고 사람의 일에 두고 있다고 말씀하셨습니다. 사탄은 밖에서 안으로, 하나님은 안에서부터 밖으로 운행하십니다. 둘 다 사람의 혼 안에 있는 생각을 겨냥하고 있으며 우리의 생각을 전략기지로 삼고 있기 때문에 십자가를 우리의 혼에 적용시켜야 합니다(마16:24-25). 생각을 영에 두고 돌이키면 생명의 빛 비춤을 받을 것이며 큰 변화를 겪게 되어 새롭게 될 것입니다(엡4:23). 만일 우리가 영보다 생각을 사용한다면 우리는 메시지들에게 영적인 도움을 받지 못할 것입니다.

영으로 실행하는 길

"내가 이르노니 너희는 성령을 따라 행하라 그리하면 육체의 욕심을 이루지 아니하리라"(갈5:16).

처음 운전을 배울 때는 모든 지침을 받아들이고 실행하는 모든 과정을 배워야 합니다. 자동차에 기름을 넣고 시동을 걸면 차가 움직이지만 기름이 어떤 시스템으로 작용하는지 잘 모르는 것처럼, 많은 그리스도인이 어떻게 그 영을 적용하는지를 잘 모릅니다. 다만 '주님 나를 도와주세요. 함께 동행하여 주세요.'라고 기도할 뿐입니다. 그러나 주님은 결코 돕지 않을 것입니다. 그분이 내 안에 거하시면 믿고 실행하는 것입니다. 우리는 여기서 먼저 거듭났고 그리스도께서 우리 영 안에 계심을 반드시 깨달아야 합니다. 반면에 사탄도 우리 육체 안에 있다는 것을 알아야 합니다. 그러므로 우리는 타고난 생각과 감정과 의지를 부인하고, 이 모든 것을 기름이신 성령님과 함께 영의 통제 아래 두는 공과를 배워야 합니다.

"육신의 생각은 사망이요, 영의 생각은 생명과 평안이니라"(롬8:6)라고 말합니다. 영의 생각이란 생각을 영에다 놓는 상태를 의미합니다. 생각은 혼의 한 부분이기 때문에 생각이 새로워지려면 생각을 영에 두어야 합니다. 생각은 영과 함께 있을수록 더욱더 영의 조절을 받게 됩니다. 문제는 생각이 육체 안에 있는 사탄의 소리에 설 것인가, 아니면 영 안에 있는 성령의 음성에 설 것인가입니다. 생각이 영에 협력하여 영의 통제를 받아 영의 생각으로 새롭게 되기 위해서는 우리의 생각이 영에 복종해야 합니다. 그러면 그분 자신이 우리의 생각을 적시어 신의 성품에 참여케(벧후1:3-4) 하여 우리가 주의 마음을 갖게 됩니다(고전2:16). 내 안에 주님의 마음을 갖게 되어 우리에게 생명과 평안을 가져오게 됩니다(롬8:6). 하지만 사람이 타락함으로써 사탄이 사람의 몸을 부패시켜 육체가 되게 했고(창6:3), 그 육체 안에 거하게 되었습니다. 그러므로 내 안에서 들려오는 음성이 성령의 음성인가, 아니면 마귀가 준 사탄의 음성인가 영 분별을 할 줄 알아야 합니다.

　내 안에서 사망이 오면 육신이 주는 생각(롬8:6), 즉 사탄이 주는 생각이므로 반드시 대적기도를 하여야 합니다. "나의 생각을 붙잡고 있는 마귀 사탄은 예수 이름으로 명하노니 떠날지어다." 하고 정죄하고 결박하면, 신기하게도 떠나갑니다. 그러면 생명과 경건에 이르는 신의 성품에 참여하게 되어, 주님의 마음을 갖게 됩니다(벧후1:3-4). 이때에 큰 소리로 외치지 않아도 됩니다. 그 사실을 믿고 대적기도를 하면 신기하게도 육신적인 생각의 진들이 무너지고 떠나갑니다. 사탄의 음성은 주님이 주신 음성이 아니므로 자신의 혼 생명인 자아를 부인하고 주님과 함께 십자가에 죽으면 됩니다(마16:24). 이것은 혼 안에서 십자가를 짊어지는 문제입니다. 성령이 나에게 주신 음성이면, 그 음성의 통치와 제한을 받아 우리의 생각과 이론을 파하고 그분의 음성에 순종하여 행할 때 반드시 성령께서 더 부어 역사하십니다(약2:22, 고후10:5). 그러나 우리의 생각은 한두 가지가 아닙니다. 돈을 사랑함이 일만 악의 뿌리가 된다고 했습니다(딤전6:10). 생각하는 것도 생명의 분량에 따라서 천차만별이고 너무나 다양합니다. 물론 변화되는 사람도 정도의 차이가 있습니다. 믿는 자들도 육신의 생각에 사로잡히면, 예배를 드리면서도 말씀이 생각나지 않고 들어오지도 않습니다. 그러므로 영으로 자기를 부인하고 자기 십자가를 감당하고 주와 함께 날마다 죽어야 합니다(고전 15:31, 롬8:13).

내가 죽어질 때 성령께서 역사하시어 신의 성품에 참여하게 됩니다. 주님의 마음에 사로잡히면, 생각이 새로워지고 자동적으로 감정과 의지도 새로워집니다. 사람이 이성과 감정의 동물이라고 하지만 감정이 상하여 상처를 받으면 모든 판단이 흐려집니다. 그러나 먼저 우리 생각을 영의 생각으로 돌이키면 상했던 감정도 조절될 수 있습니다. 생각은 항상 감정을 조절하고, 의지는 항상 생각의 영향을 받습니다. 생각은 감정의 느낌을 조절하고 제한하며, 우리는 우리가 고려하거나 생각하거나 이해한 바에 따라 결정을 내립니다. 우리의 생각이 주님께 열리면, 감정도 의지도 반드시 뒤따라 열리게 됩니다. 우리의 생각이 주님께 닫히면, 당연히 감정과 의지도 닫히게 됩니다. 이러한 이유 때문에 생각이 새로워짐으로써 혼의 변화가 이루어진다고 말하는 것입니다. 그만큼 생각의 영향력은 대단히 중요합니다. 생각이 변화하여 바뀌면, 태도가 바뀌고, 태도가 바뀌면 행동이 바뀌고, 행동이 바뀌면 인격이 바뀌고, 인격이 바뀌면 운명이 바뀌는 것입니다. 따라서 우리의 생각을 그 영에 복종시킬 때 주님은 그분의 성분으로 우리의 생각을 적시고 충만케 하고 새롭게 할 기회를 얻는 것입니다.

주님은 전능한 분이지만, 혼을 자신의 의지로 변화시키려고 하면, 하나님께서도 어쩔 수가 없습니다. 생각을 자아가 고수하는 한, 그리스도는 영 안에 갇히게 되고 나오실 길을 얻지 못합니다. 마음속에 더러운 생각이 있으면 절대로 물러가지 않습니다. 똥이 있으면 똥파리가 모여드는 것과 같은 이치입니다. 더러운 똥을 제거하면 똥파리는 저절로 없어집니다. 마음속에 있는 더러운 육신의 생각을 십자가에 죽이고 포기할 때에 더러운 영이 물러가는 것입니다. 우리의 생각과 관념의 의지를 반드시 십자가에 내려놓고 주님께 복종시키면, 주님이 우리의 생각에 성령을 부어 적시고 채우고 새롭게 하십니다(살후2:13).

많은 그리스도인이 주님을 사랑하지만 그들의 생각을 머리 되신 주님께 복종시키지 않고 있습니다. 대부분 주님을 자기 영 안에 가두어 버립니다. 사람의 영은 주님이 자유롭게 안식하는 거처가 되어야 하는데, 오히려 그분을 가두는 감옥이 된 것입니다. 그러므로 주님이 그들의 생각을 새롭게 하실 수가 없습니다. 하지만 타고난 생각과 견해와 이해와 사고와 관념과 선택과 결정을 그 영으로 십자가에 결부시키면, 십자가에 죽음으로써 부활한 생각으로 나를 이끌어 줄 것입니다. 부활로 인한 새로운 생각은 영 안에 있으며, 영의 통제 아래 있는 생각은 영의 생각이 될 것입니다. 그때에 우리의 생각은 새로운 생각이 될 뿐만 아니라 영적 이해력을 가진 영적 생각이 될 것입니다. 성경의 모든 진리의 말씀을 내 것으로 취하고 선포하고 자기를 부인하고 하나님의 뜻대로 살고자 열망하면, 성령님이 나를 점령하여 나를 인도하시기에 어떤 마귀의 능력도 나의 생각을 주도할 수 없습니다. 어떠한 상황에서도 성령의 음성을 듣고 말씀을 꺼내어 되뇔 수 있다는 것은 전쟁터에서도 승리할 수 있을 만큼 강력한 무기입니다. 우리가 타고난 생각을 신의 성품에 참여하고 주님의 생각으로 날마다 새로워지도록 영의 훈련을 하면, 우리의 운명이 바뀝니다(롬12:2, 엡4:23, 딤전4:8).

5. 혼의 생명을 얻는 변화의 유일한 길

"이에 예수께서 제자들에게 이르시되 누구든지 나를 따라오려거든 자기를 부인하고 자기 십자가를 지고 나를 따를 것이니라 누구든지 제 목숨을 구원하고자 하면 잃을 것이요 누구든지 나를 위하여 제 목숨을 잃으면 찾으리라"(마16:24-25). "십자가의 도가 멸망하는 자들에게는 미련한 것이요 구원을 받는 우리에게는 하나님의 능력이라"(고전1:18).

혼 생명을 얻는 유일한 길은 그리스도의 십자가입니다. 십자가는 선택이 아니라 필수입니다. 또한 이론이 아니라 실제입니다. 십자가 없이 부활 생명을 얻을 수가 없으며, 혼이 거듭날 수가 없고, 하나님의 목적인 그리스도의 몸을 건축할 수도 없고, 지성소 신앙으로 올라갈 수도 없으며, 천국에 갈 수 없습니다. 사도 바울은 왜, 그토록 그리스도의 십자가를 자랑했을까요(고전15:31, 갈6:14). 십자가를 통해서 하나님의 의를 이루고, 하나님의 생명을 건축하고, 천국의 삶의 실제의 노선을 이룰 수 있고, 금생과 내생에 범사에 유익이 있기 때문입니다. 그런데 오늘날 그리스도인들은 의외로 그리스도의 십자가의 삶을 잘 모를 뿐만 아니라, 안다고 해도 막연하게 알고 있습니다. "십자가의 도가 멸망하는 자들에게는 미련한 것이요 구원을 받는 우리에게는 하나님의 능력이라"(고전1:18). 혼 생명을 얻는 중요한 열쇠가 바로 십자가 사상입니다.

예수님께서는 제자들에게 이렇게 말씀하셨습니다. "예수께서 제자들에게 이르시되 누구든지 나를 따라오려거든 자기를 부인하고 자기 십자가를 지고 나를 따를 것이니라"(마16:24). 이 말씀에서 우리가 기억해야 할 것은 믿지 않는 외인, 즉 아직 구원을 받지 않은 죄인들에게 하신 말씀이 아니고, 이미 구원을 받은 성도들에게 하신 말씀이라는 것입니다.

오늘날 믿지 않는 외인들도 내적으로 윤리적이고 도덕적으로 이러한 마음의 사람이 되고 싶어 합니다. 예를 들면, 탁월한 사람이 되는 것도 좋겠지만 마음이 깊은 사람이 되면 좋겠습니다. 똑똑한 사람이 되는 것도 좋겠지만 가슴이 따뜻한 사람이 되면 좋겠습니다. 말을 잘하는 사람이 되는 것도 좋겠지만 남의 말을 잘 들어주는 사람이 되면 좋겠습니다. 자기 자신에게는 엄격하고 남한테는 관대한 사람이 되면 더욱 좋겠습니다. 그리고 자신의 재주를 예리한 칼에 비유한다면 자신을 좋은 칼로 만드는 것도 중요하지만 그걸 좋은 칼집에 넣어서 함부로 휘두르지 않는 그런 균형 잡힌 사람이 되면 좋겠습니다. 더욱 촉촉한 사람이 되었으면 합니다. 작은 일에도 은혜의 의미를 발견하고 깊게 감격할 수 있는 그런 사람이 되고 싶습니다. 모든 일에 '다 그런 거야'라고 건조한 눈빛으로 세상을 바라보는 건조한 사람이 되지 않고 작은 일에도 그저 감사할 줄 알고 작은 일에도 그저 기뻐할 줄 알고 슬픔의 눈물도 흘릴 줄 아는 그런 촉촉한 사람이 되었으면 좋겠습니다라는 등등으로 그러한 사람이 되려고 바라고 원하지만, 실제 그렇게 되고 싶어서 노력한다고 하여도 자신의 생각의 의도대로 절대로 안 되는 것입니다. 오직 내 안에 그리스도를 영접하여 생명을 받아서 십자가의 과정을 거쳐서 그 생명을 누림으로 조성될 때만 가능합니다. 믿는 우리는 날마다 신의 성품에 참여하여 (벧후1:4-12) 그리스도의 누림으로 충만할 때 마음에 깊은 지혜가 있고 균형이 있는 자로 변화가 가능합니다. 우린 날마다 그리스도의 생명으로 충만 충일하도록 나는 죽고 그분의 생명을 누림으로 변화되는 것입니다.

십자가의 참된 삶

십자가의 참된 의미는 고통을 감당하면서까지 십자가를 지키는 것이 아니라, 오히려 옛사람을 끝내기 위해서 그리스도께서 십자가 위에서 이루신 것을 자신에게 적용하는 것입니다. 여기에서 "누구든지 나를 따라오려거든" 이 말씀은 이미 구원을 받은 자가 주님을 따르는 조건임을 알 수가 있습니다. 또한 "제 목숨"은 자기의 혼 생명, 자아, 혼을 말합니다. 자아를 부인하는 것은 우리의 혼 생명을 부인하는 것입니다. 우리의 혼 생명은 자아 안에서 체현되고 자아를 통해서 나타납니다. 우리의 자아는 우리의 생각과 사고와 관념과 의견을 통해 표현되는 것입니다. 자기 십자가의 삶은 무엇인가? 바로 자기를 부인하고 자기 십자가를 감당하는 것입니다.

첫째로, 자기를 부인한다는 것은 자기를 이긴다는 뜻이 아니라, 내 자아, 즉 '나를 부인'하는 것입니다. 즉 '나는 없다', '나는 아니다'라는 것입니다. 예수님께서는 십자가에서 운명하실 때에 "다 이루었다"(요19:

30)고 하셨습니다. 이 말의 의미는 십자가의 구속을 성취하심으로써 "옛 것이 종결되었다, 다 끝났다, 장사까지 지내졌다"라는 뜻입니다. 그분은 죄들과 옛사람과 사탄과 세상을 처리하셨을 뿐만 아니라 심지어 율법의 규례들(엡2:15)도 처리하셨습니다. 우리가 그리스도 안에 있다는 것을 믿는다면, 이와 같은 것들이 그분과 함께 십자가에 못 박혔다는 것을 믿어야 합니다. 그러므로 내 안에서 나오는 옛 생명이 '나'는 아니라는 의미입니다. 즉 내 안의 사탄이 주는 생각은 '나'가 아니라는 것입니다. 주님을 따르려면, 자기의 권리, 자기의 뜻, 자기의 의지를 부인하고 하나님의 뜻을 구해야 한다는 의미입니다. 이러한 사람들만이 주님을 따를 수 있다는 것입니다. 왜냐하면 주님을 따르려는 사람은 자신을 따를 수 없기 때문입니다. 우리가 주님을 따르는 것은 그리스도와 함께 참여하고 그분으로 먹고 마시고 누림으로써 그분으로 하여금 우리의 존재가 되게 하는 것입니다.

둘째로, 자기의 십자가를 지고 따르는 것입니다. 이것은 자기를 부인하는 것보다 더 깊은 것입니다. 자기를 부인하는 것은 자기를 포기하고 돌아보지 않는 것이지만, 십자가를 진다는 것은 우리의 자아와 천연적인 생명과 옛사람을 끝내기 위해서 그리스도의 십자가를 생활에 적용하는 것입니다. 나의 혼 생명이 하나님께 순복한다는 것입니다. 특히 "자기 십자가"는 사람마다 얼굴이나 기질, 환경이 다르듯이 자기 십자가 역시 다 똑같지는 않습니다. 옛사람의 육신 가운데서 나오는 욕심, 교만, 혈기, 질투, 간음, 거짓, 속임, 지식, 내 고집, 미워하는 마음 등등일 수가 있습니다. 이런 것들이 나를 망가뜨릴 수 있습니다. 이것이 자기 십자가입니다. 이것들을 내려놓지 않고는 십자가를 짊어질 수가 없습니다. 십자가를 짊어진 사람만이 자신을 희생하며 죽을 수가 있습니다. 우리는 자기 십자가를 감당하며 주님을 따르고 주님의 길을 가야 합니다. 믿지 않는 세상 사람들은 본인이 '지고 가는 십자가'를 흔히 '팔자이고, 운명'이라고 합니다. 그것을 감당하지 못하여 내가 망가졌다고 합니다. 또한 그것 때문에 내가 안 되었다고 합니다. 어떤 이에게는 고집, 교만, 혈기가 자기 십자가일 수도 있습니다. 우리는 반드시 자기 십자가를 볼 수 있어야 합니다.

그런데 믿는 자들도 십자가를 감당하는 방법이 다릅니다. 그리스도 안에도 성막처럼 바깥마당 신앙, 성소 신앙, 지성소 신앙이 있습니다. 믿는 우리가 그리스도와 함께 십자가에 죽지 않으면, 더 나아갈 수 없는 바깥마당 신앙에 머물러 있는 것입니다. 믿는 자들 가운데 3분의 2 이상이 바깥마당 신앙, 즉 종의 신앙에 머물러 있습니다. 그러므로 육신의 종, 죄의 종으로 사는 것입니다. 그러나 십자가를 진다는 것은 자기를 돌보지 않고 하나님의 뜻대로 즉 성령에 순복하여 고난받기를 원한다는 것입니다(롬8:17). 주님은 베드로에게 자기를 부인하고 자기 십자가를 진다는 것은 자기의 혼 생명을 얻지 않고, 도리어 혼 생명을 잃는 것이라고 지적하셨습니다. 우리가 자기를 부인하고 자기 십자가를 진다면, 반드시 주님을 따르게 될 것입니다. 주님을 따르는 것은 그분께 참여하고 그분을 누리고 체험하고 그분으로 하여금 나의 존재가 되게 하는 것입니다. "나의 나 된 것은 하나님의 은혜"(고전15:10)로 실제가 된 것입니다.

"한 알의 밀이 땅에 떨어져 죽지 아니하면 한 알 그대로 있고 죽으면 많은 열매를 맺느니라"(요11:24). 이 말씀은 사실상 '더 이상 내가 아니요 그리스도, 더 이상 내가 아니요 복음'이라는 의미입니다. 혼 생명을 잃고, 복음으로 오신 그리스도로 살 것이라는 뜻입니다. 이제 그리스도는 부활 안에서 생명을 주는 영(고전15:45)이 되셨기에 우리는 영 안에서 십자가를 반드시 감당하여 날마다 성소로, 그리고 지성소로 올라가야 합니다.

혼 생명을 잃는 것

"이에 예수께서 제자들에게 이르시되 누구든지 나를 따라오려거든 자기를 부인하고 자기 십자가를 지고 나를 따를 것이니라 누구든지 제 목숨을 구원하고자 하면 잃을 것이요 누구든지 나를 위하여 제 목숨을 잃으면 찾으리라 사람이 만일 온 천하를 얻고도 제 목숨을 잃으면 무엇이 유익하리요 사람이 무엇을 주고 제 목숨과 바꾸겠느냐 인자가 아버지의 영광으로 그 천사들과 함께 오리니 그때에 각 사람이 행한 대로 갚으리라"(마16:24-27).

　이 구절은 제 목숨을 구원하는 것과 잃어버리는 것을 말해줍니다. 자기를 부인하고 자기 십자가를 지고 주를 따르는 것과 하나라는 것을 보여줍니다. '자기'와 '제 목숨'은 자기의 생명인 혼 생명을 의미합니다. 따라서 "누구든지 자기 혼 생명을 구하고자 한다면" 결국에는 혼 생명을 잃어버리게 된다는 뜻입니다. 사람이 기꺼이 자기 권리를 부인하지 않고, 기꺼이 십자가를 지지 않고, 기꺼이 고난을 받지 않으며, 기꺼이 하나님께 순복하지 않으면서 자기 혼 생명을 구원하려 하면 장래에 결국, 혼 생명을 잃어버리는 것입니다. 마지막 날 주님이 다시 오실 때에 혼 생명을 잃어버린다는 의미는 혼 생명인 생각과 감정과 의지로 느끼는 영광의 기쁨을 누리지 못하고, 오히려 연단의 대가를 치른다는 뜻입니다. 우리가 혼 생명을 얻으면 그 대가로 천사들과 함께 주님이 재림하실 때에 유업의 상을 얻어 천년왕국의 영광의 누림을 맛보는 것입니다. 반면에 혼 생명을 잃어버릴 정도로 대가를 치르기 때문에 이를 갈고 슬피 우는 과정을 거치는 것입니다.

　"누구든지 나를 위하여 제 목숨(자기 혼 생명)을 잃으면 찾으리라"(마16:26하). 이 말씀은 바로 앞에서 말한 자기를 부인하고 십자가를 지는 것입니다. 혼의 생각을 잃어버리는 것과 자기의 뜻을 부인하는 것은 같은 것입니다. 주님을 따르는 사람들은 주님과 함께 유대인들에게 배척당했을 뿐만 아니라(마13:53-58), 이방 정치세력으로부터 박해를 받고 심지어 순교를 당하기까지 했습니다(마14:1-12). 이러한 것은 주님이 이끄시는 십자가에 관한 계시, 즉 혼 생명을 잃어버리는 걸 보여주기 위한 것입니다(마16:13-28). 혼 생명을 잃어버린다는 의미는 자아를 부인하는 것의 실제입니다. 사탄은 우리 육체 안에 거주하여 우리 혼을 통제하려고 하기 때문에 십자가를 혼에 적용시켜야 합니다(마16:24-25, 8:34-36, 눅9:23-24). 십자가를 지는 것입니다. 그러므로 주님은 사람이 만약 그분을 위하여 기꺼이 모든 혼의 기쁨을 잃어버리고, 영을 좇아 고난을 받으면 "반드시 찾을 것이라"고 하십니다. 이 말은 누구든지 기꺼이 주를 위해서 자기의 뜻과 자기의 기뻐하는 것 즉 혼 생명을 버리고, 세상의 물질로써 자기 마음의 만족을 얻지 않고, 많은 고통을 감사히 받으면, 장래에 주님이 오실 때에 마음의 기쁨을 얻게 하고 만족을 얻게 하고 누리며 즐거워하게 할 것이라는 뜻입니다. 우리는 이 구절을 통해서 혼의 구원이 무엇인지를 알게 되고, 혼의 구원의 의미가 바로 자신으로 하여금 즐거워하게 하고 만족을 얻게 하는 것임을 보게 될 것입니다. 혼 생명을 잃어버린다는 의미는 육신적으로 만족하고 즐거워하는 것을 행하지 않고, 성령의 지배를 받아서 자기를 부인하고 자기 십자가를 지는 것을 말합니다.

"사람이 만일 온 천하를 얻고도 제 목숨(혼 생명)을 잃으면 무엇이 유익하리요 사람이 무엇을 주고 제 목숨(혼 생명)과 바꾸겠느냐"(마16:26). 주님께서 계속하여 혼 생명에 대하여 말씀하시는 이유는 사람이 만일 자기의 혼 생명을 구원하고, 마지막에 혼 생명을 잃어버리는 것은 주님의 계산에 맞지 않기 때문입니다.

자기를 부인하지 않고, 십자가를 지지 않고, 긴밀히 주님을 따르지 않고, 혼 생명이 좋아하는 것을 행하고, 온 세상을 다 얻었다고 해도 주님이 오실 때에 자신의 혼 생명을 잃어버릴 것이라는 뜻입니다. 혼 생명을 위하여 무엇을 먹을까 무엇을 마실까 무엇을 입을까에 관심을 갖고 혼의 즐거움을 얻는다고 해도 마지막에 혼 생명을 잃어버린다면, 주님이 보시기에 유익이 하나도 없는 것입니다. 주님이 보시기에 나중에 혼을 얻는 것이, 먼저 혼을 얻는 것에 비할 바 없이 좋은 것입니다. 그 영광은 세상과 비교할 수 없는 영광입니다(롬8:18). 주님은 사람이 나중에 혼의 만족과 바꿀 어떤 좋은 것도 없다고 말씀하십니다. 주님은 차라리 먼저 혼 생명을 잃고, 나중에 혼 생명을 잃지 않는 것이 낫다고 하십니다. "생각하건대 현재의 고난은 장차 우리에게 나타날 영광과 비교할 수 없도다"(롬8:18).

혼을 잃는다는 것은 무슨 의미인가? 누가복음 12장 15절에서 21절에 기록된 비유를 보면, 하나의 범위를 말하는 것을 알 수 있습니다. "그들에게 이르시되 삼가 모든 탐심을 물리치라 사람의 생명이 그 소유의 넉넉한 데 있지 아니하니라 하시고 또 비유로 그들에게 말하여 이르시되 한 부자가 그 밭에 소출이 풍성하매 심중에 생각하여 이르되 내가 곡식 쌓아 둘 곳이 없으니 어찌할까 하고 또 이르되 내가 이렇게 하리라 내 곳간을 헐고 더 크게 짓고 내 모든 곡식과 물건을 거기 쌓아 두리라 또 내가 내 영혼에게 이르되 영혼아 여러 해 쓸 물건을 많이 쌓아 두었으니 평안히 쉬고 먹고 마시고 즐거워하자 하리라 하되 하나님은 이르시되 어리석은 자여 오늘 밤에 네 영혼을 도로 찾으리니 그러면 네 준비한 것이 누구의 것이 되겠느냐 하셨으니 자기를 위하여 재물을 쌓아 두고 하나님께 대하여 부요하지 못한 자가 이와 같으니라"(눅12:15-21).

여기서 '사람의 생명'의 원문 헬라어는 프쉬케인 '혼 생명'입니다. 이로 인해 우리는 '혼을 얻는다'라고 말할 수 있는데 바로 혼이 만족과 즐거움을 얻으며 혼으로 누릴 것이 있게 하는 것입니다. '혼을 잃어버린다는 것'은 바로 육신의 혼을 견딜 수 없게 하며, 고통을 받게 하며, 가난하게 하는 것입니다. 이 부자는 그의 양식과 재물이 많았기 때문에 그의 혼이 이미 즐거워하고 만족하며 그의 혼 생명으로 누릴 것이 있었으며, 금세에 이미 혼을 얻었습니다. 그러므로 혼을 얻는다는 것은 바로 금세에 이미 혼 생명으로 하여금 즐거움을 얻게 하는 것입니다. 혼 생명을 잃어버리는 것은 바로 금세에 혼 생명을 위하여 아무것도 남겨 두지 않는 것입니다. 왜냐하면 주님이 오늘 밤에라도 내 영혼을 찾으면 내 것이 아니기 때문입니다. 그가 세운 육신의 공력은 모두가 그날에 불로 시험하면 없어지기 때문입니다(고전3:13-15). 우리가 눈으로 보고, 귀로 듣고, 손으로 접촉하는 것은 우리의 몸이지만, 그 가운데 즐거움을 느끼는 것은 바로 혼 생명입니다.

혼은 우리의 천연적인 요구가 있는 소재지입니다. 혼 생명은 우리로 하여금 느끼게 하는 부분이요 또한 누리게 하는 부분입니다. 이 혼의 요구가 가장 바라는 것은 육신의 만족입니다. 좋은 음악은 감정으로 하여금 편안하게 하며, 문학과 철학은 생각으로 숭고하게 합니다. 그러나 만약 금세에 이러한 것들로부터 혼 생명을 위해서 만족을 얻는다면, 오는 세상에서는 만족을 잃어버릴 것입니다. 만약 우리가 금세에 이미 이러한 것들이 우리에게 주는 안위를 얻었다면, 오는 세상에서는 왕국의 영광을 잃어버릴 것입니다. 그러므로 금세에 혼 생명을 누리는 사람들은 바로 주를 믿은 그리스도인으로서 금세에 귀와 눈의 기쁨을 얻고 마음의 즐거움을 얻으므로 오는 세상 안에서는 이러한 즐거움과 기쁨을 잃어버리는 사람들입니다. 무릇 금세에 얻는 사람들은 오는 세상에서는 얻지 못할 것입니다. 금세에 주 안에서 혼 생명을 잃어버리는 사람은 오는 세상에서 영광으로 얻을 것입니다. 우리는 마땅히 혼의 구원이라는 이 한마디 말의 의미를 알아야 합니다. 천년왕국 안의 모든 영광, 기쁨, 만족을 얻는 것은 바로 혼의 구원을 얻는 것입니다. 왕국 안의 모든 영광, 기쁨, 만족을 잃어버리는 것은 바로 혼 생명을 잃어버리는 것입니다. 혼 생명을 잃어버린다는 것은 영으로 자신을 부인하고 자기의 십자가를 지고 영으로 행하는 것입니다(롬8:13-14).

이생에서 혼 생명을 잃은 보상

주님이 말씀하시기를, 누구든지 자기의 **혼**을 구원코자 하면 반드시 잃을 것이라고 했는데 언제 잃어버리는가? 주님은 누구든지 그를 위하여 **혼**을 잃어버리면 반드시 얻을 것이라고 했는데 이것은 언제인가? 이에 대해 주님께서는 "인자가 아버지의 영광으로 그 천사들과 함께 오리니 그때에 각 사람이 행한 대로 갚으리라"(마16:27)고 말씀하셨습니다. 주님을 위하여 혼 생명을 잃어버린 사람이 혼 생명을 얻는 날은 바로 그분이 다시 강림하실 때라고 말씀하셨습니다. 그러므로 우리는 정확히 보아야 합니다. 사람이 만일 지금 자신을 체휼하고, 자기를 기쁘게 하고, 기꺼이 주를 위하여 고통을 당하지 않는다면, 주님이 강림하실 때, 곧 그리스도의 심판 때 반드시 주님으로부터 책망의 질책을 받고 주님의 영광을 얻지 못하며 아마 이를 갈며 애곡할 것입니다(마22:13). '각 사람의 행위'의 의미는 바로 이생에서 믿는 자들의 영적 행위를 말합니다. '각 사람의 행위'는 이생에서 자기의 혼을 구원하기 위한 것과 이생에서 주를 위하여 혼을 잃어버린 것 두 종류로 나누어집니다.

"각 사람이 행한 대로 갚으리라"의 의미는 자기의 혼 생명을 구원한 사람은 혼을 잃어버릴 것이요, 그분을 위하여 혼을 잃어버린 사람은 혼을 얻을 것이라는 뜻입니다. 사람이 만일 지금 기꺼이 자기의 권리를 내려놓고 그리스도 안에서 완전히 세상과 분별되어 충성스럽게 하나님의 뜻에 순복한다면, 주님께서 강림하실 때 그는 주님의 칭찬을 받으며, 주님의 안락을 누리며, 그 자신이 매우 만족하여 영광에 이르게 될 것입니다. 반면에 혼 생명을 누리지 못한다는 것은 주님과 함께 누림이 없다는 것입니다. 여기서 주님의 강림과 그분의 보상은 특별히 천년왕국 안에서 왕이 되시는 것을 가리켜 말씀하시는 것입니다. 이는 주님이 그분의 강림을 말씀하신 후 이어서 우리에게 어디로 강림하실 것을 말씀하셨기 때문입니다. "인자가 왕국 안에 강림하실 것"(마16:28)이라고 말씀하셨으므로 주님이 이 땅에 오셔서 왕이 되어 일천 년 동안 다스리실 때 어떤 사람은 그분과 함께 실제 왕의 권세를 얻을 것입니다(눅19:12). 그러나 어떤 사람은 그럴 수 없습니다. 그 이유는 자기의 혼 목숨(생명)을 잃느냐 구하느냐에 따라서 정해지기 때문입니다(마16:25-26).

이 단락의 성경 전체적인 뜻은 이미 주님을 믿고 영생을 얻은 제자들을 두 무리로 나눈 것입니다. 한 무리는 자기를 부인하고 십자가를 짊어진 이들이고, 다른 한 무리는 자기를 부인하고 십자가를 지는 것을 꺼리는 사람들입니다. 한 무리는 자기를 위하여 세상의 쾌락을 얻으려 하고, 혼 생명을 잃어버리는 것을 꺼리는 사람들이며, 한 무리는 기꺼이 주님을 위하여 모든 것을 버리고 혼 생명을 잃어버린 사람들입니다. 제자들은 죄인들 가운데서 분별되어 나온 사람들입니다. 그러나 주님은 지금 또 자기를 부인한 제자들과 자기를 부인하지 않은 제자들을 분별하시고 있습니다. 우리가 반드시 알아야 할 것은 장래 왕국 안에서의 우리 지위는 오늘날의 영적인 행위에 의해 결정된다(마16:27, 고후5:10, 고전3:13-15, 계22:12)는 것입니다. 오늘날 혼 생명을 잃어버린 것이 특별한 의미이면, 장래 잃어버리는 것도 특별한 의미입니다. 주님의 뜻은 누구든지 현재 세상을 인하여 만족을 얻으면, 장래에 주님과 함께 왕의 지위에 앉는 것을 잃어버릴 것이라고 지적하고 있습니다.

　마가복음 8장 34절에서 38절에 기록된 것은 대부분 마태복음과 마찬가지입니다. 다만 약간 다른 부분이 있으니, 동일하지 않은 부분을 말하고자 합니다. "누구든지 나와 복음을 위하여 자기 목숨(혼 생명)을 잃으면 구원하리라"(막8:35, 원문 참조). 여기에서 더해진 '복음'은 일반적으로 주를 위하여 복음을 전하는 사람을 가리켜 말하는 것이라 생각합니다. 만약 이렇게 말한다면 다만 전도하는 사람의 혼만이 구원받지 않겠는가? 그러나 여기서는 결코 '복음을 전하는 이'라고 말하지 않고 '복음'이라고 말합니다. 과연 이 복음은 무슨 복음인가? "하나님의 아들 예수 그리스도의 복음"입니다. 이 복음은 히브리서 2장 3절에서 말한 "큰 구원"으로 바로 "많은 아들들을 이끌어 영광에 들어가게 하시는 온전하게 하는 구원"(히2:10)의 그 큰 구원이며 '전인구원'입니다. 이것은 출애굽하여 죄의 노예된 것을 벗어나는 복음이 아니라 바로 가나안에 들어가 영광을 얻는 천국복음이며 유기적인 구원을 말합니다. "나를 위하여 목숨(혼 생명)을 잃어버리면"(마16:25)이 사랑의 채찍을 받은 것이라면, "복음을 위하여 혼 생명을 잃어버리면"(막8:35)은 장래의 좋은 곳을 위하는 천년왕국을 위한 연고인 것입니다.

"누구든지 이 음란하고 죄 많은 세대에서 나와 내 말을 부끄러워하면 인자도 아버지의 영광으로 거룩한 천사들과 함께 올 때에 그 사람을 부끄러워하리라"(막8:38). 이것은 오늘날 음란하고 죄악된 세대에서 부끄러워 말하기 곤란할 때도 주 안에서 주님의 말씀을 담대하게 간증하고 신언하고 그리스도를 표현할 줄 알아야 한다는 것입니다. 많은 그리스도인들이 사람 앞에서 그를 사신 주님을 위하여 간증이 되지 못하는 것은 다 자신의 체면을 보존하고 사람의 비웃음을 두려워하기 때문에 부끄러워한다는 것입니다. 이것이 이생에 자기의 혼 생명을 보존하려는 것입니다. 이러한 사람은 천년왕국의 때에 반드시 혼 생명에 손실이 있어서 결국 부끄러움을 당하게 되는 질책을 받는 것입니다. 이생에 자신을 위하여 자신이 죽지 않고 혼 생명을 잃어버리려 하지 않는 사람은 아무도 주님의 영광을 볼 수 없습니다. 장래에 주님과 함께 왕 노릇하는 사람 중에 혼 생명을 잃어버리지 않은 사람은 하나도 없습니다. 이생에서 혼 생명을 잃어버리지 않는 사람은 오는 세상에서 혼 생명을 얻을 수 없습니다.

"노아의 때에 된 것과 같이 인자의 때에도 그러하리라 노아가 방주에 들어가던 날까지 사람들이 먹고 마시고 장가들고 시집가더니 홍수가 나서 그들을 다 멸망시켰으며 또 롯의 때와 같으리니 사람들이 먹고 마시고 사고팔고 심고 집을 짓더니 롯이 소돔에서 나가던 날에 하늘로부터 불과 유황이 비오듯하여 그들을 멸망시켰느니라 인자가 나타나는 날에도 이러하리라 그 날에 만일 사람이 지붕 위에 있고 그의 세간이 그 집 안에 있으면 그것을 가지러 내려가지 말 것이요 밭에 있는 자도 그와 같이 뒤로 돌이키지 말 것이니라 롯의 처를 생각하라 무릇 자기 목숨(혼 생명)을 보전하고자 하는 자는 잃을 것이요 잃는 자는 살리라 내가 너희에게 이르노니 그 밤에 둘이 한 자리에 누워 있으매 하나는 데려감을 얻고 하나는 버려둠을 당할 것이요 두 여자가 함께 맷돌을 갈고 있으매 하나는 데려감을 얻고 하나는 버려둠을 당할 것이니라"(눅17:26-35).

이 성경 단락에서 '목숨'이라는 말은 원문에서는 다 '혼 생명'입니다. 여기에서도 역시 우리에게 혼의 구원의 여부가 언제인가 가리킵니다. 34절과 35절의 "내가 너희에게 이르노니 그 밤에 둘이 한 자리에 누워 있으매 하나는 데려감을 당하고 하나는 버려둠을 당할 것이요 두 여자가 함께 매를 갈고 있으매 하나는 데려감을 당하고 하나는 버려둠을 당할 것이니라"는 말씀은 휴거의 때를 말합니다. 둘의 차이는 하나는 들림을 받고 하나는 남아있게 된다는 것입니다. '데려감을 당한다'는 의미는 하늘 위로 들림 받는다는 의미입니다(창5:24). 그러므로 33절에서 말한 바 "무릇 자기 목숨(혼 생명)을 보존하고자 하는 자는 잃을 것이요 (혼 생명을) 잃는 자는 살리라"고 한 것의 의미는 바로 이생에서 자기의 혼 생명을 구원한 사람은 인자가 나타날 때 남겨질 것이며, 이생에서 혼 생명을 잃어버린 사람은 인자가 나타날 때에 들림을 받아 첫 열매 신앙으로 휴거될 것이라는 말씀입니다.

여기에는 하나의 엄중한 문제가 있습니다! 바로 들림 받고자 하고, 주를 보기 원하며, 천년왕국 안으로 들어가고자 하는 사람은 이 세상에서 반드시 먼저 혼 생명을 잃어야 하며, 반드시 주를 위한 연고로 세상을 버리고 주님의 뜻에 부합하지 않는 모든 것들을 떨쳐 버리며, 우리를 얽어매는 모든 것들을 벗어 버리며, 우리의 마음으로 위로 가지 못하게 만드는 모든 것들을 버려야 합니다. 우리가 만약 혼 생명을 보존하려 하고 잃어버리는 것을 아까워하며 이 시대에 혼 생명의 누림을 좋아하는 롯의 처와 같다면, 비록 죄인과 같이 소돔과 고모라에서 멸망하지는 않고 구출되었지만, 롯이 도착한 안전한 곳에는 이르지 못한 그녀와 같을 것입니다(창19:15-30). 그녀는 멸망하지는 않았지만 완전히 구원을 얻지도 못했습니다. 마치 맛을 잃은 소금처럼 그녀는 수치스럽고 부끄러운 장소에 버려졌습니다. 이것은 세상을 사랑하고 혼 생명을 위하여 누리는 사람들에게 주는 엄중한 경고입니다. 성경 본문의 두 사람은 차이가 없으며 일하는 것도 차이가 없고 장소도 차이가 없습니다. 또한 구원을 얻고 영생을 얻는 것은 다 차이가 없습니다. 그러나 들림 받는 일에 있어서는 차이가 있습니다. 경각의 사이에 극히 큰 차이가 있는 것입니다. 주님이 우리를 맞아들이고자 하시는 곳에 갈 수 없는 것입니다. 어떤 이유 때문인가요? 바로 혼의 구원의 문제입니다. "믿음의 결국 곧 혼의 구원을 받음이라"(벧전1:9).

구원을 받은 이후 영의 행위

우리가 구원받은 이후 영의 행위, 즉 성령의 행위가 중요한 것입니다. 믿는 자의 그 영으로 몸의 행실을 죽이고 행하면, 이생에서 살리고(롬8:13) 또한 그 행위는 왕국 안에서의 우리 지위와 큰 관계가 있습니다. 당신이 오늘날 추구하는 것이 무엇인가? 육신의 사람들은 세상의 쾌락을 가장 놓기 어렵습니다. 많은 사람들이 자신의 거처, 음식, 의복, 오락 등에서 육신의 만족을 얻으려고 합니다. 그들은 이미 자기의 혼 생명을 구원한 것이며, 장래에 반드시 혼 생명을 잃어버릴 것입니다. 이미 구원받은 사람은 더 이상 불못에 떨어질 수 없습니다. 그러나 주님은 우리에게 금욕주의를 가르치려는 것이 아닙니다. 우리에게 이러한 것들에 매혹되지 말고, 세상에 빠져 세상과 벗 되지 말라(약4:4)고 하는 것입니다. 그러나 세상에서 누리는 이러한 것들은 다 합법적인 것입니다. 합법적이라고 해서 믿는 자에게 반드시 다 유익한 것은 아닙니다. 그러므로 바울은 "모든 것이 내게 가하나 다 유익한 것이 아니요"(고전6:12)라고 말씀했습니다.

옷이든지 음식이든지 거처이든지를 막론하고 나에게 마땅히 어떤 누림이 되지 않고, 다만 하나님의 영광을 위해야만 가한 것입니다. 우리에게 혼적인 누림이 있을 때 문제가 되는 것입니다. 우리는 반드시 그리스도의 누림이 되어야 합니다. 무릇 모든 것을 혼 생명으로 하여금 누리게 하는 것이라면, 혼을 구원하는 것입니다. 중요한 것은 마땅히 정당하지 않은 즐거움을 누리지 말아야 한다는 것입니다. 세상을 사랑하는 사람은 바로 자기의 혼 생명을 구원하는 사람들입니다. 그러나 죄가 이미 세상에 들어왔으므로 마땅히 더 이상 이 죄 있는 세상으로부터 무엇을 얻지 말아야 합니다.

영의 구원과 혼의 구원의 분별

이렇게 본다면 혼의 구원은 우리가 일반적으로 말하는 영의 구원(즉 영생을 얻는 구원)과 큰 차이가 있습니다. 영은 어떻게 구원을 얻는가? "영으로 난 것은 영이니"(요3:6). 요한복음 3장에서 우리에게 말해주는 것은 바로 "믿는 사람은 영생이 있다"는 것으로 믿는 이는 죄와 상관없이 영이 구원(고전5:5)을 받는다는 것입니다. 그렇다면 영의 구원은 바로 영생을 얻는 것입니다.

혼은 어떻게 구원을 얻을 수 있는가? 이 단락은 주를 위한 연고로 혼 생명을 잃어버린 사람이 비로소 혼을 구원받을 수 있다고 말해줍니다. 영의 구원은 바로 영생을 얻는 것이며, 혼의 구원은 왕국(천국)복음으로서 천년왕국의 유업을 얻을 뿐만 아니라 영원무궁한 시대에 새 예루살렘 성(천국)에 입성하는 것입니다. 영의 구원은 예수 그리스도께서 나를 대신해 십자가에서 구속하심을 믿고 의지하는 은혜복음(행20:24)이자 구원의 복음(엡1:13)입니다. 혼의 구원은 내가 그리스도 안에서 십자가를 지고 그 영에 의하여 통치를 받아 행하는 천국을 이루는 천국복음(마4:1, 23, 딤후4:18)입니다. 영의 구원은 예수 그리스도께서 나를 대신하여 자기를 버리심을 인함이며, 혼의 구원은 나 자신이 내 안에 있는 생명 주시는 그 영을 통하여 자기를 부인하고 또 주님을 따르는 데 있습니다(롬8:13-14).

영의 구원은 믿음에 있으며 한번 믿으면 영원히 정해진 것이며 다시는 요동할 수 없고 빼앗길 수가 없습니다(요10:28-29, 롬8:38-39). 혼의 구원은 그리스도를 따르는 데 있으며 일생 동안의 일이고 하나의 길을 끝까지 달려야만 하는 신앙의 경주입니다(빌2:12, 고전9:23-27). 영의 구원은 믿음에 있는데 이는 "믿으면 영생을 얻기 때문입니다." 혼의 구원은 성령의 행위에 있는데 그 이유는 "그때에 각 사람이 행한 대로 갚으리라"(마16:27)고 하셨기 때문입니다. 지옥 안의 마귀가 다 일어나 나를 미혹하더라도 나를 멸망케 할 수 없고 하늘의 사자들이 다 내려와서 공격한다고 하여도 역시 나를 멸망케 할 수 없으며, 하나님께서도 나로 멸망케 할 수 없습니다. 그 이유는 영은 한번 구원받으면, 영생이 바로 보증이 되기 때문입니다. 그러나 혼의 구원은 오늘 여전히 정할 수 없고 주님이 다시 오실 때에야 비로소 얻을 수 있는 것입니다.

영의 구원은 바로 오늘날의 하나님께서 믿는 자에게 주신 선물인 은사입니다(엡2:8). 그것은 "하나님이 세상을 사랑하사 독생자를 주셨기" 때문입니다. 혼의 구원은 일생 동안 주를 따르며 혼 생명을 잃느냐 구하느냐에 따라서 정해지고, 그에 따른 하나의 유업의 상급입니다(마16:27, 19:28, 갈4:6, 계22:12). 이것은 주님이 다시 오실 때 얻게 될 것입니다. 혼의 구원은 반드시 영이 이미 구원을 받은 사람이어야 받습니다. 만약 영의 구원을 받지 않았다면 혼은 구원을 받을 가능성이 전혀 없습니다. 우리가 늘 쓰는 영혼의 구원이라는 말은 성경이 말하는 바에 따르면 사실 혼의 구원을 말합니다(벧전1:9). 혼의 구원은 혼 생명인 자기를 부인하고 자기 십자가를 지고 주님의 통치를 받고 따르는 것입니다.

6. 옛사람이 주님과 함께 어떻게 십자가에 죽고 사는가?

"우리가 알거니와 우리의 옛 사람이 예수와 함께 십자가에 못 박힌 것은 죄의 몸이 죽어 다시는 우리가 죄에게 종노릇 하지 아니하려

함이니"(롬6:6). "그리스도 예수의 사람들은 육체와 함께 그 정욕과 탐심을 십자가에 못 박았느니라"(갈5:24).

우리의 천연적인 타고난 생명은 혼적이기 때문에 누가 가르쳐 주지 않아도 죄의 종으로 자연스럽게 이기적이고 이해타산적으로 세상에 매여 육신의 종으로 살아갑니다. 이러한 모습으로 늘 살아오신 분들은 타고난 자기중심적인 기질이나 성품이 바뀌지 않습니다. 또한 이러한 분들은 '사람은 변할 수 없는, 어쩔 수가 없는 존재이다.'라고 단정해 버리고, 죄의 몸이기 때문에 죄의 종으로 살아가는 것을 당연하게 생각합니다. 이러한 신앙인의 삶은 참으로 애석합니다. 그러나 믿는 우리에게는 해방될 수 있는 소망이 있습니다.

하나님께서는 이러한 옛사람도 사랑하고 관심과 기대를 갖고 계십니다. 왜냐하면 하나님께서는 모든 사람이 구원받기를 원하며 진리를 알기를 원하시기(딤전2:4) 때문입니다. 실제 되는 진리, 그리스도의 몸을 세우는 교회 되는 진리를 깨닫지 못할 때는 누구나 죄의 종이니 당연히 그렇다고 생각합니다. 사실 그렇습니다. 그러나 믿는 우리에게는 그리스도께서 우리의 옛사람을 십자가를 통해서 처리하셨고, 부활 승천하시어 영적인 몸을 가지신 생명 주시는 영(고전15:45)으로 내 안에 오셨습니다. 이제 우리에게는 죄의 종에서 해방되어 하나님의 형상으로 회복할 수 있는 길이 열렸습니다(롬8:2, 29). 그러나 아직도 믿지 않는 자는 회복할 수 있는 길이 열려 있지 않습니다. 믿는 우리는 영이 거듭나 주님께서 옛사람을 십자가로 처리하셨지만, 우리의 혼 생명은 아직 거듭나지 않았습니다. 그래서 하나님께서는 어떠한 사건이나 원치 않는 환경이나 자신의 혼적인 생명을 찔러보는 사건이나 동기를 주어서 나의 모습을 돌아보게 하십니다. 그리고 하나님의 형상을 이루게 하기 위하여 나를 다루셔서 하나님만 의뢰하게 하십니다(갈4:19, 고후1:9, 롬8:28-29). 이러한 사건이나 환경이 격동할 때에 각자의 생명의 분량에 따라서 육신적인 죄의 생명이 발동하여 자연스럽게 죄성과 독성, 악성이 나오기도 합니다.

주님이 십자가에 못 박힌 목적은 우리가 다시는 죄에게 종노릇하지 못하게 할 뿐만 아니라(롬6:6), 우리 몸에서 그리스도의 생명이 나타나고 표현되게 하기 위함입니다(고후4:10, 창1:26-28). 이와 같이 우리가 주님과 함께 살고 해방되고 우리의 몸이 그리스도를 표현하려면, 그리스도와 함께 우리의 옛사람이 반드시 죽어야 합니다(롬6:8, 8:13, 고후4:10, 갈2:20). 그러므로 예수의 사람들, 즉 성령의 사람들은 육체와 함께 그 정과 욕심을 십자가에 못 박았다고 했습니다(갈5:24). 예수의 사람, 성령의 사람이 되려면 그리스도와 함께 그 정과 욕심을 십자가에 못 박는 과정은 우리에게 필수입니다.

오늘날 믿는 자들 중에 많은 사람이 예수님께서는 이천 년 전에 이미 십자가에 죽으셨고, 부활 승천하시어 하나님 우편에 계시는데 어떻게 우리가 그리스도와 함께 십자가에 죽을 수 있느냐고 의문을 갖습니다. 우리가 십자가를 진다는 것은 우리 자아와 천연적인 생명과 옛사람을 끝내기 위해서 그리스도의 십자가에 머무는 것입니다. 내가 십자가에 머무는 것은 자신을 부인하고 주님을 따를 수 있으며, 죄에서 해방되며, 생명을 얻을 수 있을 뿐만 아니라, 결국에 혼의 구원을 얻을 수 있으며, 그리스도의 몸을 조성하여 주님의 갈망이신 신부가 될 수 있는 길입니다. 그러하기 위해서는 내 영 안에 계신 그리스도로 인하여 먹고 마시고 누리며 살아야 합니다(요6:57). 그러나 유대인들이나 종교지도자들, 심지어는 예수님의 제자들도 전통과 종교, 물질의 수건이 덮어져서 말씀이 육신이 되셔서 생명의 떡으로 오신 그리스도를 먹는다는 의미를 전혀 이해하지 못하여 서로 다투면서 자신의 살을 먹게 하는구나 하고 조롱하였습니다(요6:52). 심지어 예수님의 제자들도 주님이 십자가에 죽으시고 부활하신 이후에야 깨닫고 믿었습니다(요20:8).

말씀이 육신이 되신, 생명의 떡이신 예수께서 내 살을 먹으라고 하신 것은 말씀을 먹으라는 뜻입니다. 왜냐하면 태초에 하나님의 말씀이 함께 계셨고 말씀이 하나님이시기 때문입니다. 말씀이 성육신하시어 우리 가운데 거하신 분이 바로 그리스도이십니다(요1:14). 예수 그리스도께서 십자가에 죽으시고 부활 승천하시어 생명 주는 영으로 내 영 안에 거하심으로써 이제 그리스도는 말씀으로 존재하는 것입니다. 그 말씀이 하나님이시며 그리스도이십니다. 그러므로 성경의 말씀을 통해서 하나님을 이해하고 그리스도를 만나야 합니다. 그러나 유대 지도자들은 성경적인 지식이 있고 예수님의 말씀을 듣고서도 하나님을 만나지 못했습니다. 왜냐하면 그들은 예수님이 하나님이라는 사실을 믿지 않았기 때문입니다. 하나님을 믿는 성경적인 지식은 알아도 하나님을 사랑하지 않았기 때문입니다. 그들은 오직 자기의 부와 유익과 유대교의 전통에만 관심이 있었기 때문입니다. 말씀을 먹고 하나님을 사모하고 사랑하여야 생명의 빛이 임하여 보여주시므로 주님의 마음이 이해가 되고 보게 되고 만나게 됩니다. 오늘날에도 성경적인 지식만으로는 주님을 만나지 못합니다. 하나님을 사모하고 시대의 이상을 알고 사랑하는 마음이 있어야 영적인 눈이 열려 하나님이 보입니다.

주님을 만나는 사람의 증상

주님을 만나는 사람은 어떠한 증상이 있습니까? 말씀이 육신으로 오셔서 내 안에 거하신 그리스도는 은혜와 진리(요1:14)이시기 때문에, 그분을 알고 사랑하는 사람은 주님의 은혜 때문에 감격하고 기도하고 진리 안에 거하여 말씀의 실제가 되어가는 것입니다. 왜 그렇습니까? 그분이 진리의 영으로 내 안에 계시기 때문에 누리는 것입니다(요14:17). 이러한 사람이 예수님을 인격적으로 만난 사람입니다. 이제 말씀하신 성령이 내 안에서 말씀하시는 말씀이 주님의 말씀이요, 곧 하나님의 말씀입니다. "내가 너희에게 이른 말은 영이요 생명"(요6:63)이기 때문입니다. 문제는 내 속, 내 안에 그리스도의 말씀이 없으면, 내 속에 그리스도가 없는 것입니다. 왜냐하면 말씀이 하나님이시고, 그리스도이시기 때문입니다(요1:1, 14). 내 속에 말씀이 없으면, 그리스도가 없기 때문에 함께 죽을 수가 없습니다. 대부분의 사람들이 자기 안에 말씀이 있는지를 잘 모릅니다. 주님의 말씀이 그리스도이시기 때문에 내 안에 말씀이 있어 말씀을 기억나게 하거나, 내 안에서 성령의 음성이 들려 생명의 빛에 따라서 영으로 죽고 순종하여 내 지체를 의의 병기로 드리는 것입니다(요16:13, 롬6:13, 8:13). 오직 그리스도를 사랑하는 자만이 죽고, 그분을 누리며 순종할 수 있습니다. 믿는 자가 믿음으로, 성령의 인도하심으로 순종하여 행하면, 주님이 함께 일하시고 성령을 부어주셔서 온전한 사람으로 조성되게 하십니다(약2:22).

그토록 십자가 외에 자랑할 수 없는 누림의 실제

"내게는 우리 주 예수 그리스도의 십자가 외에 결코 자랑할 것이 없으니 그리스도로 말미암아 세상이 나를 대하여 십자가에 못 박히고 내가 또한 세상을 대하여 그러하니라"(갈6:14).

그리스도께서 십자가에서 죽으실 때, 죄와 옛사람과 사탄과 세상뿐만 아니라 율법의 계명도 처리하셨습니다(엡2:15). 그분은 부활 승천하시어 천상의 하나님의 우편에서 중보자로 계시며 또한 믿는 자의 영 안에 함께 계십니다(요14:17). 그러므로 이제는 예수와 함께 죽고 함께 살려면 어떻게 해야 하는가? 내가 옛사람에 묶여서 스스로 짊어지려고 하지 말고 내 안에 성령의 음성이 아닌 육신의 소리, 즉 사망이 오면(롬8:6), 몸의 사욕이나 불의의 병기로 주지 말고(롬6:12-13), 십자가에서 주님이 함께 죽으심을 믿고 사탄이 주는 소리로 여기라는 것입니다.

"이와 같이 너희도 너희 자신을 죄에 대하여는 죽은 자요 그리스도 예수 안에서 하나님께 대하여는 살아 있는 자로 여길지어다"(롬6:11).

여기에서 "여길지어다"(롬6:11)의 원문은 '사망의 장부에 기록되었다.'는 의미입니다. 예를 들면, 호적 서류에 사망으로 기록되었으면 누구나 죽었다고 믿는 것입니다. 기록을 보고 그렇게 자연스럽게 여기고 믿는 것입니다. 이천 년 전에 예수님께서 십자가에 죽으심으로 우리의 옛사람을 이미 처리하셨습니다. 처리하셨고 끝내셨는데 내 안에서 여전히 육신적인 옛생명이 나타나는 것은 성령의 음성이 아니라 사탄의 음성으로 여기고, 자연스럽게 무시해 버리라는 것입니다. 사탄이 늘 참소하여도 마치 죽은 자처럼 반응하고 여기라는 것입니다. 죽은 자는 전혀 반응이 없기 때문입니다. 만약에 그렇게 여기지 않으면 사탄은 순간순간 참소하는 자이기 때문에 의심과 염려로 나를 사로잡아 여전히 사탄의 종이 되게 합니다.

"하나님은 하시나니 곧 죄로 말미암아 자기 아들을 죄 있는 육신의 모양으로 보내어 육신에 죄를 정하사"(롬8:3). 육신에 죄를 정하였다는 것은 "육신은 죄다."라고 단정하여 정죄하신 것입니다. 그러므로 이미 "십자가로 끝냈다."는 의미는 예수님께서 십자가에 못 박힘으로써 죄가 끝났다는 것입니다. 따라서 믿는 우리가 십자가에 죽는 삶을 살 때에 죄를 이기는 것입니다. 이기는 방법은 옳고 그름을 따지지 말고 십자가에 죽는 것이고, 사탄의 참소에 내가 반응을 하지 않는 것입니다. 그러면 마귀 사탄은 십자가 앞에서 맥을 못 춥니다. 믿는 우리는 이 사실을 믿고 인정하면 됩니다. 그리고 자신의 죄에 대해서는 죽고, 성령 하나님께서 내 안에서 세미한 음성으로 말씀하실 때는 순종하여 행하는 것입니다(약2:22, 롬6:4). 육신의 생각, 사망의 소리에 반응하는 것은 내가 아직 살아 있다는 증거입니다. 그 반응 때문에 사람들은 상처를 받고 정죄하고 판단하여 다툼과 분쟁이 시작되는 것입니다. 사도 바울은 날마다 자신의 혼적인 겉사람의 문제를 하나하나 죽이고 처리해 나갔습니다(고전9:27, 15:31). 우리의 옛사람이 주님과 함께 죽으면 내 안의 사탄이 주는 생각은 '내가 아니라'는 것입니다. 즉 자기의 권리, 자기의 뜻을 부인하고 내 안에서 주신 말씀으로 하나님의 뜻을 구한다는 의미입니다. 이러한 사람들은 '나는 아니고 그리스도이십니다.'(갈2:20) 하고 주님의 다스림과 제한을 받고 따를 수 있고 순종할 수 있습니다. 왜냐하면 주님을 따르려는 사람은 자신을 따를 수 없기 때문입니다.

또한 내 안에 계신 성령께서 은혜와 감동과 말씀과 음성에 따라서 몸의 행실은 죽이고, 영으로 행하는 것입니다. 왜냐하면 "나는 아니고 주님은 이다"이시기 때문입니다. "너희가 육신대로 살면 반드시 죽을 것이로되 영으로써 몸의 행실을 죽이면 살리니"(롬8:13). "내가 아버지로 인하여 사는 것같이 나를 먹는 그 사람도 나로 인하여 살리라"(요6:57). 우리는 이제 이와 같은 방법으로 영을 적용하여 그리스도와 함께 죽고 살아가야 말씀이 실제 되고 정상적인 교회생활을 하는 것입니다. 이러한 체험으로 실제를 누리고 체험한 사도 바울은 십자가 외에 자랑할 것이 없다(갈6:14)고, 나는 날마다 십자가에 죽노라(고전15:31)고 증언했습니다. 이러한 누림의 체험이 나의 누림이 반드시 되어야 합니다. 그분은 실제가 되신 진리의 영이십니다(요14:17). 내주하시는 실제이신 그리스도를 체험하려면 영으로 돌이켜 주님을 접촉해야 합니다. 내 안의 그분을 접촉할 때 주님은 때로는 은혜와 감동과 말씀과 빛 비춤과 성령의 음성을 주십니다. 그 이유는 영을 분별하여 사탄이 주는 생각은 죽이고, 성령이 주시는 음성은 순종하여 의의 병기로 행하라는 것입니다(롬6:13). 이때에 육신의 생각이 나를 사로잡으면, 그 영으로 몸의 행실을 십자가에 죽여야 합니다(롬8:13).

우리 육체의 요소인 몸의 행실이 무엇입니까? "음행과 더러운 것과 호색과 우상 숭배와 주술과 원수 맺는 것과 분쟁과 시기와 분냄과 당 짓는 것과 분열함과 이단과 투기와 술 취함과 방탕함과 또 그와 같은 것들이라"(갈5:19-21). 몸의 요소가 몸의 행실이자 자기 십자가입니다. 이러한 몸의 요소들이 '나는 아니므로' 영으로 죽여야 합니다. 영으로 몸의 행실을 죽이기 위해서는 성령으로 충만해야 합니다. 우리가 십자가에 죽지 않고 영으로 행하지 않으면, 아무것도 이룰 수가 없습니다. 십자가와 함께 죽을 때에 내 안에 성령의 기름부음의 역사로 내 심령의 그릇을 날마다 채워 그리스도의 형상을 회복시킵니다(골4:19). 증언하는 이는 성령이시기(요일5:7)에 영적인 모든 것들은 영 안에서 역사하십니다(요16:13). 나의 자아, 혼 생명, 옛사람은 아니고 주님이 주시는 '영의 생각, 느낌, 음성과 말씀'은 주님이시기 때문에 믿음으로 행하여 적용하면, 그리스도의 십자가를 통해서 하나님의 의를 이루고, 하나님의 생명을 건축하고, 천국의 삶을 이루고, 금생과 내생에 범사에 유익 되는 실제를 누리게 됩니다. 예수의 사람들, 즉 성령의 사람들은 성령이 충만하여 육체의 요소뿐만 아니라 감정적인 분냄과 욕심도 십자가에 못 박았습니다(갈5:24). 이렇게 옛사람이 처리될 때만이 정상적인 교회생활이 실행될 수 있습니다.

"내가 그리스도와 함께 십자가에 못 박혔나니 그런즉 이제는 내가 사는 것이 아니요 오직 내 안에 그리스도께서 사시는 것이라 이제 내가 육체 가운데 사는 것은 나를 사랑하사 나를 위하여 자기 자신을 버리신 하나님의 아들을 믿는 믿음 안에서 사는 것이라"(갈2:20).

믿는 이들은 이와 같이 그리스도를 믿는 믿음 안에서 즉 성령의 다스림 속에 사는 것입니다. "나는 아니고 그리스도이십니다." 하고 날마다 성령의 통치와 제한을 받아 순종하는 행위로 그리스도를 표현하고 나타내는 것을 성경은 경건의 비밀이요(딤전3:16), 또한 경건의 연습이라(딤후4:7)고 합니다. 이러한 경건의 연습을 반복하다 보면, 혼의 생명에 성령의 기름이 부어져서 부활의 능력을 체험케 되고, 그리스도의 생명으로 조성되어 금생과 내생에 실제 되므로 범사에 유익이 되며(딤후4:8), 실제 내 안에서 하나님의 나라를 체험하고 누리게 됩니다(눅17:21, 롬14:17, 계21:22-27). 그러므로 그리스도의 실제를 누렸던 사도 바울은 자기의 지식이나 부나 명예를 자랑한 것이 아니라, 오직 그리스도와 함께 날마다 십자가에 죽은 것을 자랑했습니다. 그리스도인의 간증은 나의 겉사람이 그리스도 안에서 거듭나 십자가에 죽는 실제를 자랑하는 것입니다(고전15:31, 갈6:14). 내 몸에서 그리스도의 생명의 미덕들이 나타나고 표현되는 것은 그리스도에 대한 내 몸의 흔적이자(갈6:17), 경건의 비밀입니다(딤전3:16).

7. 혼 안에 생명이 부어져 그리스도의 몸으로 조성되는 비밀

"그의 안에서 건물마다 서로 연결하여 주 안에서 성전이 되어 가고 너희도 성령 안에서 하나님이 거하실 처소가 되기 위하여 그리스도 예수 안에서 함께 지어져 가느니라"(엡2:21-22).

내가 예수를 믿어 거듭났음에도 불구하고 내 겉사람이 여전히 순간순간마다 두더지처럼 내 안에서 나오는 것은 내 혼 생명인 겉사람이 아직 처리되지 않았기 때문입니다. 우리가 처음 말씀으로 은혜를 받을 때에는 남을 배려도 하고, 용서도 하고, 사랑하여 열심히 봉사도 합니다. 그러다가 시간이 지나면 다시 예전처럼 미워하고, 시기 질투하고, 사랑하지 못합니다. 모든 것이 작심삼일로 끝나 버립니다. 그 이유는 혼 생명, 자신의 의지로 하기 때문입니다. 그러나 우리가 성령의 음성을 듣고 그리스도 안에서 행하던 그런 예를 계속 반복하다가 어느 날 생명의 빛을 받아 그리스도 안에서 내 자신을 깊게 발견하는 순간(빌3:9), 내 속에 미워하는 마음, 질투하는 것이 거한다는 사실을 깨닫고 그 말씀을 받아들입니다. 말씀을 받아들인 사람은 영 안에서 기도하게 됩니다. 말씀을 붙잡고 하나님께 통회하고 자복하며 기도하면 미워하는 마음과 질투가 내 안에서 점차 없어집니다(요일1:9, 히8:12). 미워하는 상대는 여전히 행동이나 마음이 변화하지 않았음에도 불구하고 내 안에서 미워하는 생각이 없어지는 것입니다. 이것은 그냥 이루어지는 것이 아닙니다. 사랑하지 않고 그리스도 안에서 기도하지 않고 성령으로 행하지 않으면 이루어지지 않습니다.

 겉사람이 그리스도와 함께 십자가에 못 박혀 죽으면 겉사람 속에 하나님의 생명이 부어집니다. 혼의 거듭남은 겉사람이 죽은 만큼, 성령이 역사하는 만큼 생명이 채워지는 것입니다. 그러므로 우리는 사도 바울처럼 날마다 그리스도와 함께 십자가에 죽어야 합니다(고전15:31). 내 안에서 말씀하신 말씀에 순종하는 삶이 십자가에 함께 죽는 것입니다. 죽었다는 것은 사탄의 머리를 깨뜨렸다는 것입니다. 이제부터는 이기는 자의 삶이 시작됩니다.

 내 안에 계시는 성령님은 때때로 나 자신을 거울처럼 보여주시기 위하여 가까운 사람을 통해서 마음을 찔러보는 사건과 또한 내가 원치 않는 환경을 주시기도 합니다. 사람은 평상시에는 자기 자신을 잘 모릅니다. 그러나 사건과 환경, 고난을 통해서 찔려보면 자신의 정체를 알 수가 있습니다. 사람마다 찔려보면 내 속에 수많은 육신의 짐승들이 거하여 마치 동물의 왕국, 사탄의 왕국을 방불케 한다는 걸 깨닫습니다. 그래서 여호와 하나님은 믿는 제사장들을 향하여 '짐승들아, 짖지 못하는 벙어리 개들아'라고 책망합니다(시49:20, 사56:10, 빌3:2, 계22:15). 세상 사람들도 영의 요소인 양심이 화인을 맞아 행하는 사람들을 일컬어 짐승 같은 사람이라며 짐승의 이름으로 별명을 붙입니다. 이들은 한결같이 그리스도의 몸을 건축하기보다 훼방하고 대적합니다. 믿는 우리는 주님이 내 영 안에 거처를 삼고 계심으로 반드시 주님을 먹고 마시고 누리고 살아야 합니다. 그래야 혼 생명이 죽고, 그리스도의 몸을 세워 건축할 수가 있습니다(요6:56-57).

 그리스도의 몸인 교회를 건축한다는 의미는 머리이신 그리스도와 몸인 교회가 연합해져서 완전한 그리스도의 한 몸이 형성됨을 의미합니다. 교회 된 우리가 그리스도의 몸을 세우는 생명의 건축은 반드시 내 혼생명이 죽고, 영과 혼이 성령 안에서 하나 된 몸으로 세워지는 건축입니다. 오늘날 성전 건축은 예배당의 건물을 짓는 것이 아니라, 교회 된 우리가 그리스도와 한 몸으로 조성되는 것을 말합니다. 그리스도와 교회, 즉 생명의 건축은 그 비밀이 큽니다(엡5:32). 성전의 머리이신 그리스도는 자기의 몸인 교회가 완성되길 기다리고 갈망하고 계십니다.

하나님의 경륜의 중심, 몸의 건축의 요소들

하나님의 경륜의 중심은 사람에 대한 전반적인 계획으로, 바로 그리스도의 몸을 건축하는 것입니다. 이러한 주님의 몸을 건축하는 이상(청사진)을 보여 주는 일이 그 시대의 사역이며, 하나님의 이상을 따라 그리스도의 몸을 건축하는 것이 주의 회복입니다. 이 일은 그리스도의 몸의 결정화된 의미에 관한, 하늘에 속한 이상에 따른 것입니다(행26:19, 9:1-6, 고전15:49). 이 결정화된 의미는 삼위일체 하나님께서 그분이 택하시고 구속하신 백성들과 함께 조성되시어 신성하고도 인간적인 한 구성체, 곧 신성과 인성이 연합되어 조성된 한 실체가 되시는 것입니다.

에베소서 4장 4-6절에는 네 인격, 곧 한 몸, 한 영, 한 주, 한 하나님 아버지가 나옵니다. 이 네 인격이 한 무리가 되었습니다. 첫째 번의 몸은 인성에 속하며 나머지 셋 즉 그 영과 주님과 아버지는 신성합니다. 그리스도의 몸인 교회는 인성에 속하지만 타고난 인성에 속한 것이 아닙니다. 교회 된 우리는 하늘에 속하는 인성에 속합니다. 타고난 인성은 십자가에 못 박히고 부활하고 높이 올려지고 신성한 삼위 셋과 연합되었습니다. 우리는 그 영과 연합되어 한 소망을 갖게 되었고, 우리를 그분과 연결시키는 믿음을 갖고 우리를 아담에게서 분리시키는 세례인 침례를 받음으로써 아들과 연합되었습니다(롬6:4). 교회 된 한 몸은 영과 혼이 성령 안에서 연합되어 하나가 된 것입니다. 이것이 인성과 신성의 연합입니다. 이러한 연합이 그리스도의 몸의 조성이며, 주님이 우리에게 원하시는 갈망이자 뜻입니다.

교회 된 우리가 그리스도의 몸을 건축하는 것은 교리나 가르침이 아니며 삼위일체 하나님의 생명의 문제임을 깨달아야 합니다. 우리 모두는 반드시 이 시대의 그리스도의 몸을 보아야 하고 몸의 일을 해야 합니다. 베드로와 바울은 비록 다른 지역(유대인 세계와 이방인 세계)에서 일했지만, 그들은 오직 그리스도의 몸의 건축을 위한 한 가지 일을 했습니다(갈2:7-8). 하나님의 갈망인 그리스도의 몸, 즉 생명의 건축은 그리스도와 교회의 어떠한 요소들을 통해서 이루어지는가?

교회 된 몸은 머리이신 그리스도로 공급

첫째는, 하나님의 생명 안에서 몸은 머리로 말미암아 마디와 힘줄로 공급함을 받고 연합하여 하나님이 자라게 하심으로 성장합니다(골2:19). 왜냐하면 진리의 성령이 실재의 영(요일5:7, 요14:17)이시기 때문에 영 안에 있는 그것만이 성장하는 것입니다. 하나님은 영을 가진 사람을 통하여 생명의 씨를 심어 싹이 나 성장하여 열매를 맺기를 원하십니다. 몸인 우리가 그리스도의 장성한 분량으로 성장하려면 반드시 머리이신 그리스도를 영으로 접촉하여야 합니다. 그리스도를 접촉한다는 것은 그리스도를 먹고 마시는 것입니다. "내 살을 먹고 내 피를 마시는 자는 내 안에 거하고 나도 그의 안에 거하나니 살아 계신 아버지께서 나를 보내시매 내가 아버지로 말미암아 사는 것 같이 나를 먹는 그 사람도 나로 말미암아 살리라"(요6:56-57).

몸의 성장은 신진대사를 통한 유기적 변화입니다(골2:19, 엡4:16). 우리가 음식을 씹어 삼키면 위에서 소화 곧 신진대사의 과정이 즉시 시작됩니다. 위가 신진대사적으로 움직임으로써 우리 몸은 성장합니다. 마찬가지로 생명의 떡이자 젖이신 말씀을 잘 먹고(마4:4) 성령을 마셔야(고전12:13) 주님이 원하시는 그리스도의 장성한 몸으로 성장할 수 있습니다(엡4:12-13). 몸의 자람은 행위가 아니라 실재인 생명의 영에 의해서 스스로 이루어집니다. 생명이 아닌 것은 우리를 자라게 할 수 없으며, 자라지 못하게 하는 모든 일들은 그리스도의 몸의 건축을 훼방하고 대적하는 것입니다.

내적인 성령에 의한 변화

둘째는, 내적인 변화는 오직 성령에 의한 변화의 과정 안에서 이루십니다(살후2:13). 몸의 건축은 새 예루살렘 성의 재료이자 하나님의 속성인 금이나 은이나 보석으로 변화되는 과정 안에서 이루어집니다(고전3:12, 계21장). 먹고 마시고 누리는 과정 속에서 우리의 육체도 자연스럽게 변화됩니다. 따라서 변화되는 것은 바뀌거나 스스로를 조정하거나 교정하는 것이 아니라 그분을 누리는 것입니다. 이러한 것들은 단지 변화일 따름입니다. 변화된 후에 우리는 그리스도의 몸의 건축에 알맞게 됩니다. 변화는 신진대사적인, 생명에 속한 내적인 성령에 따르는 것입니다(롬15:16, 살후2:13). 내주하시고 머리 되신 성령의 통치와 제한을 받아야 그리스도 안에서 하나가 될 수 있습니다.

내 안에서 말씀하시는 음성에 순종

셋째는, 몸의 생명의 건축은 예수께서 죽으시고 부활하신 이후, 그날에 예수님께서 제자들에게 불어 넣으셨던 생명의 호흡으로 말미암습니다. 생명 주시는 그 영(롬8:2), 진리의 영(요14:17, 요일5:6, 20)은 그리스도의 영(롬8:9)으로서 생명과 생명의 공급이 실제화하는 실재의 영이십니다. 실제 되신 그 영은 내 안에 거하시어 환경과 사건에 따라서 쉼 없이 말씀하시고 생각나게 하고 가르쳐 주시고 기억나게 하십니다(요14:26, 16:13, 롬8:6). 내가 죽고 행할 때까지 끝까지 말씀하십니다(막13:11). 네가 순종하라, 죽으라, 사랑하라, 용서하라, 남을 도와주라. 내가 그리스도 안에서 먹었던 말씀을 순간순간 말씀하실 때마다 내가 죽고, 그 영을 통하여서 순종하여 행하면, 성령의 기름 즉 관유를 부어주심으로써 온전히 그리스도의 생명으로 조성하게 합니다(약2:22). 마치 슬기로운 처녀가 기름을 채우듯이 성령으로 충만, 충일하게 하십니다. 이렇게 생명이 하나씩 거듭나 내 안에 하나님의 생명이 10%, 20%, 30% 채워지고 50% 이상 채워지면, 내 영에서 내 혼 안으로 생명이 스며들어 적셔지고 부어져서 그분으로 인하여 절로 행하게 되고 생수가 흘러나게 됩니다. 이것은 하나님께서 에스겔의 환상 중에 성전의 문지방에서 생명수 흐름이 발목을 적시고, 무릎, 허리, 건너지 못할 창일함에 이르는 계시를 통해서 보여 주시듯이(겔47:1-12), 실제 이르게 되어 주님이 내 혼 안에 거처를 삼으십니다(엡3:17, 갈4:6).

그리스도의 사랑 안에 거하라

넷째는, 주님을 사랑하여야 몸의 거처로 삼으시고 스스로 건축합니다. '사랑 안에서'라는 표현이 에베소서에서 여섯 번 사용됩니다(1:4, 3:17, 4:2, 15, 16, 5:2). 하나님은 창세전에 사랑 안에서 우리를 선택하셨습니다(엡1:4). 그분께서 영원 전에 아들의 명분에 이르도록 우리를 예정하신 것 또한 사랑 안에서였습니다(5절). 사랑이 없었다면 하나님은 우리를 택하시거나 예정하시지 않았을 것입니다. 오늘날 우리는 사랑 안에서 자라야 하며, 사랑 안에서 몸을 건축해야 합니다. 우리는 주님을 사랑하며, 교회를 사랑하고, 모든 지체들이 어떠하든지 상관없이 몸의 지체들이기 때문에 사랑하고 덮어 주어야 합니다. 이것이 성장이요, 건축입니다. 주님은 이렇게 말씀하셨습니다. "사람이 나를 사랑하면 내 말을 지키리니 내 아버지께서 그를 사랑하실 것이요 우리가 그에게 가서 거처를 그와 함께 하리라"(요14:23). 우리가 어떻게 그리스도 안에 거하게 됩니까?

우리가 예수 안에서 주님을 사모하고 사랑하면, 네가 내 안에, 내가 너희 안에 상호 거하게 되어 그 말씀이 생각나고 기억나는 것입니다. 누가 십자가에 죽고 순종합니까? 주님을 사모하고 사랑해야 그리스도의 말씀 때문에 죽어지고, 순종하여 지켜지는 것입니다(요일5:3). 문제는 우리 눈에 보이는 자연이나 사람은 사랑할 수 있는데, 눈에 보이지 않는 하나님을 어떻게 사랑할 수 있느냐는 하는 것입니다. 우리는 먼저 여호와 하나님께서 세상을 얼마큼 사랑하시는가를 힘써 알아야 합니다. 우리가 객관적인 진리나 주관적 체험을 통해 그분의 매력에 빠져들어야 그분이 내 안에 거하게 됩니다. 그러면 순간순간 그분의 음성이 들려옵니다. 사랑하는 마음으로 그 음성에 순종하면, 혼 생명이 거듭나서 저가 내 안에, 내가 저 안에 상호 거처가 되는 것입니다(요15:5). 이것은 하나님께서 그분 자신을 사람들 안으로 건축하시는 것입니다. 사람이 하나님과 연합되는 것인데, 사람이 하나님의 사랑 안으로 건축되는 것입니다. 상호 건축, 상호 내주하는 것 즉 하나님이 사람 안에, 사람이 하나님 안에 상호거처가 되는 것입니다. 하나님의 생명이 사람의 영에 거하여 생명의 연결이 되고, 하나님의 본성이 사람의 마음(혼, 인격)에 연합됨으로써 본성이 연합됩니다. 또한 하나님의 표현을 가진 사람이 그리스도의 부활한 몸을 가짐으로써 하나님과 사람이 인격적인 합병체가 되어 유기적인 그리스도의 몸이 되는 것입니다. 하나님은 사람을 통하여, 우주 안에 완전한 한 새사람으로 표현되는 새 예루살렘 성이 되기를 갈망합니다. 이것은 우주적인 한 새사람이라고 불리는 그리스도의 몸의 건축물이 됩니다. 이 집은 하나님께서 사람을 그분의 거처로 취하신 것이며, 사람이 하나님을 그들의 처소로 취한 것입니다(요14:10, 17).

그리스도의 통치를 받는 지체들과 연합

다섯째는, 머리 되신 그리스도의 통치를 받아 온전케 되는 지체들을 통해서 몸의 건축을 이루십니다. "그가 어떤 사람은 사도로, 어떤 사람은 선지자로, 어떤 사람은 복음 전하는 자로, 어떤 사람은 목사와 교사로 삼으셨으니 이는 성도를 온전하게 하여 봉사의 일을 하게 하며 그리스도의 몸을 세우려 하심이라"(엡4:11-12). 여기에 언급된 대로 사도들과 선지자들과 복음 전하는 자들과 목사와 교사들은 은사 있는 사람들입니다. 이 은사 있는 사람들은 생명 공급이신 그리스도로 충만하고 풍성한 성도들을 함께 연결하는 지체들입니다. 이 지체들은 각 지체의 분량대로 함께 기능을 발휘하여 함께 짜임으로써 스스로 건축합니다. 이러한 지체들의 풍성한 공급의 마디들을 통한 연결은 재료들을 구성하여 건축의 골조(骨組)를 세우는 것과 같습니다. 골조가 세워져야 빈 공간이 생깁니다. 건축물의 골조가 세워진 후에 모든 빈 공간, 모든 틈새가 메워지도록 각각 분량대로 기능을 발휘하여 섞어 세웁니다. 이것은 단지 교리가 아닙니다. 골조를 형성하기 위해 성도들은 각자 은사의 분량대로 기능을 발휘함으로써 성령에 따라 자기의 본분을 다합니다. 이러한 방식으로 교회는 공동체적이고 단체적인 한 몸으로 건축됩니다. 이와 같이 우리의 혼 생명이 죽고 그리스도 안에 하나님의 생명이 거하는 만큼, 행동이 비례하는 것입니다.

　주님은 하나님의 생명이 얼마나 많이 채워져 있는가에 관심을 가지십니다. 우리에게 하나님의 생명이 부어져 절로 그 영의 통치를 받게 되면, 늘 주님과 교통하고 자유하며, 해방되고(롬8:2, 고후3:17), 첫째 부활에 참여할 자격을 얻게 됩니다(빌3:11). 이와 같은 것들이 그리스도의 몸을 건축하는 요소들이며, 하나님의 비밀이자 주님의 갈망입니다. 하나님의 비밀은 그리스도요(골2:2), 그리스도의 비밀은 교회요(골1:25-27), 교회의 비밀은 부부요(엡5:31-32), 부부의 비밀은 그리스도와 교회 즉 그리스도의 몸을 이루는 생명 건축의 이상의 실제들입니다.

제4장

하나님의 위대한 비밀의 실제

1. 하나님의 비밀을 맡은 자 | 2. 하나님의 비밀인 그리스도 | 3. 그리스도의 비밀인 교회 | 4. 그리스도의 비밀인 몸의 이상을 본 바울의 충격 | 5. 그리스도와 교회의 비밀인 부부 비밀

    세상에서 가장 위대한 책이자 완벽한 성경은 하나님과 우주와 사람에 관해 많은 비밀을 계시합니다. 성경만 읽고 깊이 묵상하면, 과거의 위대한 철학자들보다 더 많은 것을 배울 수 있습니다. 성경은 모두가 하나님의 계시(딤후3:16)인데, 계시에는 두 종류가 있습니다. 표면적인 계시와 깊은 계시가 있습니다. 표면적 계시는 사람으로 비유하면 외면으로 나타나는 눈, 코, 귀, 입, 키, 두 팔과 두 다리를 말합니다. 그러나 사람 내면에 있는 생각과 감정과 의지, 그리고 양심을 포함한 영은 이해하기 어렵고 묘사할 수 없는 깊은 비밀과 같습니다. 깊은 계시는 비밀에 속한 것입니다. 이러한 원칙이 성경에 적용됩니다.

    이러한 표면적 계시는 성경을 보면 누구나 이해할 수 있는 기록된 말씀인 객관적인 진리들을 말합니다. 표면적 계시로는 성경의 역사적 의미 정도만 알 수 있을 뿐, 깊은 비밀을 알기가 어려워 하나님의 의도를 성취할 수가 없습니다. 그분의 의도는 깊은 비밀 안에 있습니다. 오늘날 수많은 사람이 성경을 읽고 구원을 받았다고 하지만 표면적 계시만을 알 뿐입니다.

    주님은 더 이상 우리가 표면적 진리에 관한 메시지만 알기를 원하지 않으십니다. 이제 주님은 이보다 더 깊은 비밀, 하나님의 경륜 속에 감춰진 비밀의 경륜을 알기를 원하십니다(엡1:10, 3:9-10). 그 경륜의 비밀에는 무언가 감추어져 있고 이해하기 어려운 것이 있습니다. 골로새

서 1장 26절과 27절에 "이 비밀은 만세와 만대로부터 감추어졌던 것인데 이제는 그의 성도들에게 나타났고, 이 비밀의 영광이 이방인 가운데 얼마나 풍성한지를 알리기를 원하셨다"고 말합니다. 이 비밀은 너희 안에 계신 그리스도가 영광의 소망이라고 말합니다. 그리스도는 영이시기 때문에 믿는 자 안에 우리의 생명으로 계십니다(골3:4). 이것이 바로 성경의 핵심인 위대한 비밀입니다. 즉 우주의 비밀은 하나님이시고 하나님의 비밀은 그리스도이시며 그리스도의 비밀은 교회를 통해서 그리스도를 표현해 줍니다. 이 하나님은 삼위일체이시어 그분 자신을 우리 존재 안으로 분배하심으로써 우리로 교회인 그리스도의 몸의 지체들이 되게 하십니다. 남편과 아내가 한 육체가 되는 부부의 비밀이 그리스도와 교회를 예표하듯이 한 영(고전6:17)이라는 사실은 위대한 비밀입니다. "이 비밀이 크도다 나는 그리스도와 교회에 대하여 말하노라"(엡5:32).

1. 하나님의 비밀을 맡은 자

"사람이 마땅히 우리를 그리스도의 일꾼이요 하나님의 비밀을 맡은 자로 여길지어다"(고전4:1).

성경에 비밀이 있습니다. 영 안에서 하늘에 속한 이상이 없이는 성경을 끝까지 읽고 연구하고 부지런히 살펴볼지라도 여전히 하나님이 원하시는 목적의 뜻을 보지 못합니다. 비밀이기 때문입니다. 그리스도의 종 신분인 청지기는 하나님의 비밀을 맡은 자들입니다. 하나님의 비밀은 무엇인가? 비밀은 만물을 창조하신 하나님 속에 철저하게 감추어 있습니다(엡3:9). 하나님은 만물을 창조하셨지만, 아무에게나 그분의 목적과 계획의 비밀을 말하지 않습니다. 여기에서 비밀이라는 말은 '신비'라는 뜻입니다. 영어로 하면 'Secret(비밀)'이 아니고 'Mystery(신비, 불가사의)', 즉 하나님의 계시라는 뜻입니다.

하나님은 영이시고 형상이 없기 때문에 사람들이 잘 모릅니다. 미스터리한 그분을 볼 수 있게 사람으로 오신 분이 예수 그리스도이십니다. 하나님은 비밀이시고, 이 비밀은 예수 그리스도 안에 있습니다. 마찬가지로 예수 역시 모르는 분이십니다. 겉으로 보기에는 30세 된 청년으로 살다가 십자가에 못 박혀 죽은 사람이라는 것밖에 모릅니다. 그분 역시 미스터리입니다. 그분의 미스터리를 우리가 볼 수 있게 내놓은 것이 바로 교회입니다. 그래서 하나님은 교회를 통해서 하늘들의 영역에 있는 통치자들과 권세들에게 그분의 각종 지혜를 알게 하십니다(엡3:10). 교회는 하나님의 모든 것을 지혜롭게 전시하는 것입니다. 성경은 "귀 있는 자는 성령이 교회들에게 하시는 말씀을 들을지어다"라고 말씀하고 있습니다. 영적인 귀가 있는 교회 된 자에게 비밀의 계시를 보여 주시겠다는 것입니다. 또한 주님은 "나와 친구 관계인 자에게 내 아버지께 들은 것을 다 알게 하겠다"(요15:15)고 하였습니다. 오늘날 믿는 자들이나 자칭 주의 종이라고 하는 사람들이 실상은 허다하게 하나님의 비밀을 잘 모릅니다. 실제를 모르고 표면적으로 나타난 진리만 가르치는 분들이 많습니다. 그러므로 사도 바울은 그리스도 안에서 일만 스승은 있으나 생명을 낳은 아버지는 적다(고전4:15)고 했습니다.

하나님께서는 만물을 창조하신 하나님 속에 감추었던 경륜의 비밀(엡3:9)을 아무한테나 말하지 않습니다. 하나님에게 선택되었을지라도 그리스도로 풍성하게 참여하고 누린 친구나 교회 된 자에게 각종 비밀의 지혜를 깨닫게 하십니다. 그러므로 그리스도의 비밀은 교회(엡3:4-11)입니다.

성경에 적힌 예수, 예를 들어 동정녀 마리아가 낳았다거나 물 위를 걸었다거나 바람을 잔잔케 했다는 것을 안다 해도 크게 도움이 안 됩니다. 왜냐하면 그렇게 아는 것은 표면적인 것이기 때문입니다. 그때 그분은 우리처럼 육신을 갖고 있는 사람이었습니다. 물론 젊은 청년이었으니 멋있었겠지만, 역시 촌사람입니다. 예루살렘 출신이 아니기 때문에 인물이 그렇게 썩 잘나지는 않았을 것입니다(사53:2). 성경에 기록된 역사를 보면 이적을 행한 기이한 사람, 남들과 좀 다른 사람이었고, 종교적으로 보면 엉뚱한 말을 해서 사람들을 놀라게 한 사람입니다. 또한 천인공로할 말을 한 사람입니다. 하나님이 나의 아버지라고 하고, 이 성전을 헐면 내가 사흘 동안 일으키겠다고 하는 식으로, 그 당시에 이것들은 천인공로할 말입니다. 그런 말들을 한 사람입니다. 좋게 말하면 기인이라 할 수 있고, 나쁘게 말하면 이단자라고 할 수 있습니다. 그런데 그분은 사실은 비밀입니다.

그리스도의 진짜 정체를 드러내는 교회

예수의 진짜 정체는 무엇인가? 예수는 진짜 어떤 사람인가? 그것을 밝혀낸 것이 교회입니다. 그러니까 교회 없이는 예수를 피상적으로 알 수밖에 없습니다. 성경을 아무리 공부해도 천 번을 읽어도 피상적으로 알 수밖에 없습니다. 그래서 신앙생활을 하여도 내가 교회 되지 않는 사람은 말씀의 비밀이 열리지 않게 됩니다. 교회가 바로 그분의 비밀(골1:25-27, 엡3:4)입니다. 헬라어의 미스테리온이라는 말에서 미스터리가 나왔습니다. 우리는 잘 모르는 것을 신비롭다고 합니다. 있기는 있는데 보이지 않는 것을 말합니다. 분명히 예수라는 사람이 있기는 있는데, 그리스도라는 사람이 있기는 있는데 모르는 사람입니다. 미스터리한, 신비로운 분입니다. 기이한 분입니다. 다른 사람이 못 한 일을 한 사람입니다. 예수님을 알 수 있게 표현하는 것이 바로 교회입니다. 만일 사도들이 교회를 통해 재현하지 않았다면, 그분은 그냥 역사 속의 한 사람에 불과했을 것입니다. 이 사람은 이렇게 말할 수 있고 저 사람은 저렇게 말할 수 있습니다. 그분을 좋아한 사람은 그분은 의인이었고 참 좋은 사람이었다고 말할 수 있고, 반대한 사람들은 죽일 놈이었고 하나님을 모독한 사람이라고 할 수 있습니다. 또 빌라도 같은 사람은 좋긴 좋은데

멍청한 사람이라고 생각할 수도 있습니다.

　사도들로 말미암은 교회 덕분에 그분이 오늘날 우리에게 우리 인생을 변화케 하는 분으로 전달된 것입니다. 그러므로 역사적인 예수를 연구해보았자 별로 도움될 것이 없습니다. 교회를 깊이 아는 것이 더 중요한 일입니다. 주님은 교회 된 자로 그리스도를 알게 합니다. 비밀을 맡은 자! 오늘날 교회 된 우리가 비밀을 맡은 자들입니다. 그러니까 '예수가 누구인가?'라고 묻는 세상 사람들에게 우리가 비밀의 제공자가 되어야 합니다. 우리가 그 미스터리를 보여주는 사람이 되어야 합니다. 성경 몇 절에는 뭐라고 되어있고 성경에 보니 동정녀에게서 탄생했다고 하고 물 위를 걸어갔다고 하더라는 이야기를 해서는 아무 소용이 없습니다. 그것은 알렉산더가 이렇게 저렇게 했다는 말과 똑같습니다. 그래서 교회 된 우리가 말씀을 확실하게 알아야 되고, 하나님의 의도와 목적을 깊이 알아야 됩니다. 오늘날 교회가 문제가 있습니다. 정통이라고만 하면 이런 저런 소리를 해도 아무 상관이 없고, 몰라도 상관이 없고 알아도 상관이 없습니다.

　예를 들어 사람들이 우리더러 이단이라고 하면 왜 이단이라고 하는가 그 이유를 분명히 알아야 됩니다. 그 소리를 듣고 그냥 와버리면, 그 사람은 우리를 이단이라고 생각합니다. 우리는 그런 사람에게 그리스도의 비밀을 맡은 자로 그들에게 드러나야 됩니다. 이렇다 보니까 사람들은 그냥 그렇게 알고, 자기들끼리 생각하고 넘어가 버립니다.

　오늘날 우리는 선한 청지기로서 그리스도의 비밀을 맡은 자입니다. 예수가 누구인가? 사람들은 이러저러한 사람으로 알고 있습니다. 그들에게 예수는 이런 분이라고 말해 줄 사람이 있겠는가? 바로 비밀을 맡은 자들입니다. 우리가 건성으로 들으면, 누가 그런 말을 해도 달팽이처럼 속으로 쏙 들어가서 둥글둥글 굴러가 버립니다. 달팽이나 자라가 고개를 쭉 내밀고 있다가 누가 오면 속으로 쏙 들어가서 자기는 모르는 체 하고 굴러갑니다. 교회에 왔을 때는 참 좋았는데 밖에 나오니 누가 안

좋은 소리를 하면 어떻게 합니까? 쏙 들어가서 나 몰라라 하고 둥글둥글 굴러가 버리는 것입니다. 이래서는 안 됩니다. 그들이 그렇게 말하는 데는 이유가 있고, 그 이유를 밝혀주고 예수가 누구인가를 알려주는 일이 우리가 할 일입니다. 그런 반문이 오고 질문이 온다는 것은 믿는 우리에게 그리스도를 표현할 수 있는 절호의 기회가 됩니다. 그 기회를 붙잡지 못하고, 일부러 찾아가서 관심도 없고 다른 일을 하고 있는 사람을 붙들고 예수에 대해 이야기하면 일이 바빠서 듣지 못하겠다거나 귀찮다고 가라고 합니다. 그러니 도전하는 사람에게 이런 기회가 얼마나 좋은가!

낚싯대를 드리우면 모른 체하고 아무 관심 없이 가버리는 고기가 많습니다. 낚시를 건드리는 놈은 낚을 수 있지만, 그냥 지나치는 고기는 낚을 수가 없습니다. 낚시를 해보면 참 이상합니다. 어떤 물때가 되면 고기들이 미끼에 전혀 관심이 없습니다. 그때는 아무리 던져도 소용이 없습니다. 그런데 물이 어떻게 변하면 고기들이 덤벼듭니다. 그 시기에 고기를 낚는 것입니다. 우리가 그런 시기를 만난다면 그때가 바로 그리스도의 비밀이 드러날 때입니다. 이때에 달팽이나 자라처럼 쏙 들어가 버리면, 우리도 우리대로 망하는 것이지만, 그 사람들을 망하게 하는 결과가 됩니다. 뭔가 도전을 했는데 아무 말도 못 하면, 그 사람은 그냥 예수를 피상적으로 아는 수준으로 끝나버리고 맙니다. 오늘날 예수를 믿는 자들이 피상적으로 그리스도를 알기 때문에 기독교 종교인으로 살아가는 사람이 허다합니다. 우리는 그리스도의 비밀을 맡은 사람들입니다.

성경에는 깊은 비밀이 네 가지 있습니다. 첫째는 하나님의 비밀이고, 둘째는 그리스도의 비밀이고, 셋째는 교회의 비밀입니다. 하나님의 비밀은 그리스도요(골2:2), 그리스도의 비밀은 교회입니다(골1:25-27, 엡3:4). 그리고 넷째는 그리스도와 교회는 부부의 비밀입니다(엡5:31-32). 부부의 비밀은 그리스도와 교회 즉 그리스도의 몸을 이루는 생명의 건축에 대한 이상의 실제들입니다. 이러한 이상들을 아는 것이 곧 하나님의 경륜의 비밀을 알게 되는 것입니다. 이러한 이상들은 성경에서 가장 위대한 비밀들입니다. 이러한 이상들의 비밀의 계시를 보지 못하면 믿는 우리는 여전히 주님의 의도와 뜻, 즉 하나님의 경륜을 알 수가 없습니다. 이러한 주님의 이상을 알아야 내용이 있는 삶으로 실제의 길, 생명을 건축하는 길로 가게 됩니다.

오늘날 교회 된 우리가 이러한 주님의 이상을 바로 알지 못하기 때문에 주님의 이상에서 빗나간 진리를 추구하고, 실제가 없는 율법적인 신앙인 기독교 종교인으로 살아가게 되는 것입니다. 종교는 평안과 만족을 주지 못할 뿐만 아니라, 그리스도의 인격과 생명으로 살아내지 않고, 자신의 의를 통한 선행으로 덕을 세우려는 노력으로 결국에는 분열과 다툼을 일으킵니다. 우리를 종교의 어리석음에서 구출하고 실제되는 생명으로 건축하기 위해 하나님 속에 감추었던 비밀의 경륜의 계시 속에 그리스도와 교회를 통해서 보여주십니다(엡3:9-10). 이러한 이상들의 비밀의 계시를 보지 못하면 주님의 의도와 뜻을 알 수가 없습니다. 주님께서 세우신 선한 청지기들(벧전4:10)은 하나님의 위대한 비밀을 날마다 분배하는 사역을 감당해야 합니다.

2. 하나님의 비밀인 그리스도

"이는 그들로 마음에 위안을 받고 사랑 안에서 연합하여 확실한 이해의 모든 풍성함과 하나님의 비밀인 그리스도를 깨닫게 하려 함이니 그 안에는 지혜와 지식의 모든 보화가 감추어져 있느니라"(골2:2-3).

하나님의 비밀은 무엇인가? 하나님 자신이 하나의 큰 비밀이십니다. 그분은 참되고 살아계시며 전능하시지만 그분은 영이시기 때문에 눈에 보이지 않을 뿐만 아니라 형상이 없으므로 볼 수가 없어, 사람은 그분의 깊은 의도를 잘 모르기 때문에 비밀이십니다. 그러나 이 비밀은 그리스도 안에 있습니다. 하나님의 비밀을 예수 그리스도를 통해서 보여주십니다.

하나님은 영이시기 때문에 '비밀'이라는 말은 감추어진, 은밀한, 하나님의 의중 속에, 헤아릴 수 없는 어떤 것, 영어로 하면 'Mystery(신비)'라는 뜻입니다. 무엇이든지 명백하고 이해하기 쉬운 것은 비밀이 아닙니다. 그분의 미스터리를 우리가 볼 수 있게 내놓은 것이 바로 그리스도입니다. 하나님의 비밀은 그리스도요, 그리스도의 비밀은 교회입니다. 그래서 하나님의 비밀인 그리스도(골2:3)를 우리의 구주와 주님으로서 알아야 할 뿐 아니라, 하나님의 비밀로서 아는 것은 너무나 중요합니다. 우리가 하나님의 비밀을 아는 것은 '주님을 얼마만큼이나 내가 사랑하는가? 그분에 관해서 얼마나 생명의 빛을 받아 많이 깨달았는가'에 달려있습니다. 예를 들어, 어린아이는 보석보다도 그 보석을 담는 예쁜 상자를 더 귀히 여길 수도 있습니다. 이것은 사랑하는 마음의 정도가 감상하는 정도에 의해서 결정된다는 것을 보여줍니다.

우리가 주 예수님을 더 알고, 그분을 더 감상하면 할수록 우리는 그분을 더 사랑하게 되고 매혹될 수 있습니다. 그러므로 우리는 주 예수님을 우리의 구주와 주님으로서뿐만 아니라 하나님의 비밀로서 알도록 더 나아갈 필요가 있습니다. 왜냐하면 하나님의 형상으로 지음 받은 우리는 하나님의 일꾼이요, 하나님의 비밀을 맡은 자들이기 때문입니다(고전4:1). 그래서 우리는 말씀을 확실히 알아야 되고, 더 깊은 빛 비춤이 있어야 합니다. 사도 바울은 하나님의 비밀이신 그리스도를 온전히 알기를 원한다고 말했습니다. "이는 그들로 마음에 위안을 받고 사랑 안에서 연합하여 확실한 이해의 모든 풍성함과 하나님의 비밀인 그리스도를 깨닫게 하려 함이니 그 안에는 지혜와 지식의 모든 보화가 감추어져 있느니라"(골2:2-3). 하나님의 비밀은 그리스도라고 하셨습니다. 그리고 그리스도를 아는 것이 온전한 지식이자 지혜이기 때문에 우리는 반드시 하나님의 비밀이신 그리스도를 깨달아야 합니다.

예수 그리스도는 왜 하나님의 비밀인가? 우리 영광을 위해서 만세 전에 미리 정해 놓으신 것입니다. 하나님의 의중에는 그리스도, 그리고 그 교회! 그의 몸이 교회, 이것이 창세전부터 이미 계획(엡3:9-11)되어 있어서 아담이라는 사람을 하나님의 형상과 모양으로 지었던 것입니다.

하나님의 표현인 그리스도와 그의 몸인 교회! 하나님은 자기를 표현하기 위해서 사람을 지었습니다. 그런데 그것을 드러내 줄 사람이 없었던 것입니다. 예수 그리스도께서 하나님의 정체를 드러내셨습니다. 자기를 표현하는 그 사람이 바로 그리스도, 자기의 표현인 아들이었습니다. 아들이라는 말은 나의 표현을 말합니다. 나의 표현이 아들입니다. 아버지라는 말을 할 때는 숨어 계신 분을 말하고, 아들이라고 말할 때는 나타나신 분을 말합니다. 하나님을 보고 어느 때는 아버지라고 하고 어느 때는 아들이라고 합니다. 숨어 계신 분은 아버지라고 하고, 나타나신 분은 아들이라고 합니다. 세상에서도 젊은이가 일을 잘하면 흔히 "너 누구 아들이냐"라고 묻습니다. 이와 같이 나타나신 분은 바로 숨어 계신 아버지의 표현입니다. 예수 그리스도께서 하나님을 구체적으로 완전하게 표현하셨습니다. 하나님의 마음, 하나님의 생각, 하나님의 사상, 하나님의 생리를 구체적이고 완전하게 드러내셨습니다. 그러므로 그리스도는 볼 수 있는 하나님이십니다. 하나님의 본질과 성분을 가진 아버지의 품속에 있는 독생자(요1:18)라 하고 하나님의 비밀(골2:2)이라고 하는 것입니다.

이와 같이 그리스도 안에는 지혜와 지식의 모든 보화가 감추어져 있습니다. 지혜와 지식은 하나님께 속한 것입니다. 이 모든 것이 예수 안에 감추어져 있습니다. 그리고 그리스도 안에는 신성의 충만이 육체로 거하십니다. 신성의 충만은 신성의 모든 것, 하나님의 성품의 모든 것, 그 모든 것이 육체 안에, 인격 안에 거하게 될 것입니다. 하나님의 성품의 모든 것이 육체가 되신 것입니다. 그리스도는 설명된 하나님이시며 구체적이고 완성된 표현이시고 최종적인 표현이십니다. 그러므로 그리스도는 볼 수 있는 하나님이십니다. 예수님은 "나를 본 자는 아버지를 보았거늘"(요14:9)이라고 말씀하셨습니다. 하나님의 경륜 안에 있는 첫째 비밀은 하나님의 표현이신 그리스도이십니다.

그리스도는 하나님의 비밀을 여는 마스터키

그리스도는 모든 정사와 권세의 머리가 되셨습니다. 정사와 권세는 천사들을 말합니다. 원래 하나님이 사람을 지으실 때 사람이 온전해져서 정사와 권세의 머리가 되게 하려고 지으셨습니다. 그런데 사람이 그 위치를 이탈했기 때문에 천사들에게 정사와 권세를 주관케 하고, 우리는 이 세상에서는 잠깐 동안 천사보다 못하게 했습니다(히2:7). 이제 예수 그리스도가 오셨기 때문에 그가 정사와 권세의 머리가 되신 것입니다(골2:10). 원래 지어지기를 천사들은 부리는 영(히1:14)으로 지어졌지만, 사람은 하나님을 표현하기 위해서 하나님의 형상을 닮은 아들들이 되기 위해 지어졌기 때문입니다(엡1:5). 그러므로 예수 그리스도는 하나님의 비밀을 여는 마스터키라고 할 수 있습니다. 하나님 속에 무엇이 감추어져 있는지 몰랐는데 예수 그리스도를 통해서 그것을 알게 되었습니다. 그리스도가 없으면, 우리는 하나님의 비밀의 권리를 알 수가 없습니다. 하나님의 모든 비밀을 여는 열쇠는 그리스도이십니다. 하나님의 존재는 놀랍고 비밀스럽지만, 그리스도를 통해서 만유의 하나님을 설명하시고 놀랍고 풍성한 하나님을 표현하십니다(요1:18, 골3:11). 그러므로 그리스도를 떠나서는 아무도 하나님을 볼 수 없습니다.

"빌립이 이르되 주여 아버지를 우리에게 보여 주옵소서 그리하면 족하겠나이다 예수께서 이르시되 빌립아 내가 이렇게 오래 너희와 함께 있으되 네가 나를 알지 못하느냐 나를 본 자는 아버지를 보았거늘 어찌하여 아버지를 보이라 하느냐"(요14:8-9). 하나님은 그리스도 안에 계시고(요14:10), 그리스도는 실재적인 하나님으로 나타나시고 설명되신 하나님이십니다. 그러므로 하나님의 비밀은 그리스도인데 그리스도를 통해서 체현되었다는 뜻입니다. "그 안에는 신성의 모든 충만이 육체로 거하시고"(골2:9). 하나님의 비밀인 그리스도는 하나님을 육체로 체현하신 분이십니다. 이 육체로 체현하신 분 안에 하나님의 모든 비밀이 들었는데, 이것은 무엇을 우리에게 보여주는가?

하나님은 원래부터 인격을 통해서 하나님의 성품에 참여하게 하고, 또 인격으로 하나님의 성품을 표현하는 한 단체적인 실체인 그 나라를 갖는 것이 하나님의 영원한 계획입니다. 이것을 우리가 예수 그리스도 안에서 볼 수 있다는 말은 예수님을 보면 그 안에 하나님의 성품이 충만해 있고, 그 성품이 충만해 있는 그 충만이 교회를 통해서 표현된다는 말입니다. 그래서 우리가 옛날에는 여러 가지 것을 통해서 하나님을 알려고 했지만, 아주 단순하게 예수 그리스도라는 한 인격 안에 그분의 모든 것이 다 함축되어 있고 포함되어 있다는 것을 볼 수 있습니다. 하나님의 모든 것이 그리스도 안에 있습니다. 이것은 비밀스러운 하나님이 몸을 지니신 그리스도 안에 거하신다는 의미입니다. 말씀이 육신이 되신 그리스도를 볼 때에 우리는 하나님을 보는 것입니다(요14:9). 그리스도를 접촉할 때에 우리는 하나님을 접촉하는 것입니다. 따라서 내 안에 그리스도가 계실 때에 하나님도 계십니다. 그리스도는 찬양을 받으실 하나님이시고 오직 하나님이십니다(롬9:5). 그러한 그리스도께서 우리의 생명(골3:4)되시고, 장래 우리의 영광의 소망이십니다(골1:27). 하나님의 경륜 안에 하나님의 첫째 비밀인 그리스도는 하나님이실 뿐만 아니라 체현된 하나님이시며, 설명된 하나님이시고, 표현된 하나님이신 그리스도입니다. 그리스도를 통해서 이 땅 위에 계시되었습니다. 놀라운 일입니다. 그럼에도 불구하고 그리스도는 비밀이십니다.

3. 그리스도의 비밀인 교회

"그것을 읽으면 내가 그리스도의 비밀을 깨달은 것을 너희가 알 수 있으리라 이제 그의 거룩한 사도들과 선지자들에게 성령으로 나타내신 것같이 다른 세대에서는 사람의 아들들에게 알리지 아니하셨으니 이는 이방인들이 복음으로 말미암아 그리스도 예수 안에서 함께 상속자가 되고 함께 지체가 되고 함께 약속에 참여하는 자가 됨이라"(엡3:4-6).

오늘날 성경을 읽는 사람들은 하나님께서 천지를 창조하셨고, 죄를 지은 인간을 위하여 그분의 아들 예수 그리스도를 보내 주셔서 구속을 성취하셨던 것은 표면적 계시를 통해서 보여 주셨기 때문에 우리가 잘 알고 있습니다. 그러나 더 깊은 비밀인 그리스도의 비밀을 잘 보지 못하고 있습니다. 우리가 하나님을 알기를 원한다면, 반드시 그리스도께 와야 합니다. 왜냐하면 그리스도는 하나님의 비밀이며, 하나님의 정의와 의미와 하나님의 표현이기 때문입니다. 하나님의 모든 것은 그리스도 안에 거하며, 그리스도는 하나님의 체현이십니다(골2:9). 우리가 그리스도를 아는 것이 하나님을 아는 것입니다. 그러므로 하나님의 비밀은 그리스도요(골2:2), 또한 그리스도께서는 여전히 비밀이십니다(엡3:4).

이천 년 전에 예수 그리스도라는 한 분이 역사 속 세상에 오셨고, 그분을 통해 하나님의 모든 비밀이 열렸습니다. 그렇지만 우리가 그것을 다 누릴 수 있는 것은 아닙니다. 그리스도는 오늘날 우리에게 어떻게 현실이 되는가? 그리스도는 사람으로 태어나시고, 이 땅에서 33년 반 동안 사시고, 십자가에 못 박히시고, 죽은 사람들 가운데 살아나셨습니다. 이제 그분은 죽으셨다 부활하시어 그 과정을 통하여 생명 주시는 영(고전15:45)이 되셨습니다. 믿는 자 안에 생명 주시는 그 영이 내 안에 거하심으로 인하여 교회가 태동하여 현실화되었습니다. 그러한 과정을 통과하신 후에 교회는 그리스도의 비밀로 나타났습니다. 둘째 비밀은 그리스도의 비밀입니다. 사도 바울은 '그리스도의 비밀'이라는 표현을 사용했습니다.

예수 그리스도의 진짜 정체

예수 그리스도의 진짜 정체는 무엇인가? 그것을 밝혀낸 것이 바로 교회입니다. 비밀이신 그리스도는 이제 우리 안에 거하십니다(골1:27). 비밀이신 그리스도는 이제 더 이상 하늘에나 땅에나 하나님 안에 감추어져 있지 않습니다. 우리 존재의 가장 깊은 부분인 우리 영 안에 계시므로 객관적인 분이 아니라 주관적인 분이십니다. 그래서 우리 안에 계시는 그리스도께서는 우리의 생명(골1:4)과 능력(고전1:24)이십니다. 그리스도의 비밀은 교회입니다(엡3:4-6, 9-10). 즉 교회를 통해서 그리스도의 의도를 보여주시는 것입니다. 교회는 그리스도를 나타냅니다. 그리스도의 몸인 교회는 그리스도의 표현입니다. 그럼에도 불구하고 그리스도는 비밀입니다. 그러니까 교회를 모르면서 그분을 안다고 하는 것은 피상적인 것밖에 모르는 것입니다.

오늘날 믿는 자들은 그리스도의 비밀인 교회를 잘 모릅니다. 흔히 믿는 자들이 모여 예배하는 건물을 교회라고 피상적으로 알고 있습니다. 교회는 "구원 받고 부름 받아 나온 회중"이라는 뜻이지만 이 의미로 충분히 설명할 수 없는 비밀입니다. 왜냐하면 표면적으로는 알아도 내적인 생각이나 감정, 사상 그분의 의도, 영적인 조성 의도를 모르기 때문입니다. 교회의 외적인 묘사만 알 뿐 그리스도의 비밀인 교회 즉 더 내재적인 방면의 교회를 보지 못하는 것입니다. 성경을 아무리 공부하고 수백 번을 읽어도 피상적인 것밖에 알 수가 없습니다. 우리가 신앙생활을 하여도 내가 교회 되지 않는 사람은 말씀의 비밀이 열리지 않을 뿐만 아니라 알 수도 없습니다(계3:22).

그리스도를 더 깊게 알게 한 것이 교회입니다. 만일 사도들에 의해서 교회로 말미암아 그분이 재현되지 않았다면, 그분은 그냥 역사 속의 한 사람에 불과합니다. 하나님을 찾기를 원하는 사람은 반드시 그리스도를 찾아야 하고, 그리스도를 찾기를 원하는 사람은 교회를 찾아야 합니다. 그리스도의 비밀은 교회라는 것을 계시하고 있기 때문입니다(엡3:4-6, 9-10, 골1:25-27). 그리스도께서 교회 안에 계시고 교회 된 우리가 그리스도의 체현이라는 것을 의미합니다. 다시 말씀드리면 예수 그리스도가 우리 안에 거하시고 그리스도의 생명이 증가될 때 그것을 교회(엡1:23)라고 합니다. 그리스도가 교회가 되시려면, 반드시 우리 안으로 들어오셔야 합니다. 교회가 비밀인 것은 우리 안에 계시는 그리스도가 비밀이기 때문입니다.

주님이 원하시는 정상적인 교회

우리는 하나님의 부름을 받은 사람들이지만, 우리가 함께 모일 때에 비판과 다툼이 가득하면 우리는 하나님께서 원하시는 교회가 아닙니다. 교회는 그리스도의 몸이므로 우리를 통해 그리스도가 나타나고 표현되는 것입니다. 주님은 서머나 교회를 보고 하나님을 믿는 유대인들을 향하여 사탄의 회라고 했습니다(계2:9). 왜냐하면 그들은 전통적인 관념, 물질적인 성전, 율법과 교리, 규례에 집착하여 하나님을 경배하는 교회 안에 있으면서도, 실상은 로마 정부를 선동하여 교회를 핍박하고 정치에 이용하여 하나님의 경륜을 손상시키는 사탄의 도구 역할을 하였기 때문입니다. 오늘날 믿는 자들도 모여서 예배하고 찬양하고 선교하고 헌금을 하여도 하나님의 경륜을 벗어나 그 영을 통해서 그리스도의 생명으로 건축되지 않으면, 실상은 정상적인 교회가 아니라 사탄의 모임인 회가 될 수가 있습니다. 그건 주님이 원하시는 정상적인 교회는 아닙니다. 오늘날 하나님은 그리스도 안에 계시고, 그리스도는 교회 안에 계십니다. 이것이 그리스도의 비밀입니다. 교회는 건물이 아니며 세상적인 조직이나 모임도 아닌, 하나님의 생명에 의존하는 유기적인 그리스도의 몸을 이루는 유기체입니다(엡1:23, 4:15-16, 고전12:27). 교회는 그리스도의 풍성을 체험하고 누리는 한 무리의 살아 있는 그리스도인들입니다. 이러한 사실로 볼 때에 오늘날 교회답지 않은 교회들이 많으며, 주님이 원하시는 내 교회(마16:18)의 정의를 알지 못하여 주님의 마음을 아프게 하는 교회도 많습니다.

어떻게 교회가 그리스도의 비밀인가? 지금까지 긴 시간 동안 교회가 비밀임을 알지 못했습니다. 교회는 그리스도의 비밀입니다(엡3:4). 오늘날 우리가 교회를 그리스도의 몸으로 볼 수 있다는 것은 인간의 생각으로가 아니고, 하나님께서 우리에게 주신 다른 것으로 본다는 뜻입니다. 그냥 눈으로 보면 사람들이 모여 있는 것이고, 기독교인들로 보일 것입니다. 그런데 그냥 기독교인, 예배당이 아니라 이것이 그리스도의 몸으로, 살아있는 몸으로 보여야 내 인생에 변화가 생기게 되는 것입니다. 왜냐하면 몸을 보면 그분을 보는 것입니다. 교회는 그리스도의 몸입니다(엡1:23). 예수 그리스도는 육체가 되셔서 몸을 지닌 사람으로 오셨습니다. 그리스도의 몸은 그리스도를 소유하고 있는 공동체적이고 단체적이고 우주적인 한 몸입니다. 수많은 믿는 이들로 구성된 비밀한 몸을 가리킵니다. 그 비밀의 몸 즉 하나님의 생명으로 조성되고 그리스도의 몸으로 건축되는 몸인 교회가 주님이 원하시는 정상적인 교회입니다.

여러분이 나를 볼 때 내 몸을 보고 내가 온 것을 알게 됩니다. 내가 여기에 없으면 여러분이 내가 지금 있는지 없는지를 모를 것입니다. 그런데 내 몸을 봄으로써 여기에 있다는 것을 알게 되는 것처럼, 그리스도의 몸을 본 사람은 그리스도가 있음을 안다는 뜻입니다. 그렇게 알아야 그리스도를 참으로 아는 것입니다. 생각 속에서나 마음속에서 아는 것이 아니라 실제적으로 그분의 몸을 보고 알듯이 그렇게 알아야 참으로 그리스도를 아는 것입니다. 옛날에도 하나님을 조금씩 아는 사람이 있었습니다. 그렇지만 온전하게 하나님을 아는 사람은 없었습니다. 성경은 "본래 하나님을 본 사람이 없으되 아버지 품속에 있는 독생하신 하나님이 나타내셨느니라"(요1:18)고 했습니다. 기라성 같은 선지자들도 우리가 그리스도를 본 것처럼 보지 못했다는 뜻입니다. 그러면 그 사람들은 무엇을 보고 말한 것인가? 예수라는 몸을 통해서 육신이 된 그분을 보면서 한 말입니다. 그 전까지는 그렇게 육신으로 나타난 바 된 하나님을 본 일이 없었습니다. 그러나 자기들은 육신으로 나타난 바 된 하나님을 보았다는 뜻입니다. "나를 본 자는 아버지를 보았거늘"(요14:9)처럼 실체화되었기 때문에 다른 말을 할 수가 없고, 그 그리스도가 몸이 되었기 때문에 다른 말을 할 수가 없습니다. 그래야만 정확합니다. 누구든지 직접 사람을 보지 않고 이야기만 들으면 각자 다 다르게 생각할 수가 있습니다. 이 사람은 이렇다고 생각하고, 저 사람은 저렇다고 생각할 수가 있습니다. 그 사람을 직접 만나고 나야 이 사람도 그렇다고 하고, 저 사람도 그렇다고 합니다.

하나님도 그렇고 그리스도도 그렇고 실체화되는 곳에서 만나야만 참으로 그분을 만났다고 할 수가 있습니다. 그렇기 때문에 그리스도의 몸인 교회는 현재적으로 예수 그리스도를 표현하고 있는 실체입니다. 마찬가지로 교회가 그리스도의 몸이구나 하고 보여질 때 그리스도를 참으로 본 것이라는 말입니다.

교회를 왜 몸이라고 하는가?

오늘날 예수를 믿는 사람은 많습니다. 예수님에게 매일 기도하는 사람도 많고, 교통하는 사람도 많고, 그분과 일하는 사람도 많고, 그분을 위해 헌신하는 사람도 많습니다. 하지만, 내가 예수를 봤다고 말하려면, 그분의 몸의 생명을 보아야 예수를 봤다고 말할 수 있습니다. 어떤 사람은 기도를 하다가 환상 중에 보았다는 사람도 있습니다. 이런 사람들의 이야기를 들어보면 대부분 하얀 옷을 입었다거나 수염이 났다고 합니다. 그들이 본 예수는 어떤 모양인가? 사진이나 그림에서 본 모습입니다. 그 모습을 꿈이나 환상 중에 봤을 것입니다. 그러고는 말하기를 예수를 봤다고 말합니다. 이것은 예수를 본 것이 아닙니다. 그냥 어떤 환상의 몽사를 본 것입니다. 자기가 늘 생각하던 이미지를 본 것이지 실제로 예수를 본 것이 아닙니다. 이것은 겨와 밀(알곡)의 차이입니다(겔23:25-28). 교회를 보고 몸을 본 다음에 그리스도를 봤다고 해야 그리스도를 참으로 본 것입니다. 말씀이 육신이 되신 그리스도를 볼 때에 우리는 하나님을 보는 것입니다. "네가 나를 알지 못하느냐 나를 본 자는 아버지를 보았거늘 어찌하여 아버지를 보이라 하느냐"(요14:9). 예수 그리스도는 인성인 예수와 신성인 그리스도가 연합된 몸의 실재입니다. 그분은 실재적인 하나님으로 나타나시고 설명되신 하나님이십니다. 그러므로 하나님의 비밀은 그리스도인데 그리스도를 통해서 체현되었다는 뜻입니다.

"교회는 그의 몸이니 만물 안에서 만물을 충만하게 하시는 이의 충만함이니라"(엡1:23). 그리스도의 몸은 교회입니다. 교회를 왜 몸이라고 했는가? 육신의 몸이 생명의 유기체로 연합하여 살듯이 교회는 인격으로 연합된 연합체로 살기 때문에 몸이라고 표현했습니다(엡4:15-16). 바울은 바로 여기서 연합된 한 새사람을 보게 된 것입니다(엡2:15). 이것은 그리스도의 충만한 한 인격을 의미합니다. 우리 몸은 생명의 충만입니다. 충만은 '가득 차다', '성취하다', '완성하다'는 뜻입니다. 충만은 그리스도의 생명이 장성한 분량에 이르도록 성분이 자란다는 뜻입니다. 나사렛 예수님이 단체 안에서, 사회 안에서 자라났다는 말입니다. 교회로 자라났다는 말입니다. 이것은 그리스도의 몸의 생명으로 충만과 완성으로 이루어가야 그리스도의 몸, 주님이 원하시는 내 교회(마16:18)가 되는 것입니다.

이와 같이 우주적인 한 새사람을 만들기 위해 하나님께서 나를 선택하셨고, 아들이신 그리스도를 통하여 구속하셨으며 거듭나게 하신 것입니다. 또한 부활하신 그 영, 생명 주는 그 영을 통해서 우리에게 생명의 공급이 되셨습니다. 그분의 인격은 선택과 구속과 거듭남과 공급을 통해서 지금 우리 안에 생명이 되시어 개인적으로 그리스도의 생명이 조성되고 단체적이고 공동체적인 그리스도의 몸으로 건축되십니다. 그러므로 지금 우리가 예수를 믿는 것은 그분 자신을 받아들임으로써 우리가 그분 자신으로 사는 것입니다(갈2:20). 따라서 교회는 건물의 크기의 확장이 아니라, 그리스도의 생명의 증가요 확장입니다. 주님이 원하시는 참된 교회가 되려면, 내 안에 그리스도가 확대되고 그리스도의 성분과 내용이 증가되는 것이며, 나 개인은 소멸되는 것입니다. 오늘날 그리스도는 교회 된 우리 안에 살고 계십니다. 이것은 아주 놀라운 변화입니다.

 그래서 예수 그리스도의 생명으로 거듭남이 필요합니다. 예수님께로부터 다시 거듭남으로써 그분 자신이 나의 생명이 되고, 생명의 공급이 되고, 모든 것의 모든 것이 되십니다. 그것은 하나님의 생명의 분배를 위한 것입니다. 그분 자신의 생명을 우리에게 넣어주시기 위함입니다. 이 생명이 내 영 안에 거하고, 혼 안에 증가되고 증가되어 교회가 확장되어야 합니다. 이것은 그리스도 자신의 확장이며, 장성한 분량으로 자라 성장하는 것입니다(엡4:13-16). 그래서 그리스도와 교회는 그리스도의 생명의 건축입니다. 생명의 건축은 하나님의 경륜의 중심이자 오늘날 교회 시대의 이상이며 주님의 갈망입니다. 생명으로 건축함은 믿는 우리가 개인적으로는 그리스도의 생명으로 조성되고 단체적으로는 구속을 받은 지체들이 연합하여 그리스도의 몸을 건축하는 것입니다. 이것은 우주적으로 한 새사람(엡2:15)을 말하며, 주님이 원하는 갈망이자 하나님의 비밀입니다. 이와 같이 몸의 비밀을 보는 것은 눈으로 그냥 보는 것이 아니고, 물질을 보듯이 세상을 보듯이 그렇게 보는 것이 아니고, 계시를 통해서 본다는 뜻입니다. 이것은 하나님이 열어 보여주신 세계를 보는 것이기 때문에 육신의 눈이 있다고 해서 보는 것이 아니고, 육신의 귀가 있다고 해서 듣는 것이 아니라, 하나님의 특별한 은혜인 영적인 눈이 열려야 볼 수 있습니다.

이제는 우리가 속일 수 없게 되었습니다. 육신으로 성전이 되신 예수님은 십자가의 과정을 거쳐서 부활생명 안에서 생명 주는 영으로 믿는 자 안에 거하십니다(골1:27). 이제는 영에서 혼 안으로 생명이 확장되어야 합니다. 교회는 생명의 건축입니다. 구약의 성전은 돌로 지은 것이지만, 그리스도께서 믿는 자 안에 오심으로 오늘날 교회는 그리스도의 생명으로 건축되는 성전건축입니다. 그리스도가 성전(요2:21)이기 때문입니다. 교회는 물질적인 건물이 아니요, 특히 교리나 조직이라고 할 수 없고 그런 것으로 조직될 수 없습니다. 교회는 생명되신 그리스도를 누리며, 증거하며 살아있는 인격입니다. 그리스도의 생명만 교회를 만들 수 있습니다.

교회는 그리스도의 생명의 증가요 확산입니다. 그의 생명이 증가하여 조성되는 것입니다. 이 비밀의 실제는 교회가 만물 안에서 만물을 충만하게 하시는 분의 충만인 우주적인 그리스도의 한 몸(엡1:23)이라는 것입니다. 이제는 그리스도를 만나기 위해서 이천 년 전으로 돌아갈 수가 없습니다. 갈릴리 바다로 갈 수가 없습니다. 십자가에 못 박힌 그분을 그 자리에 가서 볼 수가 없습니다. 오늘날에는 교회 밖에서 볼 수가 없습니다. 오직 교회를 통해서만 그분은 현재적으로 표현되고 현재적으로 살아계십니다. 바울은 내가 그 비밀을 보았고, 비밀을 깨달았다고 말했습니다.

"영원부터 만물을 창조하신 하나님 속에 감추어졌던 비밀의 경륜이 어떠한 것을 드러내게 하려 하심이라 이는 이제 교회로 말미암아 하늘에 있는 통치자들과 권세들에게 하나님의 각종 지혜를 알게 하려 하심이니 곧 영원부터 우리 주 그리스도 예수 안에서 예정하신 뜻대로 하신 것이라"(엡3:9-11). 하나님께서 감추어졌던 경륜의 비밀을 바울뿐만 아니라 교회 된 성도들에게 알려주었다(골1:25-26)고 말하고 있습니다. 이것은 전의 사람들에게 알려준 것과 다르다고 합니다. 다른 세대에서는 사람들의 아들들에게 알게 하지 아니하셨다(엡3:5)고 했습니다. 이전 세대 사람들이란 오순절 이전 선지자들을 포함한 사람들인데 이 사람들에게는 알려지지 않은 것입니다. 이사야도 보지 못하고 예레미야와 말라기도 보지 못했습니다. 지금 바울이 본 것은 아주 다른 것입니다. 왜냐하면 구약시대의 많은 선지자들에게는 이방인을 구원하는 그리스도가 없었습니다. 유대인을 구원하는 여호와는 있었지만, 이방인을 구원하는 그리스도는 없었습니다. 그런데 여기서 바울이 깨달은 것은 이방인도 다 함께 후사가 되고 함께 지체가 되고 함께 약속에 참여하는 자가 되게 하는 세계를 본 것입니다. 그런 하나님을 만났다는 것입니다.

사도 바울은 바로 몸의 이상을 봤습니다. 몸이 이렇게 되었구나. 하나님이 오늘 낮에 땅으로 내려오시는 과정을 말씀드린 것처럼 하나님의 몸이 되는 과정을 보았습니다. 우리와 한 몸이 될 때 이렇게 해서 한 몸이 되었구나 하는 계시를 보았습니다.

"곧 계시로 내게 비밀을 알게 하신 것은 내가 먼저 간단히 기록함과 같으니 그것을 읽으면 내가 그리스도의 비밀을 깨달은 것을 너희가 알 수 있으리라"(엡3:3-4).

그리스도의 몸을 보기 위해서는 계시가 필요합니다. 왜냐하면 그 몸을 보아야 그분을 알 수 있기 때문입니다. 몸에 대한 이상이 없기 때문에 사람들은 지금도 산에나 기도원에 가고, 철야기도하고, 금식하면서 하나님을 만나려고 애를 씁니다. 그리고 나름대로 하나님을 보았다고 하지만 보는 사람마다 자기가 생각하는 이상의 세계를 말하기 때문에 객관성이 없고, 그 모양이 다 다를 수밖에 없습니다. 실상은 그분의 몸을 보고 여기에 그리스도가 있음을 알아야 참으로 그리스도를 보는 것입니다. 이렇게 보고 난 다음에는 다른 말을 할 수가 없습니다. 이것은 객관적인 사실이므로 다른 말을 할 수가 없습니다. 꿈은 주관적인 일이니까 나만 그렇게 본 것이지 다른 사람은 그렇게 본 것이 아닙니다. 기도하다가 환상 가운데 봤다는 것도 자기만 그렇게 본 것이지, 남도 그렇게 본 것이 아닙니다. 천당에 갔다 왔다는 사람들의 간증을 들어 보면 제각기 다 다릅니다. 각자의 주관적인 생각을 반영하기 때문입니다. 그러나 이제 그리스도는 객관성이 확실하게 되었습니다. 바로 그분의 몸이 있기 때문입니다. 객관성이 입증되지 않으면, 각자 자기 좋은 대로 생각하고 믿기 때문입니다.

그러므로 오늘날 믿는 이들은 주님이 원하시는 교회의 몸의 이상을 보아야 합니다. 그리스도의 비밀인 교회의 비밀은 그리스도의 몸입니다. 그리스도의 몸인 교회는 현재적으로 그리스도의 생명을 표현하는 실체입니다. 오늘날 믿는 자들이 몸의 이상을 보지 않았기 때문에 자기중심의 개인주의로 치우쳐 있습니다. 몸의 이상을 보면 믿는 자들이 율법적이고 종교적이고 개인주의 신앙에 머물지 않고, 하나님의 경륜의 목적에 따라서 말씀의 실제적인 삶으로 나아가게 됩니다. 그러므로 믿는 이들이 개인적으로는 하나님의 생명이 조성되고 단체적으로는 그리스도의 몸을 건축하게 됩니다. 이것이 하나님께서 원하시는 합당한 의이자, '내 교회'인 우주적인 한 몸, 한 새사람입니다. 교회는 그리스도를 나타내고 표현하는 체현입니다. 교회는 참으로 그리스도의 비밀입니다.

4. 그리스도의 비밀인 몸의 이상을 본 바울의 충격

> "사울이 길을 가다가 다메섹에 가까이 이르더니 홀연히 하늘로부터 빛이 그를 둘러 비추는지라 땅에 엎드러져 들으매 소리가 있어 이르시되 사울아 사울아 네가 어찌하여 나를 박해하느냐 하시거늘 대답하되 주여 누구시니이까 이르시되 나는 네가 박해하는 예수라"
> (행9:3-5)

사도 바울은 몸의 이상을 보고 변화된 사람입니다(행9:1-5). 본래 사울이었던 바울은 예수 믿는 자들을 핍박하기 위해 다메섹으로 가는 길에 그리스도의 몸을 보았습니다. 하늘로부터 나는 소리를 들었습니다. "사울아, 사울아 네가 어찌하여 나를 핍박하느냐"(행9:4), 나는 네가 핍박하는 예수다 하는 말을 들었는데, 그 속에서 몸의 이상을 보았습니다. "나는 네가 핍박하는 예수다". 나는 누구인가? 그것이 바로 몸이었습니다. 바울은 지금 다메섹으로 교회를 핍박하러 가는 사람인데 어찌하여 예수를 핍박하느냐고 했습니다. 나는 예수를 핍박한 일이 없습니다. 교회를 핍박했을 뿐인데 '나를 핍박한다'고 했으니, 그것이 그것이라는 것입니다. 교회가 나고, 내가 교회라는 말입니다. 주여 뉘십니까? 하니 "나는 네가 핍박하는 예수"라고 했습니다. 여기서 바울은 무엇을 보았는가? 이상하다. 교회를 핍박했는데 예수를 핍박한 것이라고 합니다. 그러니까 예수와 교회가 하나구나. 교회가 그리스도의 몸이라는 것을 보았습니다. 거기서 지금까지 보았던 모든 것에서 눈이 멀게 되었습니다. 바울은 가말리엘의 문하에서 율법을 공부한, 지금 같으면 학자입니다. 구약에 능통한 사람입니다. 바울 서신을 읽어보면 바울은 구약에 아주 능통한 사람인데 자기가 알고 있던 옛 지식 대신 새로운 것을 보았습니다. 전혀 보지도 듣지도 못했던 것을 들었습니다. 그래서 옛 것으로부터 눈이 멀게 되었습니다.

 우리가 옛 것으로부터 눈이 멀려면, 새 것을 보아야 눈이 반드시 멀게 됩니다. 우리가 새 것을 보아야 옛 것에 대해 눈이 멀게 됩니다. 사람은 옛 것의 좋았던 육신적이고 정욕적인 돈과 물질과 이성으로 만족할 수 없기 때문에 우리는 때로는 이렇게 권면합니다. 이제 돈을 똥 보듯 해라, 돌 보듯 하라고 아무리 가르치고 권면하지만 아무 소용이 없습니다. 그래도 사람은 내가 저것을 해야 하는데, 저 집에 한번 살아보았으면 하는 마음, 돈을 마음껏 써보면 얼마나 좋을까 하는 생각에서 벗어날 수가 없습니다. 그런데 새로운 세계의 이상을 보고 나면, 내 눈을 의심하게 됩니다. 내 눈이 바꾸어졌는지 집이 바꾸어졌는지 모르겠다는 것입니다. 우리가 하늘로부터 오는 계시가 있으면, 세상에 대해서는 눈이 멀어집니다. 바울은 지금까지 자기가 가지고 있던 유대인의 전통과 지식과 부가 최고로 좋은 것이라고 생각했습니다. 유대인으로서 최고의 자부심을 가지고 있는 사람이었습니다. 그런데 바울은 교회의 이상을 보고 나와 예수, 나와 교회가 한 덩어리가 되어 있는 그것을 보면서 자기가 생각했던 평상시의 눈이 확 멀어 버렸습니다.

성경은 바울의 눈이 갑자기 어두워져서 눈에 비늘이 덮인 듯 아무것도 보지 못하게 되었다고 말합니다(행9:18). 갑자기 장님이 돼버렸다는 것입니다. 이것은 영적으로 눈이 멀게 된 것이 얼마나 복된 것인지요. 전에는 육신의 정욕과 안목의 정욕과 이생의 자랑으로 눈이 밝았는데, 이제 내적인 생명의 빛 비추임을 받아서 눈이 멀게 된 것입니다. 사람은 새로운 것, 더 좋은 것이 보이지 않으면 바꾸어지기 어렵습니다. 바울은 나와 교회, 그리스도의 몸된 교회를 보았습니다. "네가 어찌하여 나를 핍박하느냐, 나는 네가 핍박하는 예수"라는 말을 들었습니다. 그래서 눈이 멀게 되었습니다. 이런 일도 있는가? 바울은 새로운 나, 새로운 예수, 새로운 택한 그릇에 대한 계시를 보았습니다. 주님은 너는 내가 목적을 위해서 택한 그릇이라고 바울에게 말했습니다. "주께서 이르시되 가라 이 사람은 내 이름을 이방인과 임금들과 이스라엘 자손들에게 전하기 위하여 택한 나의 그릇이라"(행9:15). 여기에서 '나'는 개인이 아닌 단체적이고 공동체적인 나입니다. 예수님께서 나는 네가 핍박하는 예수라고 했을 때의 '나'는 개인이 아니었습니다. 여기에서 바울이 충격을 받은 것입니다. 개인이 아닌 '나'가 있구나. 어린아이 신앙인 '나'에서 벗어나고 싶어서 모두 애를 많이 쓰는데 벗어나려고 한다고 해서 벗어나겠는가? 내가 나를 벗어날 방법이 없습니다.

바울은 새로운 '나', '예수', '택한 그릇'에 관하여 이상을 보았습니다. "네가 왜 '나'를 핍박하느냐?" 바울 자신이 알기로는 분명히 예수가 십자가에 죽었는데, 이렇게 말씀하신 것은 바울은 다른 '나'를 보았습니다. 한 사람인 나가 아니라 단체적이고 공동체적인 '나'를 보았습니다. 그리고 그는 교회의 머리이시고 단체인 교회의 몸을 보았습니다. 이것은 얼마나 놀라운 일인가! 우리 교회와 교단을 볼 때 교단마다 다르구나가 아니라 "하나같이 같다"라고 해야 합니다. "몸이 하나요 성령도 한 분이시니 이와 같이 너희가 부르심의 한 소망 안에서 부르심을 받았느니라 주도 한 분이시요 믿음도 하나요 세례도 하나요 하나님도 한 분이시니 곧 만유의 아버지시라 만유 위에 계시고 만유를 통일하시고 만유 가운데 계시도다"(엡4:4-6).

몸의 이상을 본 그 충격으로 생각이 바뀜

바울은 새로운 나 자신을 보았습니다. 새로운 내가 있구나. 나는 나밖에 몰랐는데, 새로운 내가 있다는 것을 보았습니다. 우리는 새로운 나를 봐야 내가 해방되게 됩니다. 예수에 대해서도 새롭게 보게 되었습니다. 예수는 바울이 볼 때는 이단자입니다. 자기가 하나님이라고 하다가 이미 죽은 사람 정도였을 것입니다. 그런데 이 예수라는 사람이 새로운 나인 그 사람이구나. 개인이 아닌 나인 그 사람이구나. 개인인 줄 알았는데 이 사람이 개인이 아니고 공동체적인 단체임을 봤습니다. 나는 나밖에 몰랐는데 새로운 나와 한 몸인 내가 있다는 것을 보았습니다. "몸은 하나인데 많은 지체가 있고 몸의 지체가 많으나 한 몸임과 같이 그리스도 그러하니라"(고전12:12). 어떻게 개인인데 단체인지! 단체인데 어떻게 개인인지! 이 신비한 세계를 보게 된 것입니다. 그래서 바울이 여기에 충격을 받게 된 것입니다. 그러므로 바울은 인생이 바꾸어질 수밖에 없었습니다. 생명의 빛 비추임을 통해서 충격을 받으면 생각이 바꾸어집니다. 네가 왜 나를 핍박하느냐? 이것은 공동체적이고 단체적인 나였습니다. 예수와 그분이 믿는 이가 하나인 나를 보았습니다. 이것은 놀라운 나였습니다. 많은 지체가 있는 한 몸! "몸은 하나인데 많은 지체가 있고 몸의 지체가 많으나 한 몸임과 같이 그리스도 그러하니라"(고전

12:12)고 했습니다. 우리 몸에 많은 지체 즉 손과 발, 눈, 귀, 코가 있는데 이것이 한 몸인 것과 같이 정 아무개, 박, 유, 조 아무개 이것이 누구 누구 누구인가? 많은 지체가 있는데 그것이 한 가족이고 유기적인 한 몸이라고 합니다. "그리스도도 그러하니라"(고전12:12)고 말하고 있습니다. 너희는 그리스도의 몸입니다(고전12:27, 엡1:23, 골1:18).

　교회를 왜 그리스도의 몸(엡1:23)이라고 했는가? 육신의 몸이 생명의 유기체로 연합하여 살듯이, 교회는 그리스도의 인격으로 연합된 연합체로 살기 때문에 몸이라고 표현했습니다. 바울은 바로 여기서 새 사람을 보았습니다. "새 사람을 입었으니 이는 자기를 창조하신 이의 형상을 따라 지식에까지 새롭게 하심을 입은 자니라 거기에는 헬라인이나 유대인이나 할례파나 무할례파나 야만인이나 스구디아인이 종이나 자유인이 차별이 있을 수 없나니 오직 그리스도는 만유시요 만유 안에 계시니라"(골3:10-11). 자기를 창조하신 자의 형상을 좇아 지식에까지 새롭게 하심을 입은 자, 이 사람이 새 사람이구나. 새 사람은 나 개인으로서 새 사람이 아니라, 단체화된 새 사람을 말합니다. 유대인이나 헬라인이나 분별이 있을 수가 없다. 바울이 알고 있는 유대인은 겨우 헬라인이었습니다. 유대인은 이방인을 용납할 수 없는 단체였습니다. 그런데 새로운 나를 보니까 유대인이나 헬라인이나 차별이 없느니라. 전혀 새로운 단체화된 새사람인 나였습니다. 오직 그리스도는 만유시요 만유 안에 계시느니라. 그리스도가 있는 곳에는 모든 것이 하나가 되는구나. 그리스도가 있는 곳에는 유대인도 이방인도 모두 한 덩어리가 되는구나. 그리스도가 있는 곳에는 인종과 민족, 지역, 혈연도 상관없이 모두 하나로 연합된 우주적인 한 새사람, 유기적인 그리스도의 몸이 되는구나. 바울은 한 새사람인 그리스도의 몸, 이것을 보았다는 것입니다. 그리고 사람은 오직 그리스도 안에서 하나 된다는 것을 알게 됩니다. 이러한 비밀을 깨닫게 되는 신기한 사람을 만나게 된 것입니다. 우리는 그리스도 안에서 신기한 한 새사람(엡2:15)이자 우주적이고 단체적인 그리스도의 몸

(엡1:23)입니다.

그리스도의 생명의 풍성을 담는 그릇으로 부르심

주님이 부르신 이유는 그분 자신의 그릇으로 삼기 위함입니다(골1:24-25, 엡3:8-9). "이 사람은 나의 택한 그릇이라"(행9:15)는 말을 사도 바울은 들었습니다. 여기서 부르신 이유는 그분 자신의 그릇으로 함께 하기 위한 것이구나. 무엇을 담기 위한 그릇이었을까? 그리스도의 남은 고난을 그의 몸 된 교회를 위해서 내 육체에 채우노라. 내가 교회의 일꾼이 된 것은(골1:25), 이런 말을 했는데 자기가 무엇을 담기 위한 그릇이라는 것을 발견하게 되었습니다. 바울은 자기가 본 것, 자기가 만진 바 된 것, 땅에 속하지 아니하고 하늘에 속한 것, 이 풍성한 것, 이 비밀의 경륜, 이것을 담을 그릇이라는 것을 알게 되었습니다. 그리스도의 풍성한 생명을 선물로 담을 그릇이라는 것을 알게 되었습니다. 바울은 자부심이 대단합니다. 왜냐하면 그리스도의 풍성한 생명을 담을 그릇이기 때문입니다. 그는 측량할 수 없는 그리스도의 풍성을 보았습니다(엡3:8). 왜냐하면 몸 된 교회는 그리스도의 생명의 풍성이기 때문입니다. 내 몸은 내 머리의 풍성입니다. 머릿속에 무엇이 있든지 내 몸이 없으면 풍성이 없습니다. 몸이 있기 때문에 풍성이 되는 것입니다. 내가 걸어갈 수도 있고 수영도 할 수 있고 밥을 먹을 수도 있고 말을 할 수도 있는 이 모든 것은 몸이 하는 일인데, 이 몸이 하고 있는 모든 일이 바로 머리의 풍성입니다. 몸이 풍성을 담을 그릇이라는 것을 보았습니다.

바울은 그리스도의 몸의 건축을 위한 생명이신 그리스도를 담고 채우는 그릇이 되었습니다(고후4:7, 딤후2:20-21). 생명의 건축을 위해서 나를 불렀구나. 바로 이분을 담아서 이분을 건축할 사람으로 나를 불렀구나. "이 보배를 질그릇에 가졌으니"(고후4:7). 이 보배는 바로 그 예수를 이야기합니다. 머리이고 몸이신, 한 몸을 실체로 해서 이루어지는 그리스도를 보았다는 것입니다. 그리스도의 몸은 그분의 모든 것으로 채워지는 우주적이고 단체적인 큰 그릇이었습니다. "교회는 그의 몸이니 만물 안에서 만물을 충만케 하시는 이의 충만함이니라"(엡1:23).

몸의 이상을 보면 섬기는 방식과 예배하는 방법도 바뀜

바울은 이제 개인에게서 떠나 완전히 새로운 나로 들어왔습니다. 공동체적이고 단체적인 새사람인 나, 그리스도의 생명을 담은 그릇인 나를 발견한 것입니다. 오늘 우리가 이 놀라운 세계 안으로 들어오지 않으면 안 되는 이유가 바로 그리스도 안으로 이미 들어왔기 때문에 새로운 나 속으로 들어와 버린 것입니다. 뿐만 아니라, 그는 몸의 이상을 보고 주님을 섬기는 방식과 예배하는 방법이 바꾸어져 버렸습니다. 지금까지 자기가 주님을 섬기려면 이렇게 해야 된다는 것이 정해져 있었습니다. 정통 유대인으로서 가말리엘의 문하생으로서 율법을 배운 사람으로서는 정통적으로 자기가 하나님은 이렇게 섬겨야 된다는 것에 갇혀 있었습니다. 이것도 하루 이틀에 된 것이 아니고, 수천 년의 역사를 통해서 내려오면서 세워진 하나의 전통이었습니다. 당시에 그는 이상이 없기에 그의 섬김은 전통과 종교에 따른 것이었습니다. 그는 하나님을 섬기고 있다는 확신을 갖고 있었지만 구약의 율법의 조문과 지식과 교훈과 규례들에 따라 섬기고 있었습니다.

그러나 그가 하늘에 속한 이상을 본 후로 그의 섬김과 일의 사역은 전통을 따르지 않고 이상을 따른 것으로 바뀌었습니다. 보는 이상이 바꾸어지니 주님을 섬기는 방식이 완전히 바뀌었습니다. 하나님을 이렇게 섬기는 것이 아니로구나. 우리 조상 때부터 이 방법이 절대적이고 최고인 줄 알았는데, 주님을 만난 뒤 그것이 아님을 알았습니다. 우리가 새로운 영적인 세계를 보면 하나님을 섬기는 방식도 바꾸어집니다. 주님이 영으로 내 안에 오심으로써 내가 서 있는 환경과 사건 속에서도 성령을 통하여 내게 주신 은혜와 감동과 음성과 말씀 속에서 영적으로 주님을 섬기게 됩니다. "무슨 일을 하든지 마음을 다하여 주께 하듯 하고 사람에게 하듯 하지 말라 이는 기업의 상을 주께 받을 줄 아나니 너희는 주 그리스도를 섬기느니라"(골3:23-24). 이제 그리스도 안에서 영으로 섬기는 것이 아니고 혼 생명으로 섬기면, 하나님이 보실 때에 그 공력이 인정되지 않을 뿐만 아니라 도리어 해가 되는 것입니다(고전3:12-15). 우리가 과거를 따라 섬기는 것은 무엇이든지 전통적이고 종교적입니다. 우리는 이상을 가지고 영을 사용하여 주님을 접촉하여야 낡은 것을 섬기지 않고 영으로 섬길 것입니다. 우리가 주님께 받는 참된 섬김과 일의 사역은 전통적이고 종교적이고 천연적인 것이 아니라 하늘에 속한 이상에 속한 것이어야 합니다.

그리스도의 몸의 이상을 보고 나면 또한 하나님께 예배드리는 방식이 바꾸어집니다. 예전에는 우리가 송구영신 예배 때처럼 촛불 켜놓고 거룩한 환경과 분위기 속에서 예배하면, 하나님이 바로 거기에 앉아 계시는 것 같고 하늘의 문이 열려 사다리가 보이는 듯 여겼습니다. 그러나 참 몸 안에서 예배를 보고, 참 몸 안에서 하나님을 섬기는 것을 보고, 참 몸 안에서 하나님을 영화롭게 하는 것을 보고 나면, 예전의 예배 모습이 무엇 하는 짓인가 하는 생각이 듭니다. 여태껏 교회에서의 예배당 생활이 하늘과 직통하는 것인 줄 알았는데 반대로 비켜가는 것으로 느끼게 됩니다.

아버지께 예배할 때가 오나니 곧 이때라. 아버지께 예배하는 자들은 영과 진리(실재)로 예배하느니라(요4:21-24). 이 산에서 예배해야 되는지, 저 산에서 예배해야 되는지를 사마리아 여인이 예수님께 물었습니다. 이것은 이런 방식으로 예배해야 하는지, 저런 방식으로 예배해야 되는지 묻는 것과 같습니다. 천주교 식으로 하는 것이 맞는지, 개신교식으로 하는 것이 맞는지를 묻는 것과 같습니다. 그런데 예수님께서 하신 말씀이 "이 산에서도 말고 저 산에서도 말고 아버지께 예배할 때가 오나니 곧 이때라 아버지께 예배하는 자들은 영과 진리로 예배하느니라"(요 4:24)였습니다.

주님이 원하시는 예배는 영으로 실재이신 그분과 접촉하여 말씀 안에서 누리며 교통하는 것입니다. 오늘 그분과 교통하며 누림이 있었는지요. 그 누림이 있었다면 그분의 임재를 체험했을 것입니다. 이것이 진리의 실제이시고 영이신 그리스도로 예배하는 것입니다. 예배하는 방식은 따로 없습니다. 예배당에 왔다 갔다 하는 것은 옛 전통방식으로, 주님이 기뻐하지 않습니다. 주님은 말라기 선지자를 통해서 "차라리 성전 문을 닫을 자가 있었으면 좋겠다"(말1:10)고 했습니다. 예배하는 것이 아니라 내 안에 오신 그 영으로 실제이신 그분과 교통하며 누리는 것이 예배하는 것입니다. 아들이신 그리스도는 하나님의 체현인 표현이며, 아버지의 표현이기 때문입니다. 실제이신 그분과 교통하고 표현하는 것이 예배이기 때문에 그리스도 방식이냐, 예루살렘 방식이냐는 따질 필요조차 없습니다. 천주교 방식이냐 개신교 방식이냐, 아니면 오순절이냐, 장로교냐의 구분도 무의미합니다. 아버지께 예배한 자들이 영과 진리로 예배하는 것은 영 안에서 실제이신 그리스도와 교통하며 누리는 것입니다. 이렇게 주님과 교통하게 될 때에 그분을 접촉하여 먹고 마시고 누림으로써 임재를 경험하게 됩니다. 주님은 이와 같이 그 영과 함께 교통하고 누리는 자를 찾으십니다. "아버지께 참되게 예배하는 자들은 영과 진리로 예배할 때가 오나니 곧 이때라 아버지께서는 자기에게 이렇게 예배하는 자들을 찾으시느니라"(요4:23).

이제 주님을 섬기는 방식과 예배하는 방식에 변혁이 일어났습니다. 우리가 몸을 본다면 몸 자체가 하나님을 섬기고 있습니다. 몸은 그리스도를 표현합니다. 지체들로서 하나님을 나타내고 표현하는 것이 하나님을 섬기는 일입니다. 몸이 하나님을 섬기고 표현하는 것을 보고 나면, 하나님을 섬기는 방식이 달라지게 됩니다. 바울은 예전에 하나님을 섬기는 전통방식에 얽매인 사람이었습니다. 오늘날도 보편적으로 믿는 이들은 주님의 이상을 모르고, 율법적인 그리스도인들은 예배하는 방법과 섬기는 형식이 많이 고정되어 있습니다. 그런데 그리스도의 몸의 이상을 보고 난 후에는 하나님을 섬기는 방식이 바뀌게 됩니다. 그 이후로 사도들은 한 번도 옛날 방식으로 돌아간 적이 없습니다.

유대인들은 하나님이 택하신 성전에 가서 제물을 드리고 예배를 드립니다(신12:5-7). 이것은 수천 년 동안 내려온 전통이고 율법에 정해진 일입니다. 이제는 염소와 황소의 피로 드린 것이 아니라, 영원한 속죄를 이루신 그리스도의 새 언약으로 예배하고 섬기는 것입니다(히9:12-15). 주님을 섬기는 방식과 예배는 시대의 몸의 이상을 볼 때 변화가 생깁니다. 영 안에서 몸으로써 섬기는 것을 보게 되면, 우리는 하늘에 속한 비전을 보게 됩니다. 이것이 발전하여 새 예루살렘 성(천국)으로 가는 길인 이상을 보는 것입니다. 그렇습니다. 몸이 그리스도의 성분으로 조성되어 금, 은, 보석 같은 새 예루살렘 성의 생명의 건축 재료가 되어 가는 것이 그리스도인의 정상적인 교회생활입니다.

하늘의 이상을 보면 땅의 것에 눈이 멂

몸은 그냥 땅 위에 살다가 천당에 가기 위한 대기 장소가 아닙니다. 이 몸은 땅 위에서 가장 중요한 현재적인 그리스도의 활동이고, 그리스도의 생명의 조성입니다. 바울은 이것을 봤다는 것입니다. 하늘의 문제가 지금 땅에 와 있구나. 하늘이 땅으로 옮겨왔다는 것을 본 것입니다. 그러니 바울의 인생이 얼마나 놀랍게 변하겠는가!

그런데 하나님 나라의 이상을 보면, 세상에 대해서는 눈이 멀어지게 됩니다. 이 세상의 모든 것이 나쁘다는 말이 아닙니다. 세상의 모든 것은 하늘의 것과 그리스도에 대한 모형이고 그림자임(히8:5)을 알게 되고, 하늘의 이상을 보고 나니까 눈이 멀게 됩니다. 바울은 바로 이런 사람입니다. 오늘날 우리는 유대교에 있는 사람도 아니고 오히려 세상에 있던 사람입니다. 어쩌면 종교 안에 있던 사람들이기도 합니다. 거기서 가지고 있던 어떤 고정된 방식이 있는데, 이것을 바꿀 수가 없습니다. 이것을 바꾸라 하면 단번에 이단이라 하게 됩니다. 그런데 사실은 바꾸라고 할 필요가 없습니다. 새로운 것, 더 좋은 것이 보이지 않으면 바꾸지 않기 때문입니다. 바울은 나와 교회, 내가 교회인 그리스도의 몸을 보았습니다.

바울에게 하나님의 큰 비밀이신 그리스도와 교회(엡5:32)에 대한 특이한 이상이 들어왔습니다. 독특한 이상이 들어왔기 때문에 그의 사역은 독특한 사역이 되었습니다. 일생 동안 바울은 한 몸 된 교회를 위한 새 언약의 사역을 하게 된 것입니다. 나와 예수가 하나인 새로운 나, 새로운 피조물인 한 사람, 한 새 사람, 하나이면서도 전부이고, 전부이면서도 하나인 한 새로운 사람을 보았습니다. 바울은 이 사람을 전파하기 위해서, 그리스도의 몸을 건축하는 천국(왕국)복음을 위하여, 생산적인 인생을 살았습니다. 이것이 바울 사역의 기초가 되었습니다. 바울은 다메섹에서 받은 충격 때문에 일생 동안 교회를 건축하는 사도로 사역하게 되었습니다. 이 시대의 하나님의 갈망은 교회를 갖는 것입니다. 사도 바울은 그리스도의 몸의 건축의 사역인 그리스도와 교회, 생명의 건축을 하였습니다.

5. 그리스도와 교회의 비밀인 부부의 비밀

"우리는 그 몸의 지체임이라 그러므로 사람이 부모를 떠나 그의 아내와 합하여 그 둘이 한 육체가 될지니 이 비밀이 크도다 나는 그리스도와 교회에 대하여 말하노라"(엡5:30-32).

하나님의 경륜의 중심은 하나님의 비밀이신 그리스도와 그리스도의 비밀인 교회입니다. 성경의 모든 말씀의 핵심은 그리스도와 교회입니다.

그리스도의 비밀은 교회이요(골1:25-27, 엡3:4), 교회의 비밀은 부부의 비밀입니다(엡5:31-32). 이 비밀들은 그리스도의 몸을 이루는 생명 건축의 이상의 실제들입니다. 몸인 교회를 통해서 그리스도의 실제를 보여주는 것이요, 부부를 통해서 그리스도와 교회의 하나 된 몸의 건축을 보여주는 신비입니다. 부부의 비밀을 통해서 그리스도와 교회가 어떻게 하나로 연합된 그리스도의 몸 즉 생명의 건축을 이루어 가는가를 말씀해 주고 있습니다. 하나님의 형상으로 지음 받은 사람은 창조 때부터 하나로 만든 것이 아니라 근본부터 둘이 합해 하나가 되게 했습니다. 하나님의 세계는 모두가 그렇습니다. 피조세계는 전체가 연합하도록 지어졌습니다. 이것이 어찌 우연이겠는가? 연합은 생육하고 번성하게 하는 유일한 길이며, 건축의 유일한 코스입니다. 연합으로 생육하고 번성하며, 건축으로 완성됩니다. 건축은 최종목표입니다. 건축에서 진실이 드러나고, 건축에서 완성에 이릅니다. 홀로 무엇을 하는 것이 아니라 반드시 배필과 연합하여 무엇을 하도록 지음을 받았습니다. 천지만물도 그렇고, 사람도 그렇습니다. 사람은 그렇게 만들어졌기 때문에 사람이 만드는 것도 다 그렇습니다.

"우리는 그 몸의 지체임이라 그러므로 사람이 부모를 떠나 그의 아내와 합하여 그 둘이 한 육체가 될지니 이 비밀이 크도다 나는 그리스도와 교회에 대하여 말하노라"(엡5:30-32). 사람이 부모를 떠나서 결혼하는 것은 그리스도와 교회, 즉 생명의 건축입니다. 왜 부부가 그리스도와 교회의 비밀인가? 교회의 비밀은 바로 여자인 하와가 어떻게 지으심을 받았는지, 어떻게 연합된 배필이 되었는지를 보면 알 수 있습니다. 그러면 교회의 문제가 보이고 교회의 이상인 그리스도와, 교회인 생명의 건축의 비밀이 풀리게 됩니다. 하와가 아담에게서 나온 것처럼 오늘날 교회도 그리스도에게 나온 것입니다. 그러므로 아담의 배필인 하와는 교회를 상징합니다.

여자인 교회는 하나님의 백성

첫째로, 여자의 존재가 중요합니다. 성경을 처음부터 끝까지 보면 하나님은 하나님의 백성들을 다 여자로 여기고 있습니다(사54:5, 렘3:14, 31:32, 호2:19, 마9:15, 요3:29, 고후11:2, 계19:7, 21:2). 아담은 신랑이신 그리스도의 예표(롬5:14)이며, 하와는 그리스도를 돕는 배필입니다. 여자로 표현되는 처녀, 아내, 신부는 모두가 하나님의 백성을 상징하는 교회를 예표합니다. 구약에서는 하나님의 백성들을 여자로 총칭합니다. 오늘날 신약시대에 예수 그리스도를 믿는 모든 민족의 성도들은 하나님의 백성들입니다. 이 모두가 하나님의 편에서 다 영적으로 여자이며, 그리스도를 배필로 삼고 살아가는 처녀이며, 하나님을 따르는 백성 된 여자입니다. 구약시대에 하나님을 믿는 자들은 아내로 지음을 받았고, 신약시대에 예수 그리스도를 믿는 자들은 처녀로 지음을 받았습니다(고후11:2). 처녀인데 미련한 처녀도 있고, 슬기로운 처녀도 있습니다(마25:2). 그 영으로 행하여 마음 그릇에 성령의 기름이 채워진 처녀는 지혜가 있는 슬기로운 처녀입니다. 슬기로운 처녀만이 영을 통하여 생명이 조성되어서 신랑이신 그리스도를 맞이하여 진정한 신부가 되기 때문입니다. 구약시대의 모든 백성들, 그리고 신약시대에 그리스도를 믿는 자들 즉 모든 성도들을 의미합니다. 하나님의 모든 백성들의 총체가 바로 여자이며, 여자는 교회입니다.

교회는 돕는 배필

둘째로, 여자인 하와가 어떻게 지으심을 받아 아담의 배필이 되었는가? 하나님께서는 사람을 창조하신 후에 다른 동물 가운데 돕는 배필을 찾지 못하셨습니다. 아담이 독처하는 것이 좋지 못하여 그를 위해서 돕는 배필을 지으리라 하시고, 아담을 깊게 잠들게 한 뒤 아담의 갈빗대

하나를 취한 뒤 살로 대신 채우시고 배필 된 여자를 지으셨습니다. 그리고 이를 본 아담은 내 뼈 중의 뼈요 살 중의 살이라고 하며 이것을 남자에게 취하였은즉 여자라 칭하였습니다(창2:21-23). 그러므로 하와는 아담에게서 나온 재료이며 성분입니다. 이것은 아담과 하와가 같은 생명과 같은 본성을 가진 한 몸임을 의미입니다. 이 말씀에 신비하고 놀라운 교회의 비밀이 숨어 있습니다.

    교회 된 여자인 하와를 만들기 위해 아담인 그리스도를 깊게 잠들게 했다는 의미입니다. 잠들었다는 것은 예수님께서 십자가에 못 박혀 죽으심을 의미합니다. 갈빗대를 취한 곳에 살을 채웠다는 것은 생명을 채웠다는 것입니다. 이것은 예수님께서 죽으심을 통해서 하나님의 생명을 가진 여자를 건축했다는 뜻입니다. 그리스도께서 십자가에 죽으시어 "잠드셨을" 때 창에 찔린 옆구리에서 피와 물이 흘러나왔습니다(요19:34). 피는 구속을 위한 것이고 물은 생명을 위한 것입니다. 옆구리의 물은 구약의 매 맞은 반석에서 나온 생수와 같습니다(출17:6). 예수님께서 "이 물을 마시는 자마다 다시 목마르려니와 내가 주는 물을 마시는 자는 영원히 목마르지 아니하리니 내가 주는 물은 그 속에서 영생하도록 솟아나는 샘물이 되리라"(요4:13-14)라고 하셨고 "나를 믿는 자는 성경에 이름과 같이 그 배에서 생수의 강이 흘러나오리라"(요7:38)라고 말씀하셨습니다. 이 말씀에서 물은 성령의 하나님이 흐르시는 생명을 가리키는 생명수입니다(요7:39, 계22:1). 예수님께서는 우리에게 이 생명을 주시려고 십자가에 죽으셨습니다. 그러므로 그리스도의 몸인 생명의 건축은 내 혼 생명이 죽고, 성령이 강같이 흘러서 몸 안에 하나님의 성분인 영양분을 공급하고 우리의 티와 점과 주름의 노폐물을 신진대사를 통하여 제거하여 그리스도의 몸이 세워지는 것입니다(엡5:27).

    우리의 혼 생명이 얼마만큼 죽느냐, 어떻게 우리 속에 성령의 흐름에 따라서 공급을 받고 행하고 씻기느냐에 따라서 그리스도의 생명이 조성되어 갑니다. 그러므로 교회는 기술이나 경영 마인드, 종교, 사람의 능력으로 되는 것이 아니라 반드시 십자가에 죽으심과 성령의 기름부음의 순환, 신진대사를 통해서 그리스도의 생명으로 건축된다는 것을 말합니다. 교회 된 우리는 십자가를 거치지 않는 생명으로는, 부활생명이 아닌 자기의 기술이나 능력이나 어떤 프로그램, 이벤트, 종교적인 방법으로는 진정한 하나가 될 수가 없을 뿐만 아니라, 그리스도의 몸이 될 수가 없습니다.

교회는 그리스도의 생명의 연합체

교회는 모양의 문제가 아니라 그리스도의 생명의 연합체입니다. 그리스도의 생명, 그리스도의 성분으로 조성되지 않는 것은 정상적인 교회가 아닙니다. 교회는 교파와 교리, 형식과 모양과 사이즈를 보는 것이 아닙니다. 그리스도에게서 나온 것을 교회라고 칭한 것처럼, 그리스도를 예표하는 아담(롬5:14), 남자에게서 나온 것을 여자인 교회라고 하는 것입니다. 부부인 남자와 여자가 완전히 하나인 것처럼(창1:27), 그리스도와 교회도 하나입니다. 남자의 생명에서 여자가 나온 것처럼, 그리스도의 생명에서 교회가 탄생했습니다. 그러므로 그리스도의 생명에서 나와서 하나가 되어야 참 배필이 될 수 있는 것입니다. 그리스도 생명에서 나온 것이 교회이므로 그리스도 안에서 하나가 될 수가 있고, 참 배필이 될 수가 있습니다. 참 배필 된 교회, 그리스도의 몸 된 교회는 비슷하고 유사하다고 해서 배필이 된 것이 아니요, 또한 좋고 나쁘고, 크고 작으냐의 문제도 아닙니다. 중요한 것은 생물학적인 생명도 아니고, 육신적인 생명도 아니고, 오직 하나님이 주신 그리스도의 생명이 흐르는가가 중요합니다.

교회 된 우리가 하나님과 한 실체가 되고, 그 그리스도가 교회와 한 실체가 되면 우리가 구체적으로 볼 수 있고 만질 수 있는 우주적인 한 새 사람이며(골3:10-11), 우주적인 한 몸입니다(엡1:23). 그리스도와 교회 된 우리가 연합하여 한 몸을 이룬 생명의 연합체인 그리스도의 몸이 교회입니다. 하나님의 부르심을 받은 우리에게서 그리스도의 생명, 그리스도의 성분인 인격이 나오지 않고 전통적인 관념이나, 정치, 파벌, 분쟁, 세상과 야합, 세상적인 조직, 물질이 나오면 교회가 아니고 사탄의 모임인 사탄의 회가 되는 것입니다(계2:9). 이러한 곳에는 생명이 없기 때문에 교회가 아닌 사람은 교회형식과 모양과 사이즈를 보는 것입니다. 생명이 없는 곳에는 분열과 다툼이 있습니다. 생명이 없으면 완전히 다른 모습으로 나타나는 것입니다. 로마 가톨릭이 자기들과 모양이 조금 다르다고 기독교를 이교로 규정하고 핍박하고 무수한 사람들을 처형시켰습니다. 왜 그럴까요, 주님이 원하는 참교회가 아니기 때문입니다. 이와 같이 부부의 비밀을 통해서 참된 교회의 이상을 계시하여 주고 있습니다.

교회는 환경과 모양이 달라도 생명이 같으면 하나가 됩니다. 환경과 배경이 좋아도 생명이 다르면 분열되는 것입니다. 뭐가 같아야 합니까? 마음과 생명이 같아야 합니다. 부부는 얼굴과 환경이 달라도 마음과 생명이 같으면 한 몸이 되는 것입니다. 이것이 교회의 실제입니다. 진정한 교회는 우주적인 한 새사람입니다. 이것이 교회의 신비요, 비밀이요, 놀라움이요, 우주성입니다. 성경의 중심은 하나님의 비밀이신 그리스도와 그리스도의 비밀인 교회, 그리스도와 교회의 비밀인 부부, 즉 그리스도와 교회입니다(엡5:32). 하나님은 자기의 생명을 통해서만 배필을 삼으십니다. 하나님은 사람의 내용이 되시며 사람은 하나님을 표현하는 몸이 되는 것입니다.

교회 된 부부연합은 영적 원리가 있다

셋째로, 교회 된 우리가 그리스도와 어떻게 연합되어 그리스도의 몸을 형성하는가? 그 비밀은 교회의 비밀인 부부 연합의 영적 원리에 있습니다. 하나님께서는 남자와 여자를 만드시고 그런 다음에 "남자가 부모를 떠나 그의 아내와 합하여 둘이 한 몸을 이룰지로다"(창2:24) 하셨습니다. 첫 남자인 아담은 오실 자의 표상인 그리스도의 모형(롬5:14)인 그리스도를 표현합니다. 남자인 아담의 표상인 그리스도와 여자인 하와를 표상하는 교회가 연합하여 그리스도의 몸을 건축한다는 것입니다. 따라서 아담과 하와 두 사람이 하나 된 것처럼, 그리스도와 교회가 한 실체가 된다는 것을 말합니다.

"말씀하시기를 그러므로 사람이 그 부모를 떠나서 아내에게 합하여 그 둘이 한 몸이 될지니라 하신 것을 읽지 못하였느냐 그런즉 이제 둘이 아니요 한 몸이니 그러므로 하나님이 짝지어 주신 것을 사람이 나누지 못할지니라 하시니"(마19:5-6). "그러므로 사람이 부모를 떠나 그의 아내와 합하여 그 둘이 한 육체가 될지니 이 비밀이 크도다 나는 그리스도와 교회에 대하여 말하노라"(엡5:31-32).

부모를 떠나 아내와 합하여 둘이 한 몸이 되는 영적인 원리는 부모를 떠나서 신랑 되신 그리스도로 인하여 살라는 것입니다. 아버지는 천연적인 육신의 생명을 준 아버지입니다. 이것은 우리가 하나님 아버지께서 지시하는 구약의 율법적인 신앙, 옛생명을 떠나서 부활하신 영, 그리스도의 영, 즉 내 안에 거하신 생명 주시는 영을 좇아서 살아야 한 몸 된 그리스도의 몸을 건축할 수 있다는 것입니다. 주님이신 신랑이 오셨기 때문입니다. 결혼한 부부의 원리이며, 하나 되는 원리이며, 새 언약의 원리이자 한 몸 되는 원리이며, 새 예루살렘 성(천국)의 건축의 원리입니다.

오늘날 그리스도인들이 신앙생활을 하지만 여전히 하나가 되지 못하고 그리스도의 몸으로 조성되지 않는 이유는 머리이신 그리스도(엡1:22)의 통치 즉 영의 통치, 다스림과 제한을 받지 않고 살기 때문입니다. 그러므로 주님께서도 "내가 실상을 말하노니 내가 떠나가는 것이 너희에게 유익이 있다"고 말씀하셨습니다. 왜냐하면 보혜사 성령이 오시기 때문입니다(요16:7). 이제 부모 즉 육신적이고 율법적인 옛것, 첫 언약을 떠나서(히8:7, 10:9), 내 안에 오신 신랑 되신 성령님, 새 언약을 모시고 그분의 통치와 제한을 받고 살아야 한 몸으로 건축이 되는 것입니다. 예를 들면, 마치 신혼부부들이 결혼을 하였음에도 여전히 육신의 부모의 지시를 받고 가정을 꾸려 나가는 마마보이를 싫어 하는 것과 같은 것입니다. 이제 내 안에 계시는 신랑 되시는 그분으로 인하여 살 때 그리스도의 몸으로 조성되는 것입니다. "주와 합하는 자는 한 영이니라"(고전6:17). 이것이 그리스도의 몸을 건축하는 생명건축의 영적인 원리입니다. 이것이 연합의 원리요, 생명의 원리입니다.

한 몸 된 유기체인 교회는 나눌 수가 없다

그리스도의 생명으로 된 한 몸은 유기체이기 때문에 나눌 수가 없습니다. 몸의 육체는 "한 덩어리"라는 뜻입니다. 즉 가를 수 없는, 분리할 수 없는 한 덩어리, 하나가 되었다는 의미입니다(창2:24, 6:2, 고전6:16, 요1:14, 엡5:31). 몸이 나누어지고 쪼개지면 죽습니다. 이것은 그리스도의 몸이 건축되지 않으면 죽을 수 있는 심판이 있다는 것입니다. 그러므로 하나님이 짝지어 주신 것을 사람이 나누지 못한다고 했습니다(마19:6). 영으로 살지 않고 육신대로 살면 죽을 것이요, 영으로써 몸의 행실을 죽이면 살고, 살리는 것은 영이십니다(롬8:13, 요6:63). 두 사람의 연합이 바로 몸의 건축이자 생명의 건축으로 이루어져야 영원한 그리스도를 표현하는 삶을 살아가는 것입니다. 이 유기체 속에 사랑이 있고 행복이 있고 안식과 쉼이 있는 것입니다. 이것이 바로 그리스도와 교회, 생명의 건축을 이루는 비밀이요(엡5:32, 요일4:14), 경건의 비밀입니다(딤전3:16). 그 비밀은 아주 위대한 비밀이요, 그 비밀이 큽니다. 생명이신 하나님을 표현하시기 위하여 육신을 입고 이 땅에 나타나신 그리스도께서 십자가에 못 박히시고 부활하시어 내 안에서 살아 나타나신 성령님, 그분이 경건의 비밀입니다(딤전3:16).

아담에게서 하와가 나왔듯이, 그리스도에게서 교회가 나왔습니다. 그래서 교회를 하나님의 피로 사신 교회(행20:28)라고 합니다. 그러므로 주님은 자신에게 나온 교회를 무엇보다 사랑하십니다(엡5:25). 주님께서 교회를 사랑하고 교회를 위하여 자신을 주신 것같이 남편은 아내를 사랑하고, 사랑 안에서 기도하고 가르침을 받으면, 영 안에 공급을 받아 교회를 보양함과 같습니다(엡5:29). 이러한 순환의 생명의 흐름인 신진대사가 아내에 대한 사랑을 불러일으키고, 아내에 대한 불쾌감이라는 점과 티, 주름을 씻어 낼 것입니다. 그 결과 아내 된 교회는 거룩하고 흠이 없이 영광스러운 참 배필이 될 수가 있습니다(엡5:26-27). 둘이 연합하여 한 몸이 될 수 있는 교회를 이룹니다. 이것이 하나님의 신약경륜이며 그리스도와 교회의 큰 비밀인 생명의 건축입니다. 하나님의 경륜은 예수 그리스도로 말미암아 열렸고, 교회된 부부의 비밀로 말미암아 완성되는 것입니다.

이러한 하나님의 비밀을 유대인들은 생각지도 못했고, 모든 인류가 꿈도 꾸지 못한 일입니다. 오늘날에도 비밀이기에 믿는 자들도 하나님의 의도이신 그리스도와 교회, 즉 생명의 건축을 잘 모르는 채 종교적으로 신앙생활하시는 분들이 허다합니다. 하나님의 놀랍고 위대한 비밀을 모르기 때문에 사탄의 도구인 종교적, 물질적 바벨론, 즉 무너질 성만이 교회 안에 존재하고 있습니다. "무너졌도다 무너졌도다 큰 성 바벨론이여"(계18:2). 그 성을 들여다보니까 악한 영과 개구리와 더러운 것과 새의 영과 온갖 것이 다 뒤섞여 있는 것입니다. 성경은 그것을 음녀라고 했습니다. 교회가 한순간에 그렇게 될 수가 있습니다. 결국에는 바벨론의 멸망과 새 예루살렘 성의 등장으로 우주적 질서가 완전히 정리됨을 성경은 선포하고 있습니다. 그래서 요한계시록에서는 그리스도와 교회를 최종적으로 남편과 아내로, 그 영과 신부로 표현했습니다(계22:17).

그리스도의 몸을 이루는 이상의 실제들

성경의 비밀의 중심은 하나님의 비밀이신 그리스도(골2:2)와 그리스도의 비밀인 교회(골1:25-27, 엡3:4), 그리스도와 교회의 비밀인 부부

(엡5:31-32)입니다. 이 비밀은 그리스도와 교회 즉 그리스도의 몸을 이루는 생명의 건축의 이상의 실제들입니다. 이러한 이상은 성경에서 가장 위대한 비밀입니다. 이러한 이상의 비밀의 계시를 보지 못하면 주님의 의도와 뜻을 알 수가 없는 가련한 기독교 종교인으로 살아가는 것입니다. 주님은 자신의 육신의 형제들과 제자들을 향해서 "누가 내 어머니이며 내 동생들이냐 하시고 손을 내밀어 제자들을 가리켜 이르시되 나의 어머니와 나의 동생들을 보라 누구든지 하늘에 계신 내 아버지의 뜻대로 하는 자가 내 형제요 자매요 어머니이니라 하시더라"(마12:48-50). 진정한 형제이며 자매, 모친은 아버지의 뜻을 이루는 그리스도 안에서 유기적인 한 몸을 이루는 자가 형제이며 자매이고 모친이 되는 것입니다. 이러한 유기체인 한 몸을 이루는 교회만이 주님이 원하시는 '내 교회'의 이상(마16:18)입니다.

성경의 모든 말씀은 그리스도와 교회이자 생명의 건축입니다. 그러므로 하나님의 말씀을 완성하는 것에는 그리스도와 교회라는 위대한 비밀(엡5:32)에서 하나님의 경륜이 성취됩니다. 우리는 이러한 주님의 이상을 알아야 내용이 있는 삶으로 실제의 길, 생명을 건축하는 길로 가게 됩니다. 이러한 주님의 의도와 하나님 속에 감추었던 비밀의 경륜은 교회를 통해서 계시해 주고 있습니다(엡3:9-10). 우리는 이제 하나님의 위대한 비밀의 경륜을 전해야 합니다. 하나님의 비밀이신 그리스도와 그리스도의 비밀인 교회, 생명의 건축을 전해야 교회의 본질이 회복됩니다. 이론으로서가 아니라 그리스도의 생명을 건축한 자신의 몸을 통해서 전해야 합니다.

우리는 영원토록 하나님의 표현이 될 새사람들입니다. 우리는 결국 새 예루살렘 성(천국)으로 하나님의 표현이 됩니다. 나 혼자서 표현하는 것이 아닙니다. 그리스도와 교회, 생명의 건축으로 단체적이고 공동체적이고 우주적인 새사람이 되며, 영광스러운 배필이 되도록 큰 비밀인 그리스도와 교회, 생명의 건축으로 완성해야 합니다.

제5장

하나님의 생명의 맥박인 부활

1. 죽은 자가 어떻게 다시 살 수 있는가? | 2. 어떠한 몸으로 다시 사는가? | 3. 죽을 몸이 어떻게 부활체 몸으로 변형되는가? | 4. 부활체 몸의 변형은 어떠한 모습의 영광인가? | 5. 생명의 부활과 심판의 부활 | 6. 생명의 부활인 첫째 부활과 나중 부활

    세상에 많은 철학과 종교에는 그의 가르침이나 교리는 있지만 거기에는 전적으로 생명이 없습니다. 그러나 주님의 복음에는 부활의 생명을 포함하고 있습니다. 부활생명은 사망 안에 들어가서 얼마 동안 사망 안에 머무르다가 사망을 정복하고 뚫고 나온 이기는 생명입니다. 이 생명을 부활생명이라고 합니다. 믿는 자의 구원은 단지 사람을 고치거나 개선하는 것이 아니라, 죽은 사람에게 하나님의 생명을 주심으로 죽은 상태에서 부활시키는 것입니다(엡2:1). 그러므로 생명의 부활은 하나님의 생명의 맥박이요, 생명선입니다.

    죽은 자의 부활이 없다면 하나님은 죽은 자의 하나님이시지 산 자의 하나님이 아니시며(마22:32), 그리스도도 죽은 자 가운데서 다시 살아나실 수 없었을 것입니다(고전15:13). 부활이 없다면 그리스도의 죽으심으로 말미암은 칭의의 산 증거(롬4:25)와 생명의 분배(요12:24)와 거듭남(요3:5)과 새롭게 함(딛3:5)과 변화(롬12:2, 고후3:18)와 그리스도의 형상을 닮음(롬8:29)이 없을 것입니다. 부활이 없다면 바울이 전한 복음이나 믿음도 헛것이며(고전15:14), 그분의 충만인 그리스도의 몸(엡1:20-23)과 그리스도의 신부인 교회(요3:29)와 새사람(엡2:15, 4:24, 골3:10-11)도 없을 것입니다. 부활이 없다면 우리의 영원한 축복인 그리스도와 함께 왕노릇함(계20:4-6)도 없을 것입니다. 부활이 없이 다만

이생뿐이라면, 우리는 더욱 불쌍한 자이며 하나님의 경륜은 완전히 붕괴되고, 하나님의 영원한 목적도 무의미하게 될 것입니다. 그리스도의 부활은 우리의 모형이요, 실제입니다(롬5:17-18, 고전15:22-23). 부활 생명은 성령으로 말미암아 우리가 거듭나서(요3:5) 우리의 몸이 변형될 때까지(빌3:21) 우리 안에 역사하는 생명의 선입니다.

1. 죽은 자가 어떻게 다시 살 수 있는가?

"누가 묻기를 죽은 자들이 어떻게 다시 살아나며 어떠한 몸으로 오느냐 하리니 어리석은 자여 네가 뿌리는 씨가 죽지 않으면 살아나지 못하겠고 또 네가 뿌리는 것은 장래의 형체를 뿌리는 것이 아니요 다만 밀이나 다른 것의 알갱이 뿐이로되 하나님이 그 뜻대로 그에게 형체를 주시되 각 종자에게 그 형체를 주시느니라"(고전15: 35-38).

사람은 영원히 살고 싶은 본능이 있기 때문에 죽은 자의 부활에 대해 두 가지 질문을 합니다. 첫 번째 질문은 죽은 자가 어떻게 다시 살 수 있느냐입니다. 두 번째 질문은 사람이 어떠한 몸으로 다시 사느냐입니다.

첫 번째의 질문에 대한 사도 바울의 대답은 아주 간단합니다. "어리석은 자여 네가 뿌리는 씨가 죽지 않으면 살아나지 못하겠고." 헬라인의 철학적인 질문을 어리석다고 지적하면서 답변으로 식물의 씨를 언급합니다. 씨에는 그 식물의 본성, 생명이 감추어져 있습니다. 이때도 한 알의 밀이 땅에 떨어져 죽어야 한다고 말씀했습니다. 십자가에서 죽은 후에 다시 부활할 때는 많은 열매를 맺게 될 것이라고 말씀합니다. "내가 진실로 진실로 너희에게 이르노니 한 알의 밀이 땅에 떨어져 죽지 아니하면 한 알 그대로 있고 죽으면 많은 열매를 맺느니라"(요12:24). 모든 곡식의 씨앗은 땅에 떨어져 죽은 후에 다시 생명이 살아나서 많은 열매를 맺어 우리 양식이 되어 주는 것입니다. 모든 식물의 씨 속에는 부활 생명이 있습니다. 작은 식물의 씨도 이럴진대 만물의 영장으로 지음 받은 인간이 어떻게 죽으면 그만일 수 있겠는가? 씨 하나가 땅에 떨어져 죽으면 다시 살게 됩니다. 이것이 부활생명의 씨입니다. 씨앗이 땅과 연합하여 많은 열매를 산출하듯이 생명 되신 구세주가 우리와 연합하여 하나님의 생명을 갖게 됩니다(요일5:10-12). 하나님의 생명으로 거듭난 생명의 씨를 썩지 아니할 씨(벧전1:23)라고 합니다.

우리는 그리스도와 함께 죽음으로써 더 풍성한 부활의 영, 생명 주는 영으로 들어갑니다. 죽은 후에는 반드시 새로운 삶이 있습니다. 그 씨가 무엇인가? 예수 그리스도요(행13:23, 마13:37, 딤후2:8), 그분은 부활이요, 생명이요, 말씀입니다. "예수께서 이르시되 나는 부활이요 생명이니 나를 믿는 자는 죽어도 살겠고 무릇 살아서 나를 믿는 자는 영원히 죽지 아니하리니 이것을 네가 믿느냐"(요11:25-26). 이 말씀이 생명의 씨입니다(눅8:11, 벧전1:23). 생명은 말씀을 통해서 심령의 밭에 씨로 뿌려지는 것입니다(고전3:9). 뿌리는 것은 밀의 모양이 아니라 씨 곧 알갱이입니다. 그 씨가 싹이 터 자라서 "장래의 형체"로 변합니다(고전15:37). 이것은 마치 그 씨가 흙에 뿌려져 연합하여 썩어 자라서 결국, 다른 모양과 색깔로 서로 다르게 변하여 살게 되듯이 우리도 그리스도와 연합하여 하나님의 생명으로 성장하게 됩니다. 여기에서 형체라는 것은 뿌려져 죽은 형체가 아닌 하나님에 의해 주어진 부활의 몸, 즉 높은 차원의 다른 부활체의 몸으로 살게 된다는 것입니다.

2. 어떠한 몸으로 다시 사는가?

"육체는 다 같은 육체가 아니니 하나는 사람의 육체요 하나는 짐승의 육체요 하나는 새의 육체요 하나는 물고기의 육체라"(고전15:39).

두 번째 질문은 사람이 어떠한 몸으로 다시 사느냐입니다. "누가 묻기를 죽은 자들이 어떻게 다시 살며 어떠한 몸으로 오느냐" 어떻게 다시 사느냐는 질문에 대해선 씨앗이 죽어야 다시 살아 많은 열매를 맺는 이치와 같이 인간에게도 부활생명이 있다는 것을 말씀하셨습니다. 또한 우리가 다시 산다는 것은 부활하신 그 영, 즉 그리스도의 영이 내 안에 거하시면 우리의 죽을 몸도 사는 것입니다(롬8:11). 믿는 자가 다시 사는 것에 대해서는 의심할 수 없지만 다시 산다면 어떠한 몸으로 다시 사느냐의 물음에 대해 사도 바울은 좀 장황히 설명합니다. 우선 하나님은 만물이 처해 있는 환경에 잘 적응할 수 있는 형체를 주신다고 말씀하십니다. "육체는 다 같은 육체가 아니니 하나는 사람의 육체요 하나는 짐승의 육체요 하나는 새의 육체요 하나는 물고기의 육체라"(고전15:39).

사람들은 하나님이 지혜를 주셔서 춘하추동 계절에 따라 스스로 옷을 입고 집을 지으며 살고 지리적 환경에 알맞게 살 수 있게 이에 걸맞은 몸을 주셨고, 짐승은 짐승이 처한 야산이나 물속에서 살아갈 수 있도록 몸을 주셨다고 말씀합니다. 가령 북극의 곰은 얼음으로 덮인 대지에서도 살 수 있도록 지방을 많이 축적할 수 있고 털이 따뜻한 몸을 주었다면, 철새들은 철에 따라 따뜻한 곳을 찾아 이동하면서 멀리 날 수 있는 날개 달린 몸을 주었습니다. 그리고 물에 사는 물고기들은 지느러미가 있는 몸을 주어 헤엄을 잘 칠 수 있고 물에 잘 뜰 수 있는 몸의 기능을 주었습니다. 올챙이 때는 물에서만 살 수 있는 몸을 주었다가 개구리가 되면 물과 육지에 다 살 수 있는 몸을 주셨습니다.

땅에 속한 모든 것들은 그에 맞는 몸에 속한 형체를 주셨듯이 하늘에 속한 존재들은 하늘에 속한 형체를 주었습니다. 마찬가지로 신령한 세계 곧 영적 세계에 속한 구원받은 영혼들도 거기에 맞는 형체를 갖고 있음을 말씀하는 것입니다. 우리의 영은 거듭나는 것이요(요3:6), 우리의 혼은 변화되는 되는 것입니다(롬12:2). 또한 우리의 몸은 주님이 오실 때에 신령한 부활체의 몸으로 변형되는 것입니다(빌3:21). 이러한 몸의 부활체, 영적인 신령한 부활체의 몸(고전15:44)이 있다는 것입니다. 시공간을 초월하는 부활체의 몸, 예수님께서 부활하시어 제자들이 모인 방에 나타났던 몸을 말합니다.

3. 죽을 몸이 어떻게 부활체의 몸으로 변형되는가?

"예수를 죽은 자 가운데서 살리신 이의 영이 너희 안에 거하시면 그리스도 예수를 죽은 자 가운데서 살리신 이가 너희 안에 거하시는 그의 영으로 말미암아 너희 죽을 몸도 살리시리라"(롬8:11).

셋째는 우리의 죽을 몸이 어떻게 부활체의 몸으로 변형되는가입니다. 이 말씀을 보면 앞에 "너희 안에 거하시는 그 영"을 통하여 죽을 몸이 부활체로 변형하여 살리신다고 했습니다. 앞부분의 "살리신 이의 영"은 우리 영 안에 있는 영을 말하며, 뒷부분의 "너희 안에 거하시는 그 영"은 혼 안에 있는 그 영을 말합니다. 혼 안에 있는 그 영으로 인하여 죽을 몸을 살리게 합니다. 이때에 우리 몸에 생명을 부어서 부활체의 몸으로 변형되는 것입니다(빌3:21). 성경은 믿는 자들의 혼의 구원, 변화의 성화를 강조하고 있습니다.

"믿음의 결국 곧 혼의 구원을 받음이라"(벧전1:9). 주님의 생명이 내 마음, 즉 내 혼 안에까지 증가하여 확장하게 되면, 우리가 하나님의 생명으로 사는 성령의 사람이 되는 것입니다. 혼 생명이 거듭난 자가 첫 열매이자 먼저 첫째 부활에 들어가는 것입니다(계20:4-6). 우리 마음속에 생명이 거하는 만큼 모든 행동이 비례되는 것입니다. '세상의 좋은 글, 교훈, 율법을 이렇게 지켜야 합니다'라며 아무리 노력을 하여도 한계가 있습니다. 세상이 요구한 대로 살 수도 없고 지킬 수도 없는 것입니다(롬7:23). 그 모든 것은 실제되지 않는 광야에 외치는 소리에 불과하며, 빛 좋은 개살구에 불과한 허구입니다. 이미 지혜의 왕 솔로몬과 사도 바울이 검증한 것을 우리가 또 시도하는 것은 종교적인 관례일 뿐입니다. 뻔히 아는 것을 반복하여 행하는 것은 참으로 어리석고 미련한 짓입니다(잠26:11). 종교적이고 율법적인 기독교 신앙으로는 사람은 절대로 변화되지 않습니다. 이제 예수를 믿고 거듭나 구원을 받았으면, 구원을 받은 것에 연연하지 말고 내 마음, 혼 안에 하나님의 생명이 부어져서 그 생명 주시는 영을 통하여 부활생명에 이르고 그리스도의 몸으로 조성되는 실제를 누리게 됩니다. 그러기 위해서는 그 생명이 우리 안에서 역사할 수 있도록 협력해야 합니다.

협력하는 길은 첫째는 육신에 따라 살지 않는 것입니다. 둘째는 영으로 몸의 행실을 죽이는 것(롬8:13)입니다. 몸의 행실을 죽이고 영을 따르는 것이 아니라, 내 안에 계신 그 영을 따를 때 몸의 행실이 죽는 것입니다. 하나님께서 이미 모세부터 유대인들에게 율법을 주었고 그들은 율법을 받았습니다(요1:17). 율법은 거룩하며 의로우며 선합니다(롬7:12). 누구나 그 율법을 지키려고 하지만, 율법을 지킬 수 있는 생명은 없었습니다. 그런데 은혜와 진리이신 그리스도께서 생명 주는 그 영을 믿는 자에게 주셔서 그 일을 하게 하는 것입니다. 이것이 복음입니다. 예레미야 31장 33절에 "내가 이스라엘 백성으로 새 언약(신약)을 세우리니 내 법(생명의 성령의 법)을 저희 속에 두고 저희 마음에 기록하겠다."고 하셨습니다. 이것은 신약이고 또 생명을 주겠다는 것입니다. 내 법을 돌비에 새겨 주겠다는 것이 아니고 내 법을 저희 심령에 새겨주겠다(고후3:3)는 것입니다. 그러니까 심령에 새긴다는 것은 내 속에 법이 있다는 뜻입니다. 내가 힘써서 걸어가는 것 같지만 내 속에 걸어가는 법이 있어서 걸어가는 것입니다.

새는 왜 날아가는가? 나는 법에 따라 날아갑니다. 내가 힘쓰기 전에 날갯짓을 하기 전에 그 안에 나는 법이 있는 것입니다. 그래서 나는 것입니다. 우리가 수영을 해보면 수영하는 법이 있습니다. 그 법을 터득하지 못하면 수영을 못 합니다. 그 법을 터득해야 수영을 합니다. 우리 안에 법이 있습니다. 그 법이 생명의 성령의 법이자 영의 법입니다. 그 영의 법으로 행하는 자만이 실제를 누릴 수가 있습니다. 그 영을 통해서 죽을 몸도 살리고, 주님이 오실 때에 우리의 몸도 변형되는 것입니다.

영으로 죽고 영으로 행하는 것이 주님이 원하시는 합당한 의이며, 의의 직분이자 의의 사역이고 새 언약의 사역입니다(고후3:6-9). 우리는 먼저 그의 나라와 그의 의를 구하여야 합니다(마6:33). 그렇지 않고 자기의 의, 성령의 통치를 받지 않는 의는 하나님이 보실 때에 불법입니다. "너희 의가 서기관과 바리새인보다 더 낫지 못하면 결단코 천국에 들어가지 못하리라"(마5:20). 우리는 진리의 영이신 그분의 통치를 받고 성령으로 행할 때에 실제를 누리게 됩니다(약2:22).

우리는 때로는 주님을 너무 사모하여 기도원이나 집회에 가서 기도하고 구하면 우리의 몸, 육체에 부어지는 성령을 받을 때가 있습니다(행2:17, 눅11:9-13). 육체에 부어지는 성령 즉 외적 성령은 내적인 성령(요20:22)과 달리 사역의 일을 위해 육체에 부어지는 경륜적인 방면입니다. 육체에 부어진 성령을 받으면 참으로 열정적으로 봉사하고 행합니다. 그러나 결국 시간이 지나 때가 되면, 언젠가 식어져 버립니다. 예전에 내가 교회생활을 이러저러하게 했다며 자기의 의를 드러내고 자랑하는 사람이 많습니다. 이렇듯 우리가 외적인 성령을 받았고 권능도 행했다고 하는데도 여전히 본질적으로 내적 변화가 되지 않습니다. 그 이유는 마음속, 즉 혼 안에 하나님의 생명이 없기 때문에 식어지는 것입니다. 우리 혼 생명이 죽어지고 내 안에 하나님의 생명이 부어진 만큼 변화도 되고 그 행동도 비례하는 것입니다. 그러므로 영을 좇아 행하여야 율법의 요구가 이루어집니다(롬8:4). 영의 구원은 예수 그리스도를 믿고 영접하면 단번에 구원을 받아 법리적인 구속으로 인치십니다.

그러나 혼의 구원은 복수입니다. 구원을 이루라. 하나씩 겉사람이 죽은 만큼 영의 통치를 받아 유기적으로 구원을 이루어, 머리 되신 주님과 하나 된 생각을 하는 것입니다. 우리 몸의 구원은 혼의 구원이 이루어지면 죽을 몸도 절로 생명을 받아 부활체의 몸으로 변형되어 영광에 이르게 됩니다(롬8:11, 빌3:21, 고후3:18, 고전15:52). 영을 통한 부활은 교회와 관련된 그리스도의 몸을 건축하는 부활입니다. 그러므로 그의 영광은 육체보다 훨씬 더 영광스러운 몸, 영광스러운 교회를(고후3:18, 엡5:27) 얻게 될 것입니다.

4. 부활체의 몸의 변형은 어떠한 모습의 영광인가?

"하늘에 속한 형체도 있고 땅에 속한 형체도 있으나 하늘에 속한 것의 영광이 따로 있고 땅에 속한 것의 영광이 따로 있으니 해의 영광이 다르고 달의 영광이 다르며 별의 영광도 다른데 별과 별의 영광이 다르도다"(고전15:40-41).

넷째는 부활체의 몸의 변형은 어떠한 모습이고 어떠한 영광이냐입니다. 사도 바울은 육체의 몸과는 비교할 수 없을 정도로 영광스러운 부활의 몸을 얻게 될 것이라고 말씀합니다. 해와 달과는 비교도 안 됩니다. 달은 다만 해의 빛을 받아 반사할 뿐입니다. 수많은 별들의 그 영광이 다르듯이 부활체들의 영광도 다를 것임을 암시합니다. 해와 별과 달의 영광이 다를 뿐 아니라 별들의 영광이 각각 다르다는 것(고전15:40-44)은 죽은 자의 부활의 영광이 각각 다르며, 또한 각 사람을 완전한 자(골1:28)로 세우신다는 말입니다. 그러나 분명한 것은 이 썩어질 몸과는 비교할 수 없는 몸을 얻게 될 것이라(롬8:18)는 말씀입니다. 부활체는 썩지 않을 것이라고 말합니다. "썩을 것으로 심고 썩지 아니할 것으로 다시 살아나며"(고전15:42). 부활체가 되면 이제 사망도 없으며 애통하는 것이나 곡하는 것이나 더 이상 아픈 것이 있지 아니합니다.

우리는 부활체로 변형돼 말로 표현할 수 없는 영광스러운 것이 됩니다. "욕된 것으로 심고 영광스러운 것으로 다시 살아나며"(고전15:43).

예수님께서 변화산에서 변화하여 옷과 몸이 빛난 것처럼 우리 부활체의 몸도 예수님처럼 놀랍고 영광스럽게 변형될 것입니다(빌3:21, 롬8:30). 그것은 시공간을 초월한 신령한 몸이 될 것입니다. 부활체는 대단히 강력한 몸이 될 것입니다. "약한 것으로 심고 강한 것으로 다시 살아나며"(고전15:43). 권능으로 가득 차 연약함이 없고, 그 입에서 이한 검이 나와 만국을 다스리는 강력한 부활체의 몸(계19:15)이 될 것입니다.

우리 부활체는 예수님처럼 영적인 몸이 됩니다. "육의 몸으로 심고 신령한 몸으로 다시 살아나나니 육의 몸이 있은즉 또 영의 몸도 있느니라"(고전15:44). 육의 몸은 동물적 본성의 특징을 가지고 있으나 "부활 때에는 장가도 아니 가고 시집도 아니 가고 하늘에 있는 천사들과 같으니라"(마22:30), 하늘에서는 신령한 영역에 거하기 때문에 영적인 신령한 몸이 필요한 것입니다. 그래서 부활체는 하늘에 속한 몸이 되는 것입니다. "무릇 흙에 속한 자들은 저 흙에 속한 자와 같고 무릇 하늘에 속한 자들은 저 하늘에 속한 이와 같으니 우리가 흙에 속한 자의 형상을 입은 것같이 또한 하늘에 속한 이의 형상을 입으리라"(고전15:48-49). 우리는 주님과 같은 아들의 형상을 지닌 신령한 부활체의 몸을 갖게 될 것입니다. "사랑하는 자들아 우리가 지금은 하나님의 자녀라 장래에 어떻게 될지는 아직 나타나지 아니하였으나 그가 나타나시면 우리가 그와 같을 줄을 아는 것은 그의 참모습 그대로 볼 것이기 때문이니"(요일3:2). 우리가 "그분과 같아진다"는 것은 하나님의 자녀들이 신성한 본성과 모양을 지님으로써 더욱 찬란한 축복과 함께 놀라운 장래가 있다는 것을 가리키는 것입니다.

예수님의 부활은 몸의 부활이었습니다. 예수님이 제자들에게 나타났을 때 제자들은 문을 닫고 있었습니다. 그런데 예수님이 저들 가운데 갑자기 나타나자 그들은 예수님의 유령을 보는 줄 알았습니다. 문이 닫혀 있는데도 불구하고 나타나신 예수님을 보고 '이것은 어떤 영체가 아니었나?' 이런 생각을 했습니다. 사람들은 이것을 보고 '부활체'라고 합니다. 부활한 몸은 신기한 몸입니다. 무덤을 열고 나오신 몸, 닫힌 문에 상관없이 나타나신 몸, 그렇지만 만져볼 수 있는 몸을 보여주셨습니다. 부활하신 주님은 어디든지 나타나실 수 있는 몸을 보여주셨습니다. 이때 예수님은 당신의 몸의 부활을 증거하셨습니다(요20:19-23, 눅24:36-43).

주님은 그런 우리의 관념과는 전혀 다르게 사람으로서 몸을 가지고 왔습니다. 그 영을 통하여 혼의 생명을 받아 그리스도의 몸으로 조성된 자는 적그리스도 대환난 전, 전 3년 반 때에 첫 열매로 휴거됩니다(계14:1-6). 이러한 사람이 그리스도께서 강림하실 때 그에게 붙은 자요(고전15:23), 첫째 부활에 속한 자요, 천년왕국의 유업을 받을 자입니다(계20:4-6). 이들은 선을 행하여 생명의 부활로 나온 자들입니다(요5:29).

반면에 믿는 우리가 영으로 행하지 않고 자기의 의를 행하거나 육신으로 행하는 자는 그리스도의 심판 때에 심판의 부활(요5:29)로 나와 질책을 받아 천년왕국 기간에 하루가 천 년 같은 어둠에 던져져 슬피 울며 이를 갈 것입니다(마22:13). 믿는 우리는 반드시 영과 혼과 몸에 어떻게 생명이 부어지는가를 깨달아 하나님의 의를 이루는 합당한 자가 되어야 합니다(살전5:23).

믿지 않는 자가 그리스도를 믿어 거듭나는 것이나 믿는 자가 마지막 부활 시에 부활체의 몸으로 변화되는 것은 순식간에 이루어집니다. "순식간에 홀연히 다 변화하리니"(고전15:31)라고 말씀하십니다. 생리학자들은 우리가 눈을 깜박이는 속도가 대략 200분의 1초라고 말합니다. 놀라운 기적에 의해 여러분은 완전히 변화될 것이지만, 여러분의 정체성은 잃어버리지 않을 것입니다. 여러분 자신이 부활체로 변형되어 구원이 완성될 것입니다. 여러분의 영혼은 이미 구원받았습니다. 그때에는 믿는 자의 몸도 완전하게 구속받을 것입니다(롬8:23). 우리는 지금 이 부활생명 안에서, 부활생명 세계를 가면서, 부활의 한 몸으로 자라고 있습니다. 나는 부활한 적이 없는데, 이런 말이 아닙니다. 우린 지금 부활의 과정을 가고 있는 것입니다. 그리고 지금 자라나고 있습니다. 그래서 바울은 말합니다. "내가 그리스도와 그 부활의 권능과 그 고난에 참여함을 알고자 하여 그의 죽으심을 본받아 어떻게 해서든지 죽은 자 가운데서 부활에 이르려 하노니"(빌3:10-11), "여자들은 자기의 죽은 자들을 부활로 받아들이기도 하며 또 어떤 이들은 더 좋은 부활을 얻고자 하여 심한 고문을 받되 구차히 풀려나기를 원하지 아니하였으며"(히11:35).

부활의 영광과 더 좋은 부활이 있기에 내가 날마다 죽는 이 일이 너무나 귀하고, 악형을 받는 것도 구차히 여기지 않는 영광스러운 일입니다. 왜냐하면 더 좋은 부활을 향해서 가는 길이기 때문입니다. 이런 부활도 있고 저런 부활도 있는데 성경이 말하는 이 부활은 교회와 관계된 그리스도의 몸의 부활입니다. 교회를 만들게 된 부활이고, 교회를 통해서 전파된 부활신앙입니다. 부활하신 그리스도가 머리가 되시고 그를 믿는 모든 지체들이 한 몸이 되는 생명의 유기체로서의 교회는 장차 새 예루살렘으로서 신랑과 신부, 하나님과 그 백성의 형태로 나타나 한 나라가 됩니다.

5. 생명의 부활과 심판의 부활

"선한 일을 행한 자는 생명의 부활로, 악한 일을 행한 자는 심판의 부활로 나오리라"(요5:29).

두 종류의 부활에 대한 말씀입니다. 선한 일을 행한 자는 생명의 부활로, 악한 일을 행한 자는 심판의 부활로 나옵니다. 이 말씀은 믿지 않는 자가 아니라, 모두 믿는 자에게 하신 말씀이며 이들은 모두 아들의 음성을 들었습니다. 부활은 하나님의 생명이 있는 사람만 부활하는 것입니다(롬8:11). 믿지 않고 생명의 씨가 없는데 어떻게 부활을 하겠습니까?(고전15:36-37). 왜냐하면 부활이신 그리스도, 생명의 씨이신 그리스도는 그 생명을 통해서만 부활하기 때문입니다. 여기에서 많은 분들이 선을 행한 자는 믿는 자로, 악을 행한 자는 믿지 않는 자로 여기고 해석하는 분들이 종종 있습니다. 하나님을 믿어도 그분을 경외하지 않고 그분의 통치를 받지 않고 육신적으로 행하는 자를 악이라(렘2:19)고 했습니다. 그런 자는 그리스도 안에서 정죄함을 받아서 그리스도 심판대 앞에서 심판을 받는 것(고후5:10)입니다.

"이는 우리가 다 반드시 **그리스도의 심판대 앞에** 드러나 각각 **선악간에 그 몸으로 행한 것을 따라** 받으려 함이라"(고후5:10). 그 영의 통치와 제한을 받고 그리스도의 생명된 자만이 생명의 부활로 나와 심판을 받지 않습니다. 왜냐하면 그리스도 안에 있는 자는 정죄함이 없기 때문입니다(롬8:1). 그러나 예수를 믿어도 악을 행하는 육신적인 사람은 그리스도의 심판대 앞에서 심판을 받습니다. 그리스도 안에 반드시 선악간에 심판(고후5:10, 롬14:10, 마16:27)이 있습니다. 선악간에 그 몸으로 행한 것을 따라 받는 심판은 하나님의 생명을 받아서 성령을 좇아 영으로 살아가느냐 아니면 육신적으로 살아가느냐에 따라서 의로우신 재판장 되신 주님이 하시는 심판입니다. 믿는 자 가운데 성령으로 행하지 않고 악을 행한 자, 즉 자기 의로 자기 육신적으로 행한 자는 심판의 부활로 나와서 질책을 받습니다. 그리고 그에 걸맞은 대가를 받아 옥에 갇히게 되므로 슬피 울며 이를 갊이 있어 후회하게 됩니다.

믿는 자들의 심판의 시기는 예수 그리스도께서 공중 강림하실 때(마22:1-14)이고, 믿지 않는 자의 심판은 천년왕국이 끝나고 백 보좌 심판 때(계20:11)입니다. 그러므로 우리는 생명의 부활로 나오는 선을 행하는 자가 되어야 합니다. 여기서 중요한 것은 하나님께서 보실 때에 과연 선한 행위는 무엇인가입니다.

하나님이 보실 때에 선한 행위

성경적으로 선을 반드시 알아야 합니다. 흔히 믿는 사람들은 "행함이 없는 믿음은 죽은 믿음이다"(약3:26)라고 하여 행함으로 먼저 보여 주어야 한다며, 그리스도인들을 책망하고 정죄하고 단정하는 경향이 있습니다. 물론 믿는 자들은 선한 행위를 하여야 합니다. 그러나 주님은 죄인들을 정죄하고 판단하지 않으시고 오히려 불쌍히 여기시고 긍휼히 여기셨습니다. 성경에서 선한 목자(요10:11), 선한 청지기(벧전4:1), 선한 사마리아인(눅10:33), 선한 싸움(딤후4:7), 선한 일(마19:16), 선한 사람(마12:35), 선한 말(엡4:29), 선한 열매(약3:35) 등등 선한 행위들과 함께 쓰인 단어들은 윤리와 도덕적으로 선하게 사는 것이 아니라 성령, 즉 그 영을 좇아 행하는 것을 선한 일이라 합니다.

부자 청년 관원이 예수님께 찾아와서 "선한 선생님이여 내가 무엇을 하여야 영생(영원한 생명)을 얻을 수 있습니까?" 하고 여쭈어 보았습니다. 예수님은 하나님 한 분 외에는 선한 이가 없다(마19:17, 눅18:18-19)고 대답하셨습니다. 선한 이는 오직 하나님 한 분뿐입니다.

선은 영에 속한 것일까요, 혼에 속한 것일까요? 선이 하나님께 속한 것이냐 아니면, 나에 속한 것이냐에 따라서 선의 기준이 다릅니다. 구약 율법시대에는 육신에 선한 것, 좋은 것은 모두가 다 선이었습니다. 그러나 신약 복음시대에는 선이 하나님께 속한 것이냐, 자기에게 속한 것이냐, 둘로 쪼개져 있습니다. 마치 율법과 복음이 쪼개지듯이 영과 혼이 쪼개져서 귀가 열린 자는 볼 수 있고 깨닫는 것입니다. 예수님께서 하나님 한 분 외에는 선한 분이 없다고 했습니다. 그러므로 하나님께 속한 것만이 선입니다. 자기 생각에 옳다고 자기 방법으로 구제하고 봉사하는 것은 세상에서는 선이 될 수 있으나, 하나님이 보실 때는 선이 아닙니다. 육신적인 혼 생명으로 행하는 것은 선이 아닙니다. 만약에 자기 방법으로 선을 행하는 자가 천국에 가면 공자, 맹자, 석가모니도 모두 천국 갈 것입니다.

예수님께서는 "너희 의가 서기관과 바리새인보다 더 낫지 못하면 결단코 천국에 들어가지 못하리라"(마5:20)고 했습니다. 그리스도인이라도 육신적으로 행하는 각각의 그 공력은 주님이 인정하지 않으시고 심판하십니다(고전3:11-15). 주님이 보실 때에 선한 일은 하나님의 생명을 받아서 성령의 통치와 제한을 받고 행한 행실만이 선입니다. 그러므로 사도 바울은 골로새 교인들을 향하여 "무엇을 하든지 말에나 일에나 다 주 예수의 이름으로 하고"(골3:17), 그것이 "그리스도를 섬기는 것이며 유업의 상을 받는 것이다"(골3:24)라고 하였습니다. 하나님 외에는 선한 분이 없습니다(마19:17, 막10:18, 눅18:19). 선한 행위, 즉 살아 있는 행위란, 내 안에 계신 그 영으로 통치를 받아 행하여 하나님의 뜻을 이루어 가는 삶의 행위를 말합니다. 육신적인 행위, 즉 혼적인 행위는 다 죽은 행위이며 그 공력은 주님의 날에 인정을 받지 못합니다(고전3:13-15).

사데 교회나 오늘날 교회도 주님은 네 행위를 알고 있다고 하시며, 그 행위를 보고 계십니다. 주님은 사데 교회를 향하여 예수의 생명을 받아 살아 있으나 성령 즉 그 영으로 살지 않았기 때문에 실상은 죽은 자(계3:1)라고 책망하였습니다. 믿는 자들이 흔히 하는 말, '난 예수 믿어, 내가 결국에는 천국 가면 되는 것이지요, 내 마음이 중요하지요.' 이러한 종교적인 관념의 신앙에는 아주 심각한 문제가 있습니다. 주님은 그 몸으로 행한 대로 각각 유업의 상도 주시고(딤후4:8, 계22:10), 선악 간에 심판(고후5:10)하신다고 말씀하고 계십니다. 예수를 믿는 것만으로는 하나님의 생명이 내 혼 생명 안에 채워지지 않습니다. 그러므로 죽은 행실이 나오는 것입니다.

오늘날 믿는 자는 많으나, '아하, 저분은 진짜 그리스도인이다.'라고 말할 수 있는 분이 과연 몇 명이나 됩니까? 거의 드뭅니다. 점진적으로 변화되는 삶을 사는 믿는 자들은 계십니다. 살아있는 삶, 생명 주는 영으로 살아가는 사람들은 성령의 인도함을 받아서 은혜가 넘치고 생명이 흘러서 그리스도를 나타내고 표현하여 심지어 다른 사람에게 화평과 기쁨과 소망을 주고 생명을 나누며 살리는 행위를 합니다.

예수님이 오셔서 온전하지 못한 첫 언약인 율법을 폐하시고(히7:18-

19), 온전한 법, 새 법, 새 언약이신 생명의 성령의 법을 주신 것입니다. 사도 바울은 생명의 성령의 법, 성령을 좇아 행하여 죄와 사망의 법에서 해방되는 진리 안에서 자유하는 법을 깨달았습니다. 그래서 "주 예수 그리스도로 말미암아 하나님께 감사하리라"(롬7:25)고 고백했습니다. 생명 주시는 그 영을 통해서만이 생명의 부활을 산출할 수 있습니다. "선한 일을 행한 자는 생명의 부활로 나오리라"(요5:29). 그 영을 통해서 행할 때에 하나님 보시기에 선한 일입니다.

사도 바울은 사랑하는 제자 디모데에게 믿음의 선한 싸움을 싸우라고 했습니다. 그래야 영원한 생명을 취할 수 있다고 했으며, 이를 위하여 하나님이 너를 부르셨다(딤전6:12)고 했습니다. 이제 믿는 자들은 선한 싸움을 해야 합니다. 자기 육신의 생각을 죽이고 하나님이 주신 영을 좇아 행하는 훈련을 하는 것이 선한 싸움입니다. 이것이 바로 영적 전쟁입니다. 날마다 선한 싸움, 영적 전쟁에서 내 안에 있는 사탄과 싸워 이겨야 합니다. 사람들의 삶을 보면 늘상 거역, 반역, 불신이 팽배한데, 사람의 이면에는 사탄이 거하기 때문에 사탄의 속성이 나오는 것입니다. 이 세상은 불신과 거역으로 충만합니다.

"내가 **선한 싸움**을 싸우고 나의 달려갈 길을 마치고 믿음을 지켰으니 이제 후로는 나를 위하여 의의 면류관이 예비되었으므로 주 곧 의로우신 재판장이 그 날에 내게 주실 것이며 내게만 아니라 주의 나타나심을 사모하는 모든 자에게도니라"(딤후4:7-8). 선한 싸움을 위하여 달려갈 길을 가야 합니다. 이기기를 다투며 경주하는 자처럼 방향 감각 없이 허공 치듯 하지 말고(고전9:24-26) 달려가야 합니다. 그래야 주님 오실 때에 의의 면류관을 받아 천년왕국을 유업으로 상속을 받을 수 있습니다. 그렇지 않으면 의로우신 재판장이신 그리스도 안에서 그날에 심판을 받게 됩니다. 이것이 심판의 부활을 의미합니다. 주님은 심판하기 위해서 강림하십니다. 그분은 의로우신 심판주(딤후4:8)이십니다. 성령을 좇아 행하였느냐, 자신의 육신으로 혼 생명을 위하여 행하였느냐에 따라서 선악을 분별하여 그리스도의 심판대에 서게 되는 것입니다(고전 3:13-15). 그리스도의 심판대는 오늘날 법정처럼 자기 사람이라고 봐주는 법이 없습니다. 거기에서는 하나님의 경륜에 의한 성령으로 행하지 않는 것은 다 불법이므로 심판하십니다.

"우리로 그의 은혜를 힘입어 의롭다 하심을 얻어 **영생의 소망을 따라 상속자가 되게 하려 하심이라** 이 말이 미쁘도다 원하건대 너는 이 여러 것에 대하여 굳세게 말하라 이는 하나님을 믿는 자들로 하여금 조심하여 **선한 일을 힘쓰게 하려 함이라** 이것은 아름다우며 사람들에게 유익하니라"(딛3:7-8). 성령을 좇아 행하는 것이 주님이 보시기에 아름다운 일입니다. 결국에는 성령을 좇아 행해야 영생의 소망을 따라 상속자 즉 유업을 받게 됩니다(골3:23-24). 이 말씀을 믿고 경건의 연습을 하는 자에게는 유익이 됩니다. 육체의 연습은 약간의 유익이 있으나 경건의 훈련은 범사에 유익하니 금생과 내생에 약속이(딤전4:8) 있다고 했습니다.

육신은 죽이고 성령을 좇아 살아가는 것이 선한 싸움입니다. 사도 바울처럼 "나는 날마다 죽노라" 그리스도 안에서 영으로써 몸의 행실을 죽이고 영으로 행하는 경건의 연습, 이것이 바로 경건훈련입니다. 선한 싸움을 해야 내 자아와, 세상과 종교, 사탄을 이길 수가 있으며, 그리스도의 몸을 조성할 수 있습니다(엡2:22). 하나님이 나를 지으신 의도는 성령을 좇아 행하여 하나님을 표현하기 위함입니다. 성령을 좇아 행하는 것이 선입니다. 성령을 좇아 행하여 분부한 모든 말씀을 지키도록 양육(마28:20)하는 것이 주님의 지상 명령입니다. 성령으로 말씀을 지키는 자가 복(계22:7)이 있습니다.

6. 생명의 부활인 첫째 부활과 나중 부활

"그러나 각각 자기 차례대로 되리니 먼저는 첫 열매인 그리스도요 다음에는 그가 강림하실 때에 그리스도에게 속한 자요 그 후에는 마지막이니 그가 모든 통치와 모든 권세와 능력을 멸하시고 나라를 아버지 하나님께 바칠 때라"(고전15:23-24).

유업의 상을 받아 천년왕국 때에 그리스도와 더불어 왕 노릇하는 세 부류의 이기는 성도들이 생명의 부활로 나와 첫째 부활에 참여하는 자들입니다(계20:4). 첫째 부활은 제일 좋은 최상의 부활입니다. 그것은 생명의 부활일 뿐만 아니라(요5:29) 주님이 강림하실 때 붙어 있는 자이며(고전15:23하, 살전4:16), 의인들이 받는 보상의 부활이며(눅14:14), 사도가 추구했던 뛰어난 부활이며(빌3:11), 더 좋은 부활(히11:35)이며, 이기는 이들에게 보상을 주는 왕권을 동반하는 왕의 신분으로서의 부활입니다(요5:29, 눅14:14, 살전4:16, 계20:4-6).

이기는 이들은 이 부활로 말미암아 천년왕국에서 그리스도와 함께 공동 왕으로 통치하게 됩니다(계2:26-27, 12:5, 20:4, 6). 따라서 이기는 이들은 이 첫째 부활을 누리는 복이 있습니다. 이들은 또한 주님이 강림하실 때에 주님께 붙어 있는 자들입니다(고전15:23). 이들은 그리스도를 닮아 첫째 부활에 속하여 첫 열매인 신부인 성도들이며 왕 같은 제사장들이며 순교자들입니다(계20:4-6).

첫째 부활

천년왕국에서 그리스도와 더불어 왕 노릇할 첫째 부활에 속한 세 부류의 신앙인은 어떠한 신앙입니까?

"또 내가 보좌들을 보니 거기 앉은 자들이 있어 심판하는 권세를 받았더라 또 내가 보니 예수의 증거와 하나님의 말씀을 인하여 목 베임을 받은 자의 영혼들과 또 짐승과 그의 우상에게 경배하지도 아니하고 이마와 손에 그의 표를 받지도 아니한 자들이 살아서 그리스도로 더불어 천년 동안 왕 노릇하니"(계20:4).

첫 번째 부류는 보좌 위에 앉은 자들입니다. 그리스도가 보좌 중심에 있고 좌우에 보좌들이 펼쳐 있는데 거기 앉은 자들이 있습니다. 이들이 심판하는 권세를 받았다는 것은 왕권을 가지고 통치하고 다스리는 권한을 가지고 있다(단7:10, 18, 22, 마19:28, 계5:10)는 것입니다. 여기에 앉은 자들은 이기는 자들, 첫 열매 성도들을 가리킵니다. "이기는 그에게는 내가 내 보좌에 함께 앉게 하여 주기를 내가 이기고 아버지 보좌에 함께 앉은 것과 같이 하리라"(계3:21).

오늘날 교회생활 가운데서 이기는 성도들은 십자가의 신앙으로 성령의 다스림 속에서 내 자아와 세상과 종교, 사탄을 이기는 성도들입니다. 또한 이들은 순교자적 삶을 살고 있는 성도들입니다. 이들은 이미 휴거된 성도들입니다(살전4:14). 처음 익은 열매에 참여한 자들이며 이기는 성도들이기에 그리스도와 함께 왕권과 심판하는 권세를 갖는 공동 왕, 분봉 왕들이 될 것입니다(눅19:17).

두 번째 부류는 예수의 증거와 하나님의 말씀을 인하여 목 베임을 받은 자의 영혼들, 복음과 진리를 수호하기 위하여 과거 교회시대 전체에 걸쳐 역대로 순교당한 성도들을 가리킵니다(계6:9).

세 번째 부류는 짐승과 그의 우상에게 경배하지도 아니하고 이마와 손에 그의 표, 666을 받지도 아니한 자들로, 이들은 적그리스도의 대환난 후 3년 반에 순교한 사람들을 가리킵니다(계13:10, 15). 이와 같이 세 부류에 속한 자들은 이기는 성도들이므로 천년왕국 동안에 그리스도와 함께 영광의 보좌에 앉아 공동 왕이 되어 천년왕국의 백성들을 통치하고 심판을 합니다(마19:28, 계20:4). 여기서 오늘날 그리스도인들에게 중요한 것은 우리가 날마다 그분의 통치를 받아 교회생활을 하여 그리스도의 몸을 조성하여 첫째 부활에 속하느냐 하는 것입니다.

그 나머지 죽은 자들

"그 나머지 죽은 자들은 그 천년이 차기까지 살지 못하더라"(계20:5).

여기에서 그 나머지 죽은 자들은 어떠한 사람들인가? 이 해석은 신학적으로 논의가 있는 내용입니다. 그러나 저의 개인적인 생각은 믿지 않는 자들을 포함하고 또 하나는 예수를 믿어도 아무런 열매를 맺지 못하는 사람들은 그 나머지에 포함된다고 보아야 합니다.

믿지 않는 자들은 천년왕국 이후에 백 보좌의 심판을 받으며(계20:11-12), 믿어도 아무런 열매를 맺지 못한 나머지는 첫째 부활에 참여하지 못하고 필경 멸망에 빠지게 됩니다. 또한 예수를 믿어도 생명이 없는 사람들과 아무런 열매를 맺지 못하는 사람(미련한 처녀)들은 심판의 부활에 참여(요5:28-29, 고후5:10, 롬14:10)할 뿐만 아니라, 첫째 부활에 속하지 않습니다. 그러므로 질책을 받아 천년왕국에 들어오지 못하여 하루가 천년 같은 삶으로 연단을 받음으로써 슬피 울며 이를 갊이 있어 후회하게 됩니다(마13:49-50, 18:31-35, 22:11-14, 24:48-51, 고전3:10-15, 히6:4-8). 그러므로 교회시대에 슬기로운 처녀처럼 등에 기름을 준비한 깨어 있는 자가 되어야 합니다. 부활의 형태에는 여러 가지가 있는데 이기는 자의 부활인 첫 열매가 되어야 천년왕국에서 왕과 제사장 노릇을 합니다.

"이 첫째 부활에 참예하는 자들은 복이 있고 거룩하도다 둘째 사망이 그들을 다스리는 권세가 없고 도리어 그들이 하나님과 그리스도의 제사장이 되어 천년 동안 그리스도로 더불어 왕노릇 하리라"(계20:6). 이 말씀은 믿는 우리들의 소망이 되어야 합니다. 이 계시록이 기록된 목적은 하나님의 경륜 안에서 믿는 자들이 이 말씀을 통해 배워서 이기는 자들이 되고, 그리스도와 더불어 동역하는 자들이 되도록 하는 데 있습니다.

부활은 차례대로

믿는 자들이 스스로 알곡이라 생각하여 환난 후에 부활 한 번으로 휴거되어 올라가는 줄 알고 있지만 전혀 그렇지가 않습니다. 부활도 차례대로(고전15:23-24) 됩니다. 처음 익은 열매, 그다음에 알곡, 그다음에는 이삭줍기로 수확하여 휴거되어 올라갑니다. 이기는 자들이 첫 열매로 수확되어 환난 전에 휴거 부활되어 하나님의 보좌가 있는 천상에 있는 성도들(계20:4)입니다.

첫째는 계시록 7장에 나오는, 부활하여 하나님의 보좌, 천상에서 찬양하는 이기는 자들입니다(계7:9-14). 둘째는 11장에 나오는 두 증인이며(계11:12), 셋째는 여자가 낳은 사내아이인 순교자들입니다(계12:5-6). 넷째는 14장에 나오는 처음 익은 열매인 십사만 사천 명의 성도입니다(계14:1-5). 다섯째는 마지막 순교자들 즉 대환난 때에 666의 표를 받지 않고 짐승과 우상에게 경배하지 않는 자들로 이기는 자들이 부활하여 유리바다 가에 서 있는 자들입니다(계15:2). 여섯째는 예비된 신부들입니다(계19:7). 여기까지가 이기는 자들의 첫째 부활에 속한 자들입니다.

계시록 16장에 나오는 대접 재앙 때에 이삭줍기로 수확하여 올라가는 자가 있습니다(계16:15). 그러므로 환난 전 휴거설, 환난 중 휴거설, 환난 후 휴거설이 맞는 것이 아닙니다. 주님은 마지막 때에 열매되는 자를 부분적으로 환난 전, 중, 후에 알곡되어 익은 자들은 다 수확하여 거두어 올라가게 합니다. 마치 곡식도 익은 알곡을 차례대로 수확하는 것처럼 거두는 것입니다. 그중에서 이기는 자들이 첫째 부활이기에 제일 좋은 최상의 부활이며 뛰어난 부활(빌3:11), 더 좋은 부활(히11:35)입니다. 이것은 생명의 부활(요5:29)일 뿐만 아니라 의인들이 받는 보상의 부활이며(눅14:14), 이기는 이들에게 보상으로 주어진 왕권을 동반하는 부활입니다. 이기는 이들은 이 부활로 말미암아 천년왕국에서 그리스도와 함께 공동 왕들로서 통치하게 됩니다(계20:4, 6). 따라서 이기는 이들은 이 첫째 부활을 누리는 복이 있는 자입니다. 첫째 부활에 속하는 자들은 그 시대, 그 모든 일상생활의 영역에서 영으로 행하여 이기는 믿는 사람들입니다. 그러므로 **"둘째 사망이 그들을 다스리는 권세가 없**

고"(계20:6). 이기는 첫째 부활에 속한 자들에게는 "둘째 사망이 그들을 다스리는 권세가 없다"는 것은 무슨 뜻인가?

둘째 사망이 그들을 다스리는 권세가 없다

사망에도 두 종류가 있습니다. 첫째 사망은 육체의 죽음이고, 둘째 사망은 첫째 사망인 육체의 죽음과 대조되는 영적인 죽음을 뜻합니다. 이것은 첫째 부활과 대조하여서 말한 것입니다. 이 둘째 사망은 그리스도의 천년통치가 끝난 후에 모든 악인들이 받는 영원한 불못 형벌을 의미합니다. 형벌을 받는 악인들은 그리스도께서 재림하실 때에 부활하지 못합니다. 하나님의 생명만이 부활하는 것이기 때문입니다. 생명이 없는 씨가 어찌 부활할 수 있겠습니까? 그런데 어떠한 분들은 믿지 않는 자도 부활한다고 얘기를 합니다. 요5:29에 "악한 일을 행한 자는 심판의 부활로 나오리라"는 믿지 않는 자가 아닙니다. 믿는 자이나 성령으로 행하지 아니한 육적인 신앙인입니다. 그러나 결국에는 부활합니다. 믿지 않는 자는 천년이 다 끝난 후 하나님의 백 보좌 심판을 거쳐 영원한 불못에 던짐을 당합니다. 이것이 둘째 사망입니다. 그러므로 첫째 부활과 둘째 사망 사이는 천년이라는 간격이 있게 됩니다. 둘째 사망은 곧 영과 육이 함께 영원한 불못에 던짐을 당하는 것을 의미합니다(마10:28).

첫째 사망은 믿는 자든지 불신자든지 누구에게나 임하는 죽음이지만 우리 믿는 성도는 절대로 둘째 사망(불못)에 들어가서도 안 되지만 들어갈 수도 없습니다. 이기는 자는 둘째 사망의 해를 받지 아니하리라 He who overcomes will not be hurt at all by the second death. 이기는 자는 둘째 사망에 의하여 어떤 상함도(해로움) 받지 아니하리라(계2:11). "둘째 사망이 그들을 다스리는 권세가 없다" 이 말씀의 뜻은 둘째 사망을 받지 않는다는 것이 아니라 둘째 사망(불못)에 버금가는 해를 당하지 않는다는 것입니다. 이기는 자는 받지 않으니까, 이기지 못하는 자가 그리스도의 심판 때에 질책을 받아서 둘째 사망(불못)에 버금가는 대가의 해, 즉 고난을 겪는다는 뜻입니다. 다시 말씀드리면 영영한 불못에는 들어가지 않아도 그에 준하는 해를 받는다는 것입니다. 왜 그렇습니까? 예수를 믿음으로 구원을 받았기에 결단코 영원히 멸망하지는 않지만(요10:28, 3:16), 육신적이고 생명이 되지 못하여 이기는 자가 되지 못하면, 심판의 부활로 나와(요5:29) 고난의 해를 받은(고전3:15) 뒤에 회복되어 새 하늘과 새 땅에 들어가는 것입니다. 왜냐하면 한번 구원은 영원한 구원(요10:28-29, 롬8:38-39, 사49:15)이기 때문입니다.

오늘날 믿는 자들이 이 진리를 모르기 때문에 두려움과 떨림이 없이 신앙생활하고 있는 것입니다. 그러나 성경은 "나의 사랑하는 자들아 너희가 나 있을 때뿐 아니라 더욱 지금 나 없을 때에도 항상 복종하여 두렵고 떨림으로 너희 구원을 이루라"(빌2:12), "내가 내 몸을 쳐 복종하게 함은 내가 남에게 전파한 후에 자신이 도리어 버림을 당할까 두려워함이로다"(고전9:27), "만일 누구든지 금이나 은이나 보석이나 나무나 풀이나 짚으로 이 터 위에 세우면 각 사람의 공적이 나타날 터인데 그 날이 공적을 밝히리니 이는 불로 나타내고 그 불이 각 사람의 공적이 어떠한 것을 시험할 것임이라 만일 누구든지 그 위에 세운 공적이 그대로 있으면 상을 받고 누구든지 그 공적이 불타면 해를 받으리니 그러나 자신은 구원을 받되 불 가운데서 받은 것 같으리라"(고전3:12-15)고 말씀합니다.

이와 같이 주님의 일을 육신적으로 자기의 의를 드러내기 위하여 행하는 자는 천연적인 나무나 풀이나 짚으로 집을 짓는 사람이요, 반면에 주님의 이름으로 영(선)으로 영광과 기쁨, 즐거움, 감사함으로 누리고 섬기면 하나님의 속성인 금이나 은이나 보석으로 집을 짓는 사람입니다(고전3:12). 믿지 않는 자들은 하나님의 집을 짓지 않지만, 믿는 자들은 하나님이 거하는 집을 짓습니다. 믿는 자들이 나무나 풀이나 짚으로 집을 지으면, 즉 천연적이고 육신적인 자신의 의의 방법으로 공력을 세우면 주님이 오시어 그리스도의 심판 때에 불이 지나가면 그 공로는 타서 없어져 터만 남아 겨우 자신의 영만 구원을 받고(고전5:5, 벧전4:18) 심판의 부활로 나와 둘째 사망에 버금가는 해를 받게 되어 고난을 당하게 된다는 말씀입니다(고전3:12-15). 질책을 받아 고난을 받게 되는 그 해는 불못이 아닌 지옥을 말씀하는 것입니다.

반면에 이기는 자 즉 첫째 부활에 속한 자는 둘째 사망(불못)에 버금가는 대가의 해, 즉 고난을 겪지 않습니다. 왜냐하면 그만큼 나를 이기고 세상을 이기고 종교적인 신앙을 이기고 사탄을 이겼기 때문에 그 많은 환난이 또 와도 이길 수 있기 때문입니다. 이기는 자는 보상으로 천년왕국에서 분봉 왕(눅19:12)으로 하나님과 그리스도의 제사장이 되어 천년 동안 왕 노릇 할 뿐만 아니라, 만국 백성들을 목양할 것(슥8:23, 14:16-21)입니다. 뿐만 아니라 영원무궁한 새 하늘 새 땅, 새 예루살렘성, 천국에서도 왕 노릇하는(계22:5) 참으로 복이 있는 자입니다. 그러므로 우리는 선을 행하여 이기는 자가 되도록 깨어 있는, 지혜롭고 슬기로운 처녀가 되어야 합니다. 또한 생명의 부활, 더 좋은 부활, 첫째부활에 속한 자가 되도록 이제는 하나님의 경륜의 이상을 가지고 향방 없이 허공치지 말고 믿음의 신앙의 경주를 하여야 합니다(고전9:23-26). 그러면 나중 부활 자(고전15:24)는 누구인가?

마지막 나중 부활

"그러나 각각 자기 차례대로 되리니 먼저는 첫 열매인 그리스도요 다음에는 그가 강림하실 때에 그리스도에게 속한 자요 그 후에는 마지막이니 그가 모든 통치와 모든 권세와 능력을 멸하시고 나라를 아버지 하나님께 바칠 때라"(고전15:23-24).

맨 나중, 마지막 옛 창조의 모든 시대의 끝, 천년왕국 끝에 사탄과 마귀와 악한 천사들과 심지어 죽음과 음부까지도 패배시키고, 모든 원수를 발아래 두시며, 왕국을 하나님 아버지께 넘겨 드리실 때, 이때에 맨 나중 부활, 부활 자가 있습니다. 이것이 누구이겠습니까? 이것은 믿지 않는 자가 아닙니다. 누차 말씀드리지만 하나님의 생명이 있어야만 부활하는 것입니다. 주님께서도 사도 바울을 통해서 씨가 없이, 생명이 없이 부활할 수 없다(고전15:36-37)고 했습니다. 씨가 없는데 죽은 자가 부활한다고 생각하는 자는 어리석은 자입니다(고전15:36).

　마지막 나중 부활 자는 천년왕국 때에 영이 거듭나고 혼이 거듭나지 못한 천년왕국의 백성들을 말씀하는 것입니다. 그러므로 천년왕국이 끝날 무렵에 곡과 마곡 전쟁을 통해서 사탄을 잠시 옥(무저갱)에서 풀어놓아 왕국백성들을 연단하고 시험하기 위하여 허락하십니다(계20:7-8). 이때에 천년왕국 백성들이 마귀의 본성을 드러내는 자는 심판하여 완전히 제거해 버립니다. 그러나 그 시험에서 이기는 자는 마지막 나중에 부활하여 영원한 새 하늘과 새 땅에 입성하게 됩니다. 믿는 우리는 이기는 자가 되어 첫째 부활에 속하는 영광의 반열이 되어야 합니다.

　"여자들은 자기의 죽은 자들을 부활로 받아들이기도 하며 또 어떤 이들은 더 좋은 부활을 얻고자 하여 심한 고문을 받되 구차히 풀려나기를 원하지 아니하였으며"(히11:35). 우리는 첫째 부활에 속한, 더 좋은 부활의 영광의 반열의 이상을 아는 자로서 어떠한 악행과 심한 고문도 구차히 여기지 않는 하나님의 사람이 되어야 합니다. "그러나 각각 자기 차례대로 되리니 먼저는 첫 열매인 그리스도요 다음에는 그가 강림하실 때에 그리스도에게 속한 자요 그 후에는 마지막이니 그가 모든 통치와 모든 권세와 능력을 멸하시고 나라를 아버지 하나님께 바칠 때라"(고전15:23-24).

제6장

음부와 낙원, 지옥과 불못의 관계

1. 음부(스올, 하데스) | 2. 낙원(셋째 하늘) | 3. 지옥(gehenna) | 4. 불못 (cast into the lake of fire)

오늘날 예수님을 믿는 자들이 오해하여 잘못 알고 있는 부분들이 있습니다. 천국, 음부, 지옥, 불못에 대한 부분들입니다. 이들은 아주 중요한 개념인데 사탄이 개입하여 믿는 자들을 미혹하여 세뇌시켜서 완전히 모르게 만들어 버렸습니다. 우리는 일반적으로 예수 믿으면 천국, 안 믿으면 지옥, 즉 불신 지옥, 예수 천당으로 배워왔습니다. 그리고 예수를 잘 믿으면 복을 받아 번영하여 부자가 되고 상(면류관)을 받는다고 하지만 잘못 믿으면 어찌 되는지에 대해서는 잘 모르기 때문에 아무런 말이 없습니다.

예수를 잘 믿는 사람은 어떠한 사람입니까? 하나님께서 말씀하신 경륜의 목적과 의도를 알고, 의도하신 방향으로 변화하여 인격적으로 그리스도를 표현하는 사람입니다. 그러니 오랫동안 신앙생활을 하고 믿어도 변화되지 않는 사람은 잘못 믿는 사람입니다. 신앙인 가운데도 잘 믿어서 변화 받은 자가 있고, 잘못 믿어서 변화되지 않는 자가 있습니다. 그러므로 우리는 지혜와 계시의 영(엡1:17)을 통해 생명의 빛을 받아 하나님의 의도와 뜻, 하나님의 경륜을 힘써 알아야 합니다. 그렇지 않으면 막연하게 알고 막연하게 믿어 사탄이 원하는 작전에 빠지게 되어서 결국에는 하나님의 뜻과 아무런 관계가 없는 불법을 행하는 자가 됩니다.

예수를 믿는 신앙이라면 반드시 천국은 누가 가고, 지옥은 누가 가고, 불못은 누가 가는가? 그리고 낙원과 천국, 음부와 지옥, 그리고 불못의 개념을 확실히 알아야 할 필요성이 있습니다. 이와 같이 정확한 개념정리 없이 성경을 보면 말씀이 부분적으로 열리지가 않을 뿐만 아니라, 개개인의 신앙인의 삶의 가치가 다르게 나타나고 우리가 추구하는 최종적인 목적인 천국에 갈 수 없기 때문에 아주 중요합니다. 또한 이러한 문제를 영적으로 풀지 못하면, 흔히 난해 구절이라 취급하는 경향이 허다합니다. 그러나 하나님의 말씀은 난해 구절이 없습니다. 하나님은 완벽하십니다. 영원한 하늘나라 새 하늘과 새 땅, 천국에 관한 것은 앞에서 살펴보았기에 음부와 지옥과 불못의 관계를 살펴봄으로써 이제 우리는 신앙의 방황을 끝내야 합니다.

1. 음부(스올, 하데스)

"그의 모든 자녀가 위로하되 그가 그 위로를 받지 아니하여 이르되 내가 슬퍼하며 스올로 내려가 아들에게로 가리라 하고 그의 아버지가 그를 위하여 울었더라"(창37:35).

음부는 히브리어로 '스올(sheol)', 헬라어로는 '하데스(hades)'입니다. 음부는 죽은 영혼들이 심판을 대기하며 거처하는 지하세계를 말합니다. 70인 역에서 '하데스'는 이 세상을 떠난 자들이 거처하는 음침한 지하세계로 번역하고 있습니다. 포괄적인 의미로는 현재 죽은 자들은 모두가 음부에 들어갑니다. 예수님의 부활 이전, 구약에서는 죄인이든 의인이든 사람이 죽으면 그 영혼이 머무는 곳을 음부라고 합니다(창37:35, 42:38, 삼상2:6, 욥7:9, 시6:5, 30:3, 89:48, 호13:14, 마11:23, 16:18, 눅10:15, 16:23, 행2:27, 31, 계1:18, 6:8, 20:13, 14). 죽음은 모으는 것이고, 음부는 가두는 것입니다. 그러나 죽음과 음부를 주관하는 열쇠는 죽으셨다가 부활하신 우리 주 구주이신 그리스도 안에 있습니다(계1:18).

누가복음 16장에 나오는 부자와 나사로에 대한 기사는 예수님의 십자가와 부활사건 이전의 사건입니다. 따라서 음부 안은 고통의 구역인 '고통(Torment) 받는 곳'과 위로의 구역인 '낙원(Paradise)'의 두 격실로 구성(눅16:23-26)되었습니다. 예수님이 십자가에 죽으시고 부활하신 이후에 땅 아래 음부에 있던 믿는 자들의 낙원이 하늘로 옮겨진 것입니다. "그러므로 이르기를 그가 위로 올라가실 때에 사로잡힌 자를 사로잡고 사람들에게 선물을 주셨다 하였도다 올라가셨다 하였은즉 땅 아래 곳으로 내리셨던 것이 아니면 무엇이냐"(엡4:8-9). 예수 그리스도는 먼저 육체가 되시어 하늘에서 땅으로 내려오셨고, 그 후에 십자가에 죽으시어 땅에서 음부로 내려가셨습니다(행2:27). 부활하신 후에는 음부에서 땅으로 올라오셨고, 승천하시어 땅에서 하늘로 올라가셨습니다. 그리스도는 이러한 여정을 통해서 모든 것을 충만하게 할 수 있는 길을 우리에게 여신 것입니다.

"이에 그 거지가 죽어 천사들에게 받들려 아브라함의 품에 들어가고 부자도 죽어 장사되매 저가 음부에서 고통 중에 눈을 들어 멀리 아브라함과 그의 품에 있는 나사로를 보고 불러 가로되 아버지 아브라함이여 나를 긍휼히 여기사 나사로를 보내어 그 손가락 끝에 물을 찍어 내 혀를 서늘하게 하소서 내가 이 불꽃 가운데서 고민하나이다 아브라함이 가로되 얘 너는 살았을 때에 네 좋은 것을 받았고 나사로는 고난을 받았으니 이것을 기억하라 이제 저는 여기서 위로를 받고 너는 고민을 받느니라 이뿐 아니라 너희와 우리 사이에 큰 구렁이 끼어 있어 여기서 너희에게 건너가고자 하되 할 수 없고 거기서 우리에게 건너올 수도 없게 하였느니라"(눅16:22-26).

또한 예수 그리스도께서 십자가에 죽으신 후 음부로 가신 것에 관한 구절(행2:27, 31, 엡4:9-10, 벧전3:18-19, 계1:18, 6:8, 20:13, 14)도 있습니다. "이는 내 영혼을 음부에 버리지 아니하시며 주의 거룩한 자로 썩음을 당치 않게 하실 것임이로다"(행2:27), "미리 보는 고로 그리스도의 부활하심을 말하되 저가 음부에 버림이 되지 않고 육신이 썩음을 당하지 아니하시리라 하더니"(행2:31), "그리스도께서도 한번 죄를 위하여 죽으사 의인으로서 불의한 자를 대신하셨으니 이는 우리를 하나님 앞으로 인도하려 하심이라 육체로는 죽임을 당하시고 영으로는 살리심을 받으셨으니 저가 또한 영으로 옥에 있는 영들에게 전파하시니라"(벧전3:18-19). 예수님께서는 무덤에 있던 삼 일 동안 감옥에 있는 영들에게도 복음을 전파하기 위하여 활동하셨던 것을 가리키고 있습니다.

예수님께서는 십자가상에 있는 행악자에게 약속하신 바와 같이, 주님은 죽은 자가 있는 지역 중 낙원으로 가셨습니다(눅23:43). 예수님께서 지상에 계실 때에는 낙원은 음부 안에 있었음이 틀림없습니다. 예수님의 몸은 요셉의 무덤 안에 있었지만, 예수님의 혼은 죽으신 후에도 여전히 영 안에서 음부에 내려갔다가 자신의 몸이 부패를 보기 전에 음부(하데스)로부터 되돌아(행2:27) 오셨습니다. 그러나 예수님은 혼자 돌아오신 것이 아닙니다. 지옥의 열쇠들을 취하셔서 자신이 들어갔던 낙원 구역의 문을 열었으며, 그 안에 사로잡힌 자들을 취하사 그곳을 비워 놓으시고 위로 올라(엡4:8-10)가셨습니다.

사망과 음부의 열쇠

예수 그리스도는 사망과 음부의 열쇠를 가졌습니다(계1:18). 무슨 열쇠입니까? 사망과 음부의 열쇠입니다. 열쇠의 특징은 열고 닫을 수가 있다는 것입니다. 예수 그리스도는 십자가를 통해서 사망은 멸하고 부활 안에서 음부를 이기셨습니다. 주님께서 사망과 음부의 열쇠를 가지고 있는 이상 우리는 그리스도 안에서 사망의 권세를 이길 수가 있습니다. 우리는 그분께 속해 있고 그분 안에 있기 때문입니다. 결국 사망과 음부도 죽은 자들을 내어주게 됩니다(계20:13). 사망과 음부도 그 가운데서 죽은 자들을 내어 준다는 것은 사망과 음부가 영원한 것이 아니며 한시적이라는 말입니다. 지옥은 백보좌 심판이 있기 전까지만 존립합니다.

또한 음부는 형벌의 장소라고 기록하고 있습니다. 예수님께서도 회개치 아니한 죽은 영혼들이 가 있는 곳이라는 사실을 말씀하고 있습니다.

"예수께서 권능을 가장 많이 베푸신 고을들이 회개치 아니하므로 그 때에 책망하시되 화가 있을진저 고라신아 화가 있을진저 벳새다야 너희에게서 행한 모든 권능을 두로와 시돈에서 행하였더면 저희가 벌써 베옷을 입고 재에 앉아 회개하였으리라 내가 너희에게 이르노니 심판 날에 두로와 시돈이 너희보다 견디기 쉬우리라 가버나움아 네가 하늘에까지 높아지겠느냐 음부에까지 낮아지리라 네게서 행한 모든 권능을 소돔에서 행하였더면 그 성이 오늘날까지 있었으리라 내가 너희에게 이르노니 심판 날에 소돔 땅이 너보다 견디기 쉬우리라 하시니라"(마11:20-24).

부자와 거지 나사로의 비유에서도 부자가 음부에서 고통 가운데 있는 것을 보여 줍니다. "저가 음부에서 고통 중에 눈을 들어 멀리 아브라함과 그의 품에 있는 나사로를 보고 불러 가로되 아버지 아브라함이여 나를 긍휼히 여기사 나사로를 보내어 그 손가락 끝에 물을 찍어 내 혀를 서늘하게 하소서 내가 이 불꽃 가운데서 고민하나이다"(눅16:23-24).

"이는 내 영혼을 음부에 버리지 아니하시며 주의 거룩한 자로 썩음을 당치 않게 하실 것임이로다 미리 보는 고로 그리스도의 부활하심을 말하되 저가 음부에 버림이 되지 않고 육신이 썩음을 당하지 아니하시리라 하더니 이 예수를 하나님이 살리신지라 우리가 다 이 일에 증인이로다"(행2:27, 31-32)라고 시편 16편 10절의 말씀을 인용하면서, 예수 그리스도는 부활하심으로 음부에 버림이 되지 않으셨다고 말씀하십니다. 이 말씀은 예수님께서 십자가에서 죽으신 다음에 그 영혼이 음부에 버림을 받지 않는다는 내용입니다. 또한 예수님께서도 부활하신 후에 음부에서 옥에 있는 영들에게 복음을 전파했습니다.

"그리스도께서도 한번 죄를 위하여 죽으사 의인으로서 불의한 자를 대신하셨으니 이는 우리를 하나님 앞으로 인도하려 하심이라 육체로는 죽임을 당하시고 영으로는 살리심을 받으셨으니 저가 또한 영으로 옥에 있는 영들에게 전파하시니라 그들은 전에 노아의 날 방주 예비할 동안 하나님이 오래 참고 기다리실 때에 순종치 아니하던 자들이라 방주에서 물로 말미암아 구원을 얻은 자가 몇 명뿐이니 겨우 여덟 명이라"(벧전3:18-20).

"그들이 산 자와 죽은 자를 심판하기로 예비하신 이에게 사실대로 고하리라 이를 위하여 죽은 자들에게도 복음이 전파되었으니 이는 육체로는 사람으로 심판을 받으나 영으로는 하나님을 따라 살게 하려 함이라"(벧전4:5-6).

이것은 그분의 통치와 행정에 있어서 하나님의 심판이 얼마나 엄격하고 엄중한가를 보여주고 있습니다. 예수님께서는 또한 십자가에서 우편 강도에게 오늘 네가 나와 함께 낙원에 있으리라(눅23:43)고 말씀하셨습니다. 예수님께서 죽으신 후에 예수님의 영혼이 삼층천에 가셨다는 기록은 없으며 음부로 가셨습니다. 부활하신 후에야 삼층천 하나님의 보좌 앞으로 올라가셨습니다. 그러므로 예수님께서 십자가에 죽으신 후에 즉 부활하시기 전에는 예수님의 영이 사흘을 땅속 음부에도 있었고(마12:40, 욘2:2), 낙원에도 가셨고(눅20:23), 옥에도 가셨습니다(벧전3:19). 음부는 죽은 영혼이 대기하는 포괄적인 개념입니다.

음부 안에는 믿는 자가 대기하는 낙원(눅23:43, 16:22)도 있고, 믿지 않는 불신자들이 벌써 심판을 받아(요3:18) 고통당하며 대기하는 감옥도 있고(눅16:28), 복음을 들어 보지도 못한 사람들이 대기하는 곳인 옥도 있고(벧전3:18-20, 4:5-6), 범죄한 천사 즉 악한 영들이 갇혀 있는 일시적인 무저갱도(벧후2:3-4) 있습니다. 사망과 음부의 열쇠를 가지고(계1:18) 계신 주님께서는 이기는 자의 길을 가는 성도들의 생명을 확실하게 붙잡고 계십니다. 우리 믿는 성도들은 죽고 싶어도 죽지 못합니다. 사망과 음부의 열쇠를 주님께서 가지고 계시기 때문입니다. 사망과 음부도 그 가운데 죽은 자들을 불못에 내어준다(계20:13-14)는 것은 지옥이나 음부가 영원한 것이 아니며 한시적이라는 뜻입니다. 음부는 세상을 떠나 있는 영혼들이 거처하는 것이며 그중에 믿지 않는 자는 음부에서 백보좌 심판을 받기 위해서 대기하는 곳이라면, 믿는 자는 낙원에서 주님의 오심을 기다리며 생명의 부활과 심판의 부활을 고대하며 대기하는 곳입니다. 마치 구치소에서 형 집행을 받기 전의 모습과 유사합니다.

2. 낙원(셋째 하늘)

"내가 그리스도 안에 있는 한 사람을 아노니 그는 십사 년 전에 셋째 하늘에 이끌려 간 자라(그가 몸 안에 있었는지 몸 밖에 있었는지 나는 모르거니와 하나님은 아시느니라) 내가 이런 사람을 아노니 (그가 몸 안에 있었는지 몸 밖에 있었는지 나는 모르거니와 하나님은 아시느니라) 그가 낙원으로 이끌려가서 말로 표현할 수 없는 말을 들었으니 사람이 가히 이르지 못할 말이로다"(고후12:2-4).

낙원은 천국하고 별개의 것인가, 아니면 같은 것인가? 이 문제에 대하여 다르게 보기도 하고 동일하게 보는 분들도 있습니다. 낙원은 무엇입니까? 성경에는 낙원이란 단어가 딱 3번 기록되어(고후12:4, 눅23:43, 계2:7) 있습니다. 먼저, 고후12:2에 사도 바울이 보았다는 셋째 하늘이 나옵니다. 사도 바울은 셋째 하늘을 낙원이라고 말씀하고 있습니다. "그가 **낙원**으로 이끌려가서 말로 표현할 수 없는 말을 들었으니 사람이 가히 이르지 못할 말이로다"라고 고백한 걸 보면 낙원이 얼마나 아름답고 황홀하겠습니까? 오늘날 수많은 사람들이 환상 가운데 천국을 보고 왔다고 간증하는 걸 봅니다. 그들이 간증하는 내용을 보면 사람마다 다르고 또한 성경과도 다른 것을 알 수 있습니다. 셋째 하늘이라는 낙원이 과연 천국일까? 믿는 자들이 세상을 떠나면 낙원으로 갈까, 바로 천국으로 갈까에 대해 많은 논란이 있습니다.

성경은 하늘의 구조를 셋째 하늘이 있는 삼층으로 말합니다(신10:4,

왕상8:27, 대하6:18, 느9:6, 렘10:12, 시148:4). '하늘'과 '하늘들'과 '하늘들의 하늘'로 표현하고 있습니다. 첫째 하늘은 지구와 행성이 있는 우주 세계를 말하고, 둘째 하늘은 공중으로 강림하실 때에 주를 영접하는 공중(살전4:17)을 말합니다. 셋째 하늘은 예수님이 부활 승천하여 계신 곳을 찾아보면 낙원의 정체를 알 수가 있습니다. "그의 능력이 그리스도 안에서 역사하사 죽은 자들 가운데서 다시 살리시고 하늘에서 자기의 오른편에 앉히사"(엡1:20)라고 하였습니다. "그러므로 너희가 그리스도와 함께 다시 살리심을 받았으면 위의 것을 찾으라 거기는 그리스도께서 하나님 우편에 앉아 계시느니라"(골3:1)고 하였습니다. 예수님께서 하나님 보좌 우편에 앉으셨다는 성경 말씀은 상기한 말씀 외에도 많습니다(히1:3, 8:1, 10:12, 12:2, 벧전3:22). 계시록 5장 7절에 보면 "어린양이 나아와서 보좌에 앉으신 이의 오른손에서 책을 취하시니라"고 하였습니다. 이는 사도 요한이 밧모섬에서 환상계시를 통하여 천상의 모습을 보는 중에 어린양 예수님이 보좌에 앉으신 이, 즉 하나님의 오른손에서 구원을 위한 책을 받으시는 모습을 본 장면입니다.

 이런 여러 말씀들을 근거하여 볼 때 현재 예수님께서는 하나님이 거하시는 곳에 같이 계신다는 것을 알 수 있습니다. 그것이 하나님의 우편에 계신다고 하는 하나님의 보좌인 하늘나라가 셋째 하늘, 즉 낙원이라는 뜻입니다. 하나님께서 우주 만물을 창조하시기 전에 천상에 계셔서 천사를 창조하셨던 곳, 에녹이 하나님과 동행하기 위하여 하늘에 올라갔던 곳입니다.

 사도 바울은 그 놀라운 광경을 본 것을 말씀할 때에 자기가 셋째 하늘로 올려져서 거기 낙원에서 하늘나라의 신비한 광경, 말로 표현할 수 없는 것들을 보았다고 말씀했습니다. 바울은 자기가 올려진 이 셋째 하늘을 또한 낙원이라고 표현하였습니다. 문제는 그 낙원이 천국과 별개의 것인가 하는 것입니다. 십자가에 달린 행악자인 우편 강도가 예수님을 영접할 때에 예수님과 주고받는 대화를 보면 "예수여 당신의 나라에 임하실 때에 나를 기억하소서 하니 예수께서 이르시되 내가 진실로 네게 이르노니 오늘 네가 나와 함께 낙원에 있으리라 하시니라"(눅23:42-43)고 하셨습니다. 강도가 당신의 나라, 하나님의 나라, 천국을 물을 때에 예수님은 천국에 나와 함께 있을 것이라고 말을 하지 않고 '함께 낙원에 있으리라'고 답을 하셨습니다. 따라서 낙원은 천국과 다르다는 것을 알 수 있습니다. 그렇다면 계시록 2장 7절 말씀과 어떤 차이점이 있습니까? "귀 있는 자는 성령이 교회들에게 하시는 말씀을 들을지어다 이기는 그에게는 내가 하나님의 낙원에 있는 생명나무의 과실을 주어 먹게 하리라." 이 말씀은 서머나 교회의 이기는 자에게 주신 약속의 말씀입니다. 하늘나라, 낙원이 아니라, 천국을 설명하고 있습니다. 생명나무의 열매는 거룩한 성, 새 예루살렘 성, 천국에 있습니다. "길 가운데로 흐르더라 강 좌우에 생명 나무가 있어 열두 가지 열매를 맺되 달마다 그 열매를 맺고 그 나무 잎사귀들은 만국을 치료하기 위하여 있더라"(계 22:2). 이기는 자만이 천국에 들어간다고 약속하였기 때문입니다.

주 안에서 죽은 자들의 대기 장소

낙원이란 주 안에서 죽은 자들이 주님이 장차 만왕의 왕으로 재림하실 때까지 대기하는 장소입니다. 왜냐하면 주님이 강림하실 때에 그들을 데리고 오신다고 기록하고 있기 때문입니다.

"우리가 예수의 죽었다가 다시 사심을 믿을진대 이와 같이 예수 안에서 자는 자들도 하나님이 **저와 함께 데리고 오시리라** 우리가 주의 말씀으로 너희에게 이것을 말하노니 **주 강림하실 때까지 우리 살아남아 있는 자도 자는 자보다 결단코 앞서지 못하리라** 주께서 호령과 천사장의 소리와 하나님의 나팔로 친히 하늘로 좇아 강림하시리니 그리스도 안에서 죽은 자들이 먼저 일어나고 그 후에 우리 살아남은 자도 저희와 함께 구름 속으로 끌어 올려 공중에서 주를 영접하게 하시리니 그리하여 우리가 항상 주와 함께 있으리라"(살전4:14-17).

낙원은 주 안에서 죽은 자들이 주님이 오시기 전에 임시적으로 대기하는 곳입니다. 주님이 오실 때까지 주님을 기다리는 장소입니다. 마치 부자가 그렇게 부러워하고 갈망하는 거지 나사로가 죽은 후에 거한 아브라함의 품 같은 낙원을 말합니다. 주된 근거는 이상에서 말씀하신 것처럼 주님이 강림하실 때에 하나님의 보좌가 있는 곳, 삼층천, 즉 낙원에서 '저와 함께 데리고 오시리라' 하신 것입니다. 공중에서 주님을 영접하면 주님은 믿는 자들을 의로운 재판장으로써 반드시 그리스도의 심판대에서 공의로운 심판을 하십니다(고후5:10).

"선을 행하는 자는 생명의 부활로 악을 행하는 자는 심판의 부활로 나오니라"(요5:29). 각각 심판을 하여 천년왕국의 유업의 상속자와 받지 못한 자를 분별합니다. 주님이 공중에 강림하실 때에 그리스도 안에서 죽은 자들이 무덤에서 깨어 부활하여 공중에서 주를 영접한다고 했는데, 만약에 믿는 자가 바로 천국에 올라가면 어떻게 부활을 하겠습니까? 오늘날 예수 믿고 세상을 떠나면 소천했다고 하는데 실제로는 다 낙원으로 가는 것입니다. 낙원은 천국과는 다른 곳입니다. 낙원은 주 안에서 죽은 자들이 주님이 강림하시기 전까지 기다리는 대기 장소이지만 그것은 참으로 황홀 광경입니다. 우리는 그보다 더 깊고 더 영광스러운 성, 새 예루살렘 성(천국)을 바라보아야 합니다.

3. 지옥(gehenna)

"세상 끝에도 이러하리라 천사들이 와서 의인 중에서 악인을 갈라 내어 풀무 불에 던져 넣으리니 거기서 울며 이를 갈리라"(마13:49-50). "그 나라의 본 자손들은 바깥 어두운 데 쫓겨나 거기서 울며 이를 갈게 되리라"(마8:12)

예수를 믿는 신앙이라면 반드시 지옥과 불못의 개념을 확실히 알아야 합니다. 정확한 개념정리 없이 성경을 보면 말씀이 부분적으로 열리지가 않습니다. 믿는 자들이 낙원에서 주님의 오심과 생명의 부활과 심판의 부활을 고대하며 대기하는 것입니다. 주님이 오심으로 심판하신 후에 지옥은 어떠한 사람이 들어가는가? 우리는 흔히 믿지 않는 자들이 들어간다고 보편적으로 알고 배워 왔습니다. 그러나 성경의 기록을 보면 믿는 자가 이기는 생명으로 살지 않고 육신적으로 또는 종교적으로 신앙생활 하여 변화 받지 못하여 신앙에 실패한 성도들이 그리스도의 심판 때에 질책을 받아 천년왕국 동안 왕국의 누림에 참여할 자격을 얻지 못하고 바깥 어둠 속에서 징계를 받는 곳(마8:12, 22:13)입니다. 그곳 지옥은 고난을 받고 연단을 받아 대가를 치르고 고침을 받고(계14:9-10, 마13:50) 나오는 곳입니다. 겨우 구원을 받으나 해를 당하는 것입니다(고전3:15). 마치 대장간의 풀무불(마13:50)과 같은 연단을 받고 고침을 받아 나오는 것입니다. 이 지옥의 개념이 오늘날 교회들에게 잘못 알려져 있음을 기억해야 합니다. 혹자는 믿음에 실패한 자들이 질책을 받아 들어가는 바깥 어두운 곳을 풀무불과 같은 지옥을 하나의 별지에서 연단을 받는 곳이라며 지옥과 분리하여 구분한 분들도 있습니다. 혹, 조심스러워 이단이라고 정죄를 받지 않을까 하는 염려 때문입니다. 사실 풀무불은 연단을 받아 고침을 받고 나오는 지옥을 말하는 것입니다.
　지옥은 언제까지 존속하는가? 사망과 음부도 그 가운데서 죽은 자들을 내어준다는 것은 영원한 것이 아니며 한시적이라는 말입니다(계20:13). 지옥은 믿지 않는 자들이 심판을 받는 백보좌 심판이 있기 전까지만 존재합니다. 그러므로 주님이 공중 강림하셔서 그리스도의 심판대에서 심판이 이루어진 후부터 백보좌 심판이 있기 전까지가 지옥이 존재하는 기간입니다. 그 기간은 실상 이기는 자들이 유업의 상을 받아 실제를 누리는 천년왕국 기간입니다. 믿음의 결국은 혼의 구원(벧전1:9)인데, 혼의 구원을 이루지 못한 자는 천년왕국의 유업을 받지 못하여 질책으로 그 기간에 지옥에서 대가를 받는 것입니다.

그러므로 이제 천년왕국이 끝나고 새 하늘과 새 땅, 하나님의 왕국이 열리므로 음부에 거하여 대가를 치르는 믿는 자들은 영원한 새 하늘과 새 땅, 만국백성으로 입성하게 되어 영원한 구원을 받게 됩니다. 믿지 않는 자들, 즉 죽은 자들을 불못으로 내어 줍니다. 불못은 영원한 곳이며(마25:41, 46), 한번 들어가면 나올 수 없는 불과 유황으로 타는 못입니다(계21:8). 마치 세상에서 죄인들이 처음 들어가는 곳이 감옥이라는 교도소가 아니라 구치소인 것과 같습니다. 구치소에서 판결을 받기까지 대기하는 것입니다. 이것은 음부와 같은 것입니다. 그리고 판결을 받아 확정이 되면 형을 받을 감옥이라는 교도소로 들어갑니다. 이곳에서 대가를 지불하고 교도가 되어서 다시 나오는 것입니다. 음부와 지옥도 구치소와 교도소와 같습니다. 그러나 믿지 않는 자나 하나님께 반역한 자, 믿는 자들이 하나님의 영원한 목적을 성취하는 걸 방해하는 자 즉 사탄을 추종하는 거짓 선지자나 적그리스도 같은 악한 사탄은 영원히 나올 수 없는 불과 유황의 못인 불못에 들어가는 것(계19:20, 20:10, 13-15)입니다. 마치 평생 감옥에서 나오지 못하고 사형수처럼 되어진다는 것입니다. 이 세상의 모든 것은 하늘의 것의 모형이요 그림자(히8:5)이므로 그 모형의 그림자를 이 땅에 계시하여 주고 있는 것입니다. 하나님의 심판은 공정하십니다.

지옥은 실제 어떠한 곳인가?

지옥(Hell)은 원어로 게헨나(gehenna)입니다. 게헨나는 이사야와 예레미야 시대에 예루살렘 남쪽의 '힌놈' 골짜기인데, 그곳에서 이스라엘 유다인 부모들이 자기 자녀들을 이방신 몰록에게 주기 위해 불 속을 통과하도록 했습니다(왕하23:10). 후에 그곳은 예루살렘 도시에서 나온 각종 더러운 오물을 태우는 쓰레기 소각장이 되었습니다. 예수님께서

'힌놈'으로 불리는 이 골짜기를 '게헨나'라고 부르셨고, 지옥의 모형으로 삼으셔서 '게헨나'라는 단어가 유래되었다고 합니다. 신약성경에서 '게헨나'는 총 12회(마5:22, 29-30, 10:28, 18:9, 23:15, 33, 막9:43, 45, 47, 눅12:5, 약3:6) 사용되었습니다.

성경에서 지옥의 기간은 심판의 부활로 나온 후에 들어가서 천년왕국이 끝나고 백보좌 심판 때까지 있는 곳으로 말씀하고 있습니다(마23:33, 25:30, 벧후2:4).

지옥은 실제 어떠한 곳인가? 고통스러운 곳이며, 어둡고 더럽고 슬피 울며 이를 가는 곳이며, 불꽃 가운데서 고통받는 곳이라고 묘사하고 있습니다. 또한 바깥어둠 속 흑암에서 울며 이를 가는 곳(마8:12, 22:13, 24:51, 25:30), 용광로 속에서 울며 이를 가는 풀무불(마13:50), 불꽃 가운데 고통으로 인하여 고민하는 곳(눅16:24, 시116:3), 사람이 불로 소금치듯 하는 곳(막9:48-49), 유황불로 고난을 받아 밤낮 안식을 얻지 못하는 곳(계14:10), 지옥불(마3:12, 5:22), 어두운 구덩이며 범죄한 천사들이 이미 들어가 있는 곳(벧후2:4), 몸과 영혼이 들어가는 곳(마5:29, 30, 10:28, 막9:43, 45, 47)이라고 표현하며, 그곳은 바다 밑(욥38:16-17), 땅속, 지구의 중심부(마12:40)에 있다고 말씀하고 있습니다.

그러면 이제 성경에서 어떠한 사람이 지옥에 가는가를 살펴보겠습니다.

누가 지옥에 입성하는가?

성경은 믿는 자들이 하나님께서 원하시는 목적을 성취하지 못하고 불법을 행하여 변화를 받지 못하여 심판을 받은 후에 지옥에 들어감을 말씀하고 있습니다(마5:28-30, 22:12-13, 25:12, 30, 막9:43, 45, 47, 히6:7-8, 10:38-39).

"옛 사람에게 말한바 살인치 말라 누구든지 살인하면 심판을 받게 되리라 하였다는 것을 너희가 들었으나 나는 너희에게 이르노니 형제에게 노하는 자마다 심판을 받게 되고 형제를 대하여 라가라 하는 자는 공회에 잡히게 되고 미련한 놈이라 하는 자는 지옥 불에 들어가게 되리라"(마5:21-22).

이 말씀을 보면 말씀을 받는 대상이 믿지 않는 자가 아니라 믿는 형제입니다. 우리가 때로는 믿는 형제에게나 가까운 집안 식구에게도 '노'라고 성질을 내기도 하고, '라가'라고 경멸하는 말로 업신여길 때도 있습니다. '미련하다'고 말하기도 하고 속으로 단정을 짓고 판단하여 유죄 판결을 할 때가 있습니다. 이러한 겉사람의 성질의 기질들이 처리 받지 않으면 믿는 자라도 지옥에 들어간다고 말씀하고 있습니다. 우리의 생각과 감정, 의지, 혼적인 부분 하나하나가 주님과 함께 십자가에 죽고 처리 받고 거듭나야 합니다.

"만일 네 오른눈이 너로 실족케 하거든 빼어 내버리라 네 백체 중 하나가 없어지고 온 몸이 지옥에 던지우지 않는 것이 유익하며 또한 만일 네 오른손이 너로 실족케 하거든 찍어 내버리라 네 백체 중 하나가 없어지고 온 몸이 지옥에 던지우지 않는 것이 유익하니라"(마5:29-30).

우리의 백체 중 이목구비를 통해서 얼마나 많은 죄를 지으며 살아갑니까? 그렇다고 실제 우리 몸의 지체를 잘라내야 할까요? 설사 우리 지체를 잘라내더라도 문제는 해결되지 않습니다. 우리가 고침을 받아야 합니다. 그렇지 않으면 지옥 간다는 뜻입니다. 겉사람이 실제로 성질과 정욕을 처리하고 고침을 받으려면 눈을 빼고, 손을 찍어 내는 아픔의 대가를 치러야 한다는 것입니다(마5:29-30). 예를 들면 어떠한 습성이나 병을 고치려고 다짐만 하면 작심삼일로 끝나 버립니다. 그러나 본질적인 문제를 알고 그 나쁜 기질이나 습성, 혈기, 심지어 자신의 병이 자신에게 치명적이라는 사실을 깨닫고 고침을 받기 위해서 끊임없이 노력하고 운동하고 대가를 치르면 고침을 받는 경우가 있습니다. 이와 같이 눈을 빼고, 손을 찍어 내는 아픔의 대가를 치르는 자가 고침을 받을 수가 있다는 것입니다.

지금까지 우리는 얼마나 십자가에 나의 겉사람을 죽였는지요. 내 겉사람의 많은 부분들이 죽지 않았다면 그만큼 십자가에 대가를 치르지 않았다는 뜻입니다. 그러므로 '내가 주님께 고침 받고 치료 받기를 원합니다.' 하고 주님께 기도하면 주님은 눈을 빼고 손을 찍어 버리는 것과 같은 아픔과 고난의 고통을 주십니다. 그러므로 주님은 미지근한 라오디게아교회에게 권면하시길 연단하여 금을 사라, 옷을 사라, 안약을 사라고 말씀하십니다(계3:18). 고난의 대가를 지불하여야만 고침을 받을 수 있기 때문입니다. 심지어 예수님께서도 고난을 통해서 순종함을 배웠다고 했습니다(히5:8). 그러나 이러한 진리를 모르는 믿는 자들은 믿는 가운데 고난이 오면 흔히 잘못 믿어서 저주를 받는다고 정죄하는 어리석음을 범하는 경우가 종종 있습니다.

오늘날 교회시대에는 눈을 빼는 아픔의 고난을 통해서 고침을 받아야 하고(행14:22), 내 육체의 자아와 세상과 종교, 마귀 사탄을 이겨야(계2-3장) 천국 가는 것입니다. 사람의 성질과 정욕은 가장 갖기 쉬우면서도 가장 버리기 어려운 것입니다. 따라서 우리가 대가를 지불하지 않고 혼 생명을 고침을 받지 못하여 믿음에 실패하면 대가를 지불하러 지옥 간다는 말씀입니다.

믿는 자가 지옥은 언제 갈까요? 믿는 우리가 그리스도의 심판을 받고(고후5:10), 천년왕국에 들어가느냐 혹은 지옥에 들어가느냐 하는 것은 혼의 거듭남이 심판의 기준입니다. 우리가 세상을 떠나가기 전이나 주님이 오시기 이전에 혼 생명이 거듭나서 주님의 뜻을 이루면 심판을 받지 않습니다. 반면에 주님의 뜻을 이루지 못하고 치료를 받지 못하면, 심판의 부활로 나와 대가를 지불하여 연단 받고 고침 받는 풀무불이라는 지옥에 간다는 말씀(마13:49-50)입니다. 심판 후에 우리 믿는 자들은 부활의 몸을 입습니다. "몸은 죽여도 영혼은 능히 죽이지 못하는 자들을 두려워하지 말고 오직 몸과 영혼을 능히 지옥에 멸하시는 자를 두려워하라"(마10:28).

사람이나 마귀는 우리의 육신의 몸은 죽여도 우리의 영혼은 죽이지 못합니다. 그러나 그리스도께서는 우리의 몸과 영혼을 지옥에 멸하실 수 있습니다. 지금은 우리를 멸하지 않지만, 우리 믿는 자가 부활한 후에 우리의 몸과 혼을 지옥에 멸할 수 있습니다. 주님께서 재림하실 때 천년왕국이 시작하기 전에 믿는 성도들이 공중으로 휴거되어 올라갔을 때 그리스도의 심판이 이루어집니다(마22:12-13, 고후5:10, 롬14:10). 그리스도의 심판 후에 유업의 상을 받아 천년왕국에 들어갈 자와 지옥에 들어갈 자를 구별합니다. 하나님은 공의의 하나님이시기 때문입니다. 그러므로 하나님을 사랑하고 그분의 뜻과 의도를 아는 자는 스스로 알아서 절로 그리스도의 몸을 세우는 교회생활을 하는 것입니다.

믿는 자가 지옥에 갈 수 있다는 성경구절들

지옥의 일면을 드러내는 성경구절은 신약에만도 무려 20번 정도 언급되고 있습니다. "믿는 자들이 지옥에 가는 말씀구절"은 다음과 같습니다.

"요한이 많은 바리새인과 사두개인이 세례 베푸는 데 오는 것을 보고 이르되 독사의 자식들아 누가 너희를 가르쳐 임박한 진노를 피하라 하더냐 그러므로 회개에 합당한 열매를 맺고 속으로 아브라함이 우리 조상이라고 생각지 말라 내가 너희에게 이르노니 하나님이 능히 이 돌들로 아브라함의 자손이 되게 하시리라 이미 도끼가 나무 뿌리에 놓였으니 좋은 열매 맺지 아니하는 나무마다 찍혀 불에 던지우리라 나는 너희로 회개케 하기 위하여 물로 세례를 주거니와 내 뒤에 오시는 이는 나보다 능력이 많으시니 나는 그의 신을 들기도 감당치 못하겠노라 그는 성령과 불로 너희에게 세례를 주실 것이요 손에 키를 들고 자기의 타작 마당을 정하게 하사 알곡은 모아 곡간에 들이고 쭉정이는 꺼지지 않는 불에 태우시리라"(마3:7-12).

바리새인과 사두개인들은 하나님을 믿었지만 전통이나 조상의 유전을 중요하게 여겼습니다. 그러나 예수님께서는 회개에 합당한 열매, 즉 좋은 열매를 맺지 않으면 찍어 불에 던지우겠다고 하셨습니다. 예수님께서 좋은 씨를 뿌리지(마13:37)만 열매인 알곡이 되지 않은 쭉정이는 불에 태운다는 것은 지옥 불에 던져 심판을 받게 한다는 뜻입니다.

"나는 너희에게 이르노니 형제에게 노하는 자마다 심판을 받게 되고 형제를 대하여 라가라 하는 자는 공회에 잡히게 되고 미련한 놈이라 하는 자는 지옥 불에 들어가게 되리라 그러므로 예물을 제단에 드리다가 거기서 네 형제에게 원망 들을만한 일이 있는줄 생각나거든 예물을 제단 앞에 두고 먼저 가서 형제와 화목하고 그 후에 와서 예물을 드리라 너를 송사하는 자와 함께 길에 있을 때에 급히 사화하라 그 송사하는 자가 너를 재판관에게 내어주고 재판관이 관예에게 내어주어 옥에 가둘까 염려하라 진실로 네게 이르노니 네가 호리라도 남김이 없이 다 갚기 전에는 결단코 거기서 나오지 못하리라"(마5:22-26).

형제에게 라가라 하고 미련하다고 하면, 즉 겉사람의 성질의 기질을 처리받지 않으면 믿는 자라도 지옥에 들어간다는 말씀입니다. 따라서 사과하고 화목하여 형제의 마음을 풀어주라고 말씀하십니다. 호리라도 남김없이 다 갚기 전에는 지옥에서 나오지 못한다고 말씀합니다.

"만일 네 오른눈이 너로 실족케 하거든 빼어 내버리라 네 백체 중 하나가 없어지고 온 몸이 지옥에 던지우지 않는 것이 유익하며 또한 만일 네 오른손이 너로 실족케 하거든 찍어 내버리라 네 백체중 하나가 없어지고 온 몸이 지옥에 던지우지 않는 것이 유익하니라"(마5:29-30).

"그 나라의 본 자손들은 바깥 어두운 데 쫓겨나 거기서 울며 이를 갈게 되리라"(마8:12).

"세상 끝에도 이러하리라 천사들이 와서 의인 중에서 악인을 갈라 내어 풀무불에 던져 넣으리니 거기서 울며 이를 갊이 있으리라"(마13:49-50).

"그 동관들이 그것을 보고 심히 민망하여 주인에게 가서 그 일을 다 고

하니 이에 주인이 저를 불러다가 말하되 악한 종아 네가 빌기에 내가 네 빚을 전부 탕감하여 주었거늘 내가 너를 불쌍히 여김과 같이 너도 네 동관을 불쌍히 여김이 마땅치 아니하냐 하고 주인이 노하여 그 빚을 다 갚도록 저를 옥졸들에게 붙이니라 너희가 각각 중심으로 형제를 용서하지 아니하면 내 천부께서도 너희에게 이와 같이 하시리라"(마18:31-35).

"임금이 손을 보러 들어올쌔 거기서 예복을 입지 않은 한 사람을 보고 가로되 친구여 어찌하여 예복을 입지 않고 여기 들어왔느냐 하니 저가 유구무언이어늘 임금이 사환들에게 말하되 그 수족을 결박하여 바깥 어두움에 내어 던지라 거기서 슬피 울며 이를 갊이 있으리라 하니라 청함을 받은 자는 많되 택함을 입은 자는 적으니라"(마22:11-14).

"화 있을찐저 외식하는 서기관들과 바리새인들이여 너희는 교인 하나를 얻기 위하여 바다와 육지를 두루 다니다가 생기면 너희보다 배나 더 지옥 자식이 되게 하는도다"(마23:15).

"뱀들아 독사의 새끼들아 너희가 어떻게 지옥의 판결을 피하겠느냐"(마23:33).

믿는 자들이지만 유대 지도자들의 위선적이고 외식적이고 타락한 행동에 분노하신 예수님께서는 그들이 지옥의 심판의 저주를 피할 수가 없다고 말씀하십니다.

"만일 그 악한 종이 마음에 생각하기를 주인이 더디 오리라 하여 동무들을 때리며 술친구들로 더불어 먹고 마시게 되면 생각지 않은 날 알지 못하는 시간에 그 종의 주인이 이르러 엄히 때리고 외식하는 자의 받는 율에 처하리니 거기서 슬피 울며 이를 갊이 있으리라"(마24:48-51).

"그에게서 그 한 달란트를 빼앗아 열 달란트 가진 자에게 주어라 무릇 있는 자는 받아 풍족하게 되고 없는 자는 그 있는 것까지 빼앗기리라 이 무익한 종을 바깥 어두운 데로 내어 쫓으라 거기서 슬피 울며 이를 갊이 있으리라 하니라"(마25:28-30).

"부자의 상에서 떨어지는 것으로 배불리려 하매 심지어 개들이 와서 그

헌데를 핥더라 이에 그 거지가 죽어 천사들에게 받들려 아브라함의 품에 들어가고 부자도 죽어 장사되매 저가 음부에서 고통 중에 눈을 들어 멀리 아브라함과 그의 품에 있는 나사로를 보고 불러 가로되 아버지 아브라함이여 나를 긍휼히 여기사 나사로를 보내어 그 손가락 끝에 물을 찍어 내 혀를 서늘하게 하소서 내가 이 불꽃 가운데서 고민하나이다"(눅16:21-24).

"선한 일을 행한 자는 생명의 부활로, 악한 일을 행한 자는 심판의 부활로 나오리라"(요5:29).

"각각 공력이 나타날 터인데 그 날이 공력을 밝히리니 이는 불로 나타내고 그 불이 각 사람의 공력이 어떠한 것을 시험할 것임이니라 만일 누구든지 그 위에 세운 공력이 그대로 있으면 상을 받고 누구든지 공력이 불타면 해를 받으리니 그러나 자기는 구원을 얻되 불 가운데서 얻은 것 같으리라"(고전3:13-15).

"내가 내 몸을 쳐 복종하게 함은 내가 남에게 전파한 후에 자기가 도리어 버림이 될까 두려워함이로라"(고전9:27).

"한번 비췸을 얻고 하늘의 은사를 맛보고 성령에 참예한바 되고 하나님의 선한 말씀과 내세의 능력을 맛보고 타락한 자들은 다시 새롭게 하여 회개케 할 수 없나니 이는 자기가 하나님의 아들을 다시 십자가에 못 박아 현저히 욕을 보임이라 땅이 그 위에 자주 내리는 비를 흡수하여 밭 가는 자들의 쓰기에 합당한 채소를 내면 하나님께 복을 받고 만일 가시와 엉겅퀴를 내면 버림을 당하고 저주함에 가까와 그 마지막은 불사름이 되리라"(히6:4-8).

"오직 나의 의인은 믿음으로 말미암아 살리라 또한 뒤로 물러가면 내 마음이 저를 기뻐하지 아니하리라 하셨느니라 우리는 뒤로 물러가 침륜에 빠질 자가 아니요 오직 영혼을 구원함에 이르는 믿음을 가진 자니라"(히10:38-39).

"우리가 진리를 아는 지식을 받은 후 짐짓 죄를 범한즉 다시 속죄하는 제사가 없고 오직 무서운 마음으로 심판을 기다리는 것과 대적하는 자를 소멸할 맹렬한 불만 있으리라"(히10:26-27).

"너희가 본래 범사를 알았으나 내가 너희로 다시 생각나게 하고자 하노라 주께서 백성을 애굽에서 구원하여 내시고 후에 믿지 아니하는 자들을 멸하셨으며"(유1:5).

"귀 있는 자는 성령이 교회들에게 하시는 말씀을 들을지어다 이기는 자는 둘째 사망의 해를 받지 아니하리라"(계2:11).

"또 다른 천사 곧 세째가 그 뒤를 따라 큰 음성으로 가로되 만일 누구든지 짐승과 그의 우상에게 경배하고 이마에나 손에 표를 받으면 그도 하나님의 진노의 포도주를 마시리니 그 진노의 잔에 섞인 것이 없이 부은 포도주라 거룩한 천사들 앞과 어린양 앞에서 불과 유황으로 고난을 받으리니"(계14:9-10).

믿는 자들이 지옥에서 왜 대가를 치르는가?

이와 같이 비정상적인 그리스도인들로 신앙에 실패한 자 즉 천국의 외형에 속한 믿는 자들이 그리스도의 심판 때에 질책을 받아서 지옥에 가는 그만한 이유는 믿는 자들이 하나님이 원하시는 경륜의 목적을 성취하기 못하기 때문입니다. 또한 그들이 질책을 받아 지옥에서 대가를 치르게 하는 이유는 거룩한 새 하늘과 새 땅은 죄 있는 자는 입성할 수가 없는 거룩한 곳이기 때문입니다. 이 땅에서 연단을 받지 않았으므로 다시 연단을 받아서 새롭게 주님의 성분으로 거듭나게 하려는 목적입니다.

우리가 이 땅에서 주님을 직접 볼 수 없는 이유는 죄가 있기 때문입니다. 죄 때문에 우리는 그분을 볼 수도 없고 가까이 가지도 못하는 것입니다(출33:20, 신4:33, 딤전6:16). 심지어 모세도 하나님을 볼 수 없었으며 겨우 등만 볼 수 있었습니다(출 33:23). 그분은 가까이할 수 없는 분입니다(딤전6:16). 너무나 거룩하기 때문입니다. 사도 요한이 주님과 함께 사역하는 동안에는 제자로서 사랑을 받았지만 실상 보좌에 계신 주님을 뵈올 때는 너무 두려운 나머지 그 발 앞에 엎드려져 죽은 자 같이 되었습니다(계1:17).

주님이 원하시는 곳에 입성하려면 반드시 주님처럼 거룩하여야 하는 것입니다. 따라서 주님은 바울을 통해서 "그리스도가 강림하실 때에 너희로 온전히 거룩하게 하시고 너희 영과 혼과 몸이 흠없이 보전되길 원하노라"고 말씀하신 것입니다(살전5:23). 믿음의 결국은 혼의 구원(벧전1:9)이기에 아직 미치지 못한 자는 혼의 구원을 성취하기 위하여 지옥이라는 과정을 거쳐서 새 하늘과 새 땅에 입성하게 하여 겨우 구원을 받는 것입니다(벧전4:18, 고전3:15). 그러므로 한번 구원은 영원한 구원입니다.

"내가 그들에게 영생을 주노니 영원히 멸망하지 아니할 것이요 또 그들을 내 손에서 빼앗을 자가 없느니라 그들을 주신 내 아버지는 만물보다 크시매 아무도 아버지 손에서 빼앗을 수 없느니라"(요10:28-29).

"내가 확신하노니 사망이나 생명이나 천사들이나 권세자들이나 현재 일이나 장래 일이나 능력이나 높음이나 깊음이나 다른 어떤 피조물이라도 우리를 우리 주 그리스도 예수 안에 있는 하나님의 사랑에서 끊을 수 없으리라"(롬8:38-39).

지옥의 풀무불은 믿는 자들 중 혼의 구원을 성취하지 못한 자들이 그리스도의 생명으로 조성되기 위한 연단의 과정입니다. "풀무 불에 던져 넣으리니 거기서 울며 이를 갈리라 이 모든 것을 깨달았느냐 하시니 대답하되 그러하오이다"(마13:50-51). 풀무불은 들어가서 죽어나오는 것이 아니라 연단을 받아 새롭게 개선되어 고쳐서 나오는 것입니다.

풀무불의 대가는 하루가 천 년 같은 것이기에 울며 이를 갊이 있는 것입니다. "사랑하는 자들아 주께서 하루가 천년 같고 천년이 하루 같은 이 한 가지를 잊지 말라"(벧후3:8). 혼의 구원을 입은 자의 유업은 천년이 하루 같은 천년왕국의 삶입니다. 대가를 받는 교도의 지옥은 영원 것이 아니라 한시적입니다(계20:13).

지옥은 영원한 것이 아니라 한시적임

믿는 자들 중 마귀의 미혹을 받은 자들이 악을 행하여 심판의 부활로 나와 심판의 연단을 받는 것은 하나님의 공의가 실현되는 현장입니다. 성경적으로 위의 말씀을 보면 지옥은 육신적인 성도들이 대가를 치르어 연단을 받는 곳입니다. 지옥은 언제까지 존재하는가? 주님이 공중 강림하셔서 그리스도의 심판대에서 심판이 이루어진 후부터 백보좌 심판이 있기 전까지가 지옥이 존재하는 기간입니다. 이제 천년왕국이 끝나고 새 하늘과 새 땅, 영원한 하나님의 나라(왕국)가 열리므로 죽은 자들을 불못으로 내어 줍니다. 사망과 음부도 그 가운데서 죽은 자들을 내어 준다는 것은 영원한 것이 아니며 한시적이라는 말입니다(계20:13). 주님이 공중 강림하셔서 그리스도의 심판대에서 심판이 이루어진 후부터 백보좌 심판이 있기 전까지가 지옥이 존재하는 기간입니다. 불못은 영원한 곳이며(마25:41, 46), 한번 들어가면 나올 수 없는 불과 유황으로 타는 못입니다(계21:8). 천년왕국이 끝나고 새 하늘과 새 땅, 하나님의 왕국 새 예루살렘이 실제 열리므로 사망과 음부도 내어줍니다(계20: 13). 우리가 분명히 알아야 할 것은 성경에 기록된 지옥은 우리 믿는 자들이 이기지 못하고 바깥마당의 신앙으로 살아가는 자들이 들어가는 곳이라는 것입니다. 또한 지옥은 고난을 받고 연단을 받아 고침을 받는 곳입니다(계14:9-10). 마치 세상에서 죄인들이 처음 들어가는 곳이 감옥이라는 교도소가 아니라 구치소인 것과 같습니다. 구치소는 판결을 받기까지 대기하는 곳입니다. 이것은 마치 음부와 같은 곳입니다. 그리고 판결을 받아 형이 확정이 되면 형을 받을 감옥이라는 교도소로 들어갑니다. 이곳에서 대가를 지불하고 교도가 되어 다시 나오는 것입니다. 지옥도 이와 같습니다. 다만 지옥은 사람에 따라서 차등이 있다는 것입니다.

이 지옥의 개념이 오늘날 교회들에게 잘못 알려져 있습니다. 필자도 이 지옥에 대한 의문에 걸려 수많은 세월을 이 의문을 붙들고 씨름하며 기도했습니다. 지옥은 누가 들어가는가? 지옥을 왜 두셨는가? 지옥에 들어가는 믿는 자들은 언제까지 그곳에 있는가? 그 결과에 눈을 뜨고 지옥을 알게 되면서 연결고리가 풀리기 시작했습니다. 내 안에 하나님의 생명의 채움을 받지 못하고 부족한 부분이 있으면 즉 우리 속에 다른 사람을 정죄하고 다른 사람을 판단하고 시기하고 질투하고 형제를 업신여기고, 소자를 실족하게 하고 상처를 주는 이러한 작은 일까지도 나를 지옥에 가게 하는 원인이 되는 것입니다(마5:21-26). 그러므로 우리의 혼적인 겉사람을 처리하고, 주님의 생명을 풍성하게 공급받아 채워져서 변화되어야 합니다. 형제를 사랑으로 안을 수 있을 정도까지 생명을 공급받아야 합니다.

믿는 우리가 겉사람이 처리되지 못하여 혼의 구원을 이루지 못하면 그리스도의 심판 때에 질책을 받아 지옥에 들어가서 이를 갈고 슬피 울며 후회합니다. 지옥에서 그렇게 고난의 연단을 받아서 고침을 받으면 내어주기 때문에 천년왕국 기간이 끝날 무렵에 새 하늘과 새 땅, 즉 하늘나라의 백성으로 입성합니다. 그러므로 예수를 믿는 자는 어느 누구나 영원한 구원을 받는 것입니다(요10:28-29, 롬8:38-39, 사49:15). 다만 백성으로 구원을 받습니다. 지옥에 들어가면 이를 갈고 슬피 울며 후회하고 자책하여 고침을 받습니다. 풀무불(마13:50)로 고치고 치료하는 것이 지옥의 목적입니다.

만일 지옥이 없으면 변화체를 입었으나 생명으로 다 채움을 받지 못한 사람은 치료할 수단과 방법이 없습니다. 지옥은 심판 후에 몸과 영혼이 들어가는 곳이므로 그곳에 들어가면 아직 남아 있는 세상적인 육신의 소욕을 다 지우고 정결하게 고침을 받을 수 있게 됩니다. 믿는 자들이 그리스도의 심판 후에 들어가는 곳(마5:28-30, 23:33, 25:30, 막9:43, 45, 47)입니다. 믿는 자들 중 변화 받지 못한 자들이 들어가서 천년왕국이 끝나고 백보좌 심판이 있을 때까지 지옥에 갇혀서 풀무불(마 13:50)과 불과 유황으로 고난의 연단의(계14:10) 대가를 각각 치르는 곳입니다. 그러나 지옥에는 성령의 역사가 없기 때문에 생명의 채움이 없습니다. 그러므로 정결하게 고침을 받아 새 하늘과 새 땅에 가도 새 예루살렘 성(천국) 안으로 입성할 수가 없습니다. 새 예루살렘 성에는 그리스도의 생명으로 채워진 아들들과 신부된 이기는 자만이 입성합니다(계21:7). 그러므로 천국에 입성하는 자는 어린양의 생명책에 기록된 자들뿐이라고 기록하고 있습니다(계21:27).

결국 구원을 받아도 새 예루살렘 성 밖에 거하는 새 하늘과 새 땅의 백성이 되는 것입니다. 오늘날 많은 신앙인들이 진리를 잘 모르기(딤전 2:4) 때문에 천국 가기 위해서 예수를 믿는다고 합니다. 그러나 천국에 어떻게 입성하는가를 모르는 기독교 종교인만 생산하는 것이 오늘날 교회의 현실입니다. 예수님께서는 서기관과 바리새인들을 향하여 이렇게 말씀하셨습니다. "너희는 교인 하나가 생기면 너희보다 배나 지옥 자식이 되게 한다"(마23:15)고 책망하셨습니다. 계시록에서는 종교적이고 물질적인 신앙의 바벨탑을 쌓는 음녀교회에는 마지막 후3년 반에 말할 수 없는 환난인 대접재앙이 있기에 "내 백성아 거기서 나오라"라고 하셨습니다. "또 내가 들으니 하늘로부터 다른 음성이 나서 이르되 **내 백성아, 거기서 나와** 그의 죄에 참여하지 말고 그가 받을 재앙들을 받지 말라"(계18:4). 세상과 짝하는 육신적인 교회생활은 금물입니다.

오늘날 교회시대에만 성령의 역사가 있습니다. 지금은 은혜 받을 때요 구원의 날입니다(고후6:2). 이 땅의 교회시대에 하나님의 이상을 깨닫고 하나님의 생명의 공급을 충만하게 이루어 그리스도의 몸을 건축해야 합니다(엡4:11-13). 이 땅에서 새 언약인 그 영으로 어떠한 삶을 사느냐에 따라서 장차 우리에게 주어질 보상, 우리의 운명이 결정됩니다. 이상의 말씀은 두렵고 떨리는 심정으로 유기적인 구원을 이루라(빌2:12)는 하나님의 말씀을 상고함으로써 그리스도 안에서 빛 비춤을 통해서 얻은 주님의 말씀입니다.

4. 불못(cast into the lake of fire)

"바다가 그 가운데서 죽은 자들을 내어주고 또 사망과 음부도 그 가운데서 죽은 자들을 내어주매 각 사람이 자기의 행위대로 심판을 받고 사망과 음부도 불못에 던지우니 이것은 둘째 사망 곧 불못이라"(계20:13-14).

오늘날 믿는 자들이 지옥과 불못을 구별하지 못하고 혼용하여 사용하고 있습니다. 그 이유는 성경의 결론인 계시록을 잘 알지 못하기 때문입니다. 성경은 반드시 지옥과 불못을 구별하고 있습니다. 예수를 잘 믿는 사람은 어떠한 사람입니까? 하나님의 경륜의 의도와 목적을 알고 혼의 구원을 추구하여 변화되는 사람입니다. 믿어도 그리스도의 인격으로 변화되지 않는 사람은 잘못 믿는 사람입니다. 신앙인 가운데도 잘 믿어서 변화 받은 자가 있고, 잘못 믿어서 변화되지 않는 자가 있습니다. 우리가 막연하게 하나님을 알고 막연하게 그리스도를 믿어 하나님의 목적과 상관없이 하나님의 위로와 평안과 육신적인 복을 받기 위해서 기독교 종교인으로 막연하게 살아간다면, 믿는 우리가 천국에 갈까요, 아니면 지옥에 갈까요. 오늘날 이러한 삶으로 믿는 자들의 이생의 소망은 부자처럼 호화로이 연락하면서 살다가 세상을 떠나면, 나사로 형제처럼 되기를 원한다고 합니다. 이것이 정상적인 그리스도인의 삶일까요?

우리가 주님의 뜻과 상관없이 잘 믿지 않고 변화되지 않으면, 성경에서는 주님이 오실 때에 그리스도의 심판으로 질책을 받아 천년왕국 동안에 이를 갈고 슬피 울며 고난을 받아 고침을 받는 곳인 지옥 가는 것입니다. 그러므로 우리는 세상 떠나기 전에 또한 주님이 오시기 전에 반드시 혼 생명이 거듭나 고침을 받아야 합니다. 그러면 그리스도께서 천년동안 직접 통치하는 천년왕국에서 왕 노릇 하다가 새 하늘과 새 땅이 도래될 때에 영원한 천국의 삶을 누리게 됩니다(계20:6, 22:5). 오늘날 믿는 자들이 이러한 진리를 모르기 때문에 방황하며 두려움 없이 막연하게 신앙생활을 하는 것입니다.

사도 바울은 이 진리를 알기에 신앙의 경주를 말하면서 "달음질하기를 향방없는 것같이 아니하고 싸우기를 허공을 치는 것같이 아니하며, 자신의 몸을 쳐 복종하게 함은 내가 남에게 전파한 후에 자신이 도리어 버림이 될까 두려워함이로다"(고전9:26-27)고 하였고, "항상 복종하여 두렵고 떨림으로 너희 구원을 이루라"(빌2:12)고 하였습니다.

이제 우리가 신앙인이라면 반드시 천국은 누가 가고, 지옥은 누가 가고, 불못은 누가 가는지, 지옥과 불못의 개념을 확실히 알아야 합니다. 앞에서도 언급하였듯이 지옥은 믿는 성도들이 예수를 잘못 믿어 변화되지 않고, 주님의 뜻과 상관이 없이 종교적인 신앙 생활하는 자가 가는 곳입니다. 그러므로 고침을 받기 위해서 한시적으로 천년 동안 고난의 대가를 지불하며 연단하여 고침을 받고 나오는 것입니다. 마치 죄인이 교도소에 들어가 대가를 치르고 교도되어 석방되듯이 말입니다. 지옥에서 가장 힘들고 지독하게 고난을 받는 곳이 바로 불과 유황의 고난입니다(계14:11). 지옥에도 자신의 혼 생명에 따라서 선악간에 따라 고난의 대가에 차등이 있습니다. 지옥은 무엇이냐 대가를 지불하는 장소요, 고난을 받아 연단을 받는 하나님의 공의의 현장입니다(계14:9-10, 마13:50).

지옥과 다른 불못은 어떠한 곳인가? 영영한 불못은 둘째 사망을 말합니다. 첫째 사망은 육체의 죽음을 의미합니다. 불못은 사람을 위하여 만들어진 것이 아닙니다. 실상은 마귀와 그의 타락한 천사들을 위하여 준비된 것입니다(마25:41, 계20:14-15). 그러나 어떤 사람이 주님을 반대하여 마귀를 따르고 추종한다면, 마귀와 타락한 천사들과 함께 불못에 참여하게 될 것입니다. 특히 예수를 믿지 않아 생명책에 기록되지 않은 죽은 자가 들어가는 곳입니다(계20:14-15). 그곳은 한번 들어가면 나올 수가 없는 불과 유황으로 타는 못입니다(계21:8). 그곳은 믿지 않는 자들과 마지막 때 염소와 사탄을 추종한 적그리스도와 거짓 선지자와 마귀들이 들어가는 영영한 불못(마25:41, 46, 계19:20, 20:10, 15, 21:8)인 일종의 우주적인 쓰레기통입니다.

"또 왼편에 있는 자들에게 이르시되 저주를 받은 자들아 나를 떠나 마귀와 그 사자들을 위하여 예비된 영영한 불에 들어가라"(마25:41).

"짐승이 잡히고 그 앞에서 이적을 행하던 거짓 선지자도 함께 잡혔으니 이는 짐승의 표를 받고 그의 우상에게 경배하던 자들을 이적으로 미혹하던 자라 이 둘이 산 채로 유황불 붙는 못에 던지우고"(계19:20).

"또 저희를 미혹하는 마귀가 불과 유황 못에 던지우니 거기는 그 짐승과 거짓 선지자도 있어 세세토록 밤낮 괴로움을 받으리라"(계20:10).

"바다가 그 가운데서 죽은 자들을 내어주고 또 사망과 음부도 그 가운데서 죽은 자들을 내어주매 각 사람이 자기의 행위대로 심판을 받고 사망과 음부도 불못에 던지우니 이것은 둘째 사망 곧 불못이라"(계20:13-14).

"그러나 두려워하는 자들과 믿지 아니하는 자들과 흉악한 자들과 살인자들과 행음자들과 술객들과 우상 숭배자들과 모든 거짓말 하는 자들은 불과 유황으로 타는 못에 참예하리니 이것이 둘째 사망이라"(계21:8).

불못은 한번 들어가면 나올 수 없는 영영한 곳

불못은 한번 들어가면 나올 수 없는 영영한 곳입니다. 불못은 사탄의 최종의 심판의 자리입니다. 사실 불못인 영영한 불은 사람을 위해서가 아니라, 마귀와 그의 타락한 천사들을 위하여 준비된 것입니다(마25:41, 계20:14-15). 그러나 어떤 사람이 주님을 반대하여 마귀를 따르고 추종한다면, 마귀와 타락한 천사들과 함께 불못에 참여하게 될 것입니다. 따라서 성경은 적그리스도의 군대를 추종하는 거짓 선지자, 마귀,

불신자와 행악자를 위하여 만들어 놓은 하나님의 공의의 심판의 현장입니다.

불못은 지옥보다 더 괴롭고 고통스러운 영원한 곳입니다. 지옥이 뜨거운 불꽃 가운데서 고난받는 곳이라면, 불못은 불의 연못인 마그마나 용광로에 빠진 것과 같습니다. 빠지면 영원히 절대 나올 수 없는 곳입니다. 지옥은 대가를 지불하며 고난을 받아 연단을 받는 곳이라면, 불못은 영원토록 밤낮 괴로움을 당하는 곳입니다(계20:10). 불못은 예수 그리스도를 통해서 구속을 받은 믿는 자는 가고 싶어도 절대로 갈 수 없습니다. 왜냐하면 예수님께서 화목제물이 되셔서 대가를 지불하여 법리적으로 구속하여 주셨기 때문입니다. 따라서 믿는 자는 백 보좌의 심판을 받지 않습니다. "그를 믿는 자는 심판을 받지 아니하는 것이요"(요3:18). "내가 진실로 진실로 너희에게 이르노니 내 말을 듣고 또 나 보내신 이를 믿는 자는 영생을 얻었고 심판에 이르지 아니하나니 사망에서 생명으로 옮겼느니라"(요5:24). 여기에서 심판은 죽은 자 즉 믿지 않는 자의 백 보좌 심판을 말합니다(계20:11-12). 그리스도의 심판은 믿는 자의 심판을 말합니다(고후5:10, 롬14:10). 심판은 하나님의 공의의 현장입니다.

지옥은 믿는 자들 중 마귀의 미혹을 받은 자들이 악을 행하여 심판의 부활로 나오는(요5:29) 곳입니다. 다시 말씀드리면 한 나라의 백성들이 죄의 대가를 지불하기 위하여 감옥이라는 교도소에 들어갔다가 그 기간이 찬 뒤에 교도되어 다시 나오는 것과 같습니다. 지옥은 영원한 곳이 아니며 한시적인 곳입니다. 그러나 불못은 사형을 받아 영원히 나오지 못하는 감옥과 같습니다. 따라서 이기는 자, 즉 첫째 부활에 참여하는 자는 둘째 사망과 버금가는 지옥 불에 들어가지 않습니다(계2:11).

"이 첫째 부활에 참예하는 자들은 복이 있고 거룩하도다 둘째 사망이 그들을 다스리는 권세가 없고 도리어 그들이 하나님과 그리스도의 제사장이 되어 천년 동안 그리스도로 더불어 왕노릇 하리라"(계20:5-6).

'둘째 사망(불못)이 그들을 다스리는 권세가 없다'는 것은 그리스도 안에서 이기는 자들에게는 정죄함이 없기에(롬8:1) 둘째 사망(불못)에 버금가는 지옥에서 고난을 받지 않는다는 뜻입니다. 즉 이기는 자는 지옥에도 가지 않는다는 것입니다. 따라서 우리 그리스도인들은 이기는 신앙인이 되어 내 자아와 세상과 종교와 사탄을 이기는 자들이 되어 첫째 부활에 참여하는 자가 되어야 합니다. 그래야 심판을 받지 않습니다. 완전한 구원은 즉 전인구원은 영과 혼과 몸이 다 구원을 받는 것입니다(살전5:23). 이것을 큰 구원(히2:3)이라 합니다.

영만 구원을 받는 것은 영적인 존재인 천사들과 동급이 되는 종의 구원, 백성으로 구원을 받는 것입니다. 그 영을 좇아 살아서 혼의 구원을 받아야 지옥에서 대가를 치르지 않고, 유업을 받은 자는 그리스도의 신부로서 천년이 하루 같은 천년왕국에서 그리스도와 함께 분봉 왕이 되어 왕 노릇을 하는 것입니다. 그리고 천년이 찬 뒤 새 하늘과 새 땅이 도래된 후에 그 가운데(계22:3) 그 성, 새 예루살렘 성(천국)에서 그리스도와 더불어 세세토록 왕노릇을 합니다(계22:5).

천년왕국이 끝나고 백보좌 심판이 시작되면서 지옥과 음부도 그 안에 있는 모든 영혼들을 토해 냅니다(계20:13). 이 영혼들은 하나님의 생명이 있는 영혼들이기에 생명책에 녹명된 사람들입니다. 생명책에 기록된 사람들은 새 하늘과 새 땅, 즉 영원한 하나님의 왕국에 들어갑니다. 그 이후에 사망과 음부도 불못에 던지움으로써(계20:14) 이제 영원한 세계에는 한시적인 사망과 음부도 없고, 영원한 하나님 나라(새 하늘과 새 땅과 거룩한 성 새 예루살렘)와 영원한 불못(계21:8)만이 존재하게 될 것입니다. 주님은 영적인 성숙도에 따라서 그만큼 하늘나라를 볼 수 있는 지혜와 계시의 영(엡1:17)을 주어서 만유를 포함하신 그리스도를 누릴 수 있게 하십니다(골3:11).

"그러므로 우리가 여호와를 힘써 알자"(호6:3). "나는 인애를 원하고 제사를 원치 아니하며 번제보다 하나님을 아는 것을 원하노라"(호6:6). "하나님은 모든 사람이 구원을 받으며 진리를 아는 데 이르기를 원하시느니라"(딤전2:4).

그리스도의 몸을 건축하는 진리에 대한 하나님의 경륜의 목적을 모르면, 정죄하고 판단하고 이단시하고 남을 오해할 뿐만 아니라, 하나님을 섬기는 데도 한계가 있습니다. 또한 소경 된 인도자가 되어 배나 지옥 자식을 양산하게 됩니다(마23:15-16).

지금까지 성경적으로 음부와 지옥과 불못의 관계를 살펴보았습니다. 음부는 포괄적인 의미로서 죽은 자들은 모두가 음부에 들어간다는 것입니다. 음부는 지옥과 낙원으로 구분되며 1차적으로 어두운 지옥에는 불신자들이 들어갑니다(요3:18). 반면에 믿는 자들은 낙원에 거하여 주님이 오실 때까지 대기하는 것입니다(눅23:43, 16:22). 2차적으로 주님께서 재림해 오실 때 심판이 있을 것인데 먼저 믿는 자들의 그리스도의 심판(롬14:10, 고후5:10, 마25:1-13, 14-30)이 공중에서 있습니다. 지상에 내려오셔서 불신자들을 심판(마25:31-46, 계19:11-21)하십니다. 결국 지옥에는 불신자들과 믿는 자들 중 변화받지 못한 자들이 들어가서 천년왕국이 끝나고 백보좌 심판이 있을 때까지 갇혀 있게 될 것입니다.

주께서 지상에 내려오셔서 불신자들을 심판하실 때 불신자들은 환난 기간 중 천사가 전한 영원한 복음을 듣고(계14:6-7) 하나님을 경외하며, 믿는 성도들이 말할 수 없는 핍박과 어려움을 당할 때에 양처럼 호의적인 행동을 취한 자들은 천년왕국의 백성이 될 것이며, 염소처럼 악한 자들은 곧바로 영벌, 불못으로 들어가게 될 것입니다(마25:31-46). 비록 불못이 마귀와 그의 천사들을 위해 준비되었다 할지라도 짐승과 거짓 선지자는 사탄보다 천년 일찍 그 속에 던져질 것입니다(계19:20). 사탄은 천년왕국이 끝난 후 그 속에 던져지게 됩니다(계20:10). 믿지 않는 자들은 결국 백보좌 심판을 받을 것인데(계20:12-15) 이때 생명책에 기록된 자들은 영원한 하나님의 나라인 새 하늘과 새 땅에, 어린양의 생명책에 기록된 자들은 새 예루살렘 성(계21:27)에, 그 나머지는 모두 영원한 불못에 들어가게 될 것입니다(계20:14). 영원한 세계에는 새 하늘 새 땅과 불못만이 존재합니다. 왜냐하면 사망과 음부, 염소들, 거짓선지자들, 생명책에 기록이 없는 불신자들은 우주의 쓰레기통인 불못에 던져질 것이기 때문입니다(계20:13-14). 이러한 진리의 눈이 열리게 될 때에 왜, 은혜의 구원인 영의 구원에 머무르는 신앙에 있지 않고, 결국 믿음은 혼의 구원(벧전1:9)인가를 알게 됩니다. 그러므로 혼생명이 거듭나도록 그리스도의 몸의 건축을 위한 신앙생활로 거듭나야 할 것입니다. 따라서 우리는 오늘날 주님을 영접하고 맏아들의 형상을 본받아 새 예루살렘 성이 될 것인지, 아니면 신앙의 징계를 받아 지옥에서 연단의 고난 대가를 치를 것인지, 또한 불못에서 영원토록 고통을 받을 것인지 자기의 운명을 결정해야 할 것입니다.

제7장

우주 지구에 영적인 세 나라와 새 예루살렘

1. 세상 나라 | 2. 하나님의 나라인 하나님의 왕국 | 3. 그리스도가 직접 통치하는 천년왕국 | 4. 영원한 새 하늘과 새 땅 | 5. 거룩한 성 새 예루살렘 성(천국)

우리가 사는 지구에는 유엔에 가입된 공식적인 나라가 193개국, 가입되지 않았지만 국가의 형태를 가진 나라가 54개국, 모두 247개국이 있다고 합니다. 그러나 각 나라에 입국하려면 반드시 여권이 있어야 합니다. 성경에서는 이 우주의 지구상에는 영적으로 세 나라가 겹쳐져 있고 분리된 나라가 있다고 합니다.

"일곱째 천사가 나팔을 불매 하늘에 큰 음성들이 나서 이르되 세상 나라가 우리 주와 그의 그리스도의 나라가 되어 그가 세세토록 왕 노릇 하시리로다"(계11:15).

이상에서 말씀을 보면 세상 나라와 우리 주의 나라 즉 우리 주 되신 하나님의 나라, 즉 하나님의 왕국을 말합니다. 또한 그리스도의 나라 즉 그리스도가 직접 통치하는 천년왕국을 말하는 나라, 세 가지가 이 우주 땅에 실재 겹쳐져 있고 분리되어 있습니다. 다시 말씀드리면 현재 실존하고 사탄이 지배하는 이 세상 나라와 겹쳐져 있는 영적이면서 실재하는 하나님 나라 왕국, 그리고 분리되어 그리스도께서 직접 통치하는 그리스도 나라인 천년왕국이 있습니다. 또한 믿는 자들의 최종의 목적지인 이 땅이 아닌 영원무궁한 새 하늘과 새 땅, 새 예루살렘 성이 있습니다.

1. 세상 나라

"네가 아름다우므로 마음이 교만하였으며 네가 영화로우므로 네 지혜를 더럽혔음이여 내가 너를 땅에 던져 왕들 앞에 두어 그들의 구경거리가 되게 하였도다"(겔28:17). "이제 이 세상에 대한 심판이 이르렀으니 이 세상의 임금이 쫓겨나리라"(요12:31).

첫째로, 세상 나라는 우리가 직접 살고 있는 나라, 지구 위에 있고, 마귀가 통치하는 나라를 의미(요12:31, 엡2:2)합니다. 하나님을 가장 가까이에서 모시던 루시엘 천사가 교만하여 하나님과 견주어 보려다가 결국 타락하여 하나님을 반역하고 이 세상으로 쫓겨나게 되었습니다(겔28:14-17, 사14:12-15). 하나님께서는 반역했던 사탄을 심판하실 뿐만 아니라, 또한 사탄이 반역할 때 그를 따른 타락한 천사들도 심판하셨습니다. 심지어는 그 시대의 하늘들과 땅, 그리고 사탄의 반역에 가담한 땅에 있는 생물들까지도 다 하나님의 심판을 받았습니다. 심판 후에 심판을 받은 천사들은 공중에 있는 악한 영적 세력들과 사악한 영들이 되었습니다. 그들이 하늘에서 쫓겨날 때 그를 추종하는 사탄의 세력 삼분의 일을 데리고 이 땅 지구로 추방되었습니다(계12:4). 그러므로 이 세상 무대의 주인공은 하나님이시지만, 실상 사탄은 이 세상 무대에서 적대자 역할을 하는 자가 되었습니다.

사탄은 이 땅에 와서 하나님과 사람의 관계를 훼방했고, 하나님을 거슬러 거역하고, 반역, 불신했으며, 사람을 속였고, 사람에 대한 하나님의 사랑을 해쳤으며, 사람이 하나님을 멀리 떠나도록 했습니다. 하나님의 영역인 이 땅에서도 하나님의 통치와 행정이 사탄에게 시험과 공격을 받게 되었고, 이 땅은 질서가 무너져 혼동 가운데 있고(창1:2), 이 세상은 사탄의 왕국이 된 것입니다. 그러므로 이 세상의 임금, 대적자를 사탄이라고 합니다. 심지어 예수님께서도 사탄을 '이 세상의 임금, 왕'이라고 인정하고 부르셨고(요12:31, 14:30, 16:11), 사도들은 그를 '공중의 권세를 잡은 통치자'라고 불렀습니다(엡2:2). 그 사악한 영이 우리 안에 거하여 공중권세 잡은 자가 되어 나를 다스리고 통치함으로써 세상의 유혹에 빠져 살게 되었습니다. 우리는 사탄의 속성인 불신과 반역, 거역 속에 염려와 근심, 육신의 생각으로 살아가게 된 것입니다(롬1:28-30). 이제 사람들은 사탄의 포로가 되어 물질과 정신적인 노예가 되어 자유로운 사람이 없습니다. 그러므로 이 세상의 시스템은 육신의 정욕과 안목의 정욕, 이생의 자랑인 사탄의 조직체로 돌아가는 것입니다(요일2:15-16). 왜냐하면 이 세상은 사탄이 지배하는 영적 세상이기 때문입니다.

또한 적대자 사탄은 사람 안에 먼저 들어와 죄악된 생명으로 사람을 망가트리고 타락하게 하였습니다. 마지막 때는 교활한 옛 뱀보다 잔인한 큰 용(계12:9)이 되어서 할 수만 있으면 믿는 자를 미혹합니다(마24:24). 그러나 하나님께서는 그러한 계획을 미리 아셨습니다. 우리를 하나님의 영원하신 목적으로 이끄시고 죄의 종노릇에서 해방시키기 위하여(롬6:6) 사람이신 예수 그리스도로 오셔서 인류를 위하여 구속하시고, 부활하시어 생명 주시는 영이 되셨습니다. 하나님의 뜻이 하늘에서 이룬 것 같이 이 땅에서도 이루어지게 하기 위하여(마6:10) 주님을 믿는 자들 영 안에 임하여 반드시 하나님의 통치와 제한을 받게 했습니다. 그러므로 사탄의 지배 속에서 어둠인 무질서와 혼돈 속에 살지 않으려면, 믿는 우리는 반드시 주인 되신 그분의 통치와 제한을 받아야 합니다. 그래야 삶의 자유와 해방을 받을 수 있습니다(롬8:2, 고후3:17).

2. 하나님의 나라인 하나님의 왕국

"사람이 물과 성령으로 나지 아니하면 하나님의 나라에 들어갈 수 없느니라"(요3:5). "하나님의 나라는 볼 수 있게 임하는 것이 아니요 또 여기 있다 저기 있다고도 못하리니 하나님의 나라는 너희 안에 있느니라"(눅17:21).

둘째로, 하나님의 나라인 하나님의 왕국(kingdom of the God)은 하나님께서 만왕의 왕이 되셔서 다스리고 통치하는 영역을 총칭하는 말입니다. 우리가 사용하는 성경에는 나라라고 번역되었지만, 실상 권위있는 성경들은 왕국으로 번역되어 있습니다.

사탄이 통치하는 세상에서 하나님께서 통치하시는 영역 안으로 들어가려면, 사탄의 통치 안에 있는 이 땅의 모든 사람이 반드시 물과 성령으로 거듭나야 합니다. "사람이 물과 성령으로 거듭나지 아니하면 하나님 나라에 들어갈 수 없느니라 육으로 난 것은 육이요 성령(Spirit)으로 난 것은 영(spirit)이니"(요3:5-6). 하나님의 나라, 즉 하나님의 왕국에 들어가려면 가장 우선은 영이 거듭나야 합니다. 여기서 앞에서 언급한 그 영은 하나님의 성령이고, 뒤에서 언급된 영은 사람의 거듭난 영입니다. 따라서 우리의 영이 성령에 의해서 거듭나서 내 안에 하나님의 생명이 성취된 것입니다. 왜냐하면 첫 사람 아담의 타락으로 영의 기능이 상실되었기 때문에 영이 태어나야 합니다. 영은 하나님을 접촉하는 기관입니다. 영이 태어나야 그분의 영역인 왕국 안에 거하여 그분의 통치를 받을 수가 있는 것입니다. 마치 우리가 부모로부터 태어나야 부모의 통치의 영역 아래 있는 것과 같습니다. 죄의 육신의 부모에게서 태어나면 우리는 여전히 마귀의 통치를 받습니다(시51:5). 그러므로 다시 예수 그리스도를 믿고 거듭나서 성령 하나님의 통치와 제한을 받게 하는 것입니다. 하나님의 통치를 받는 하나님의 나라의 영역을 하나님의 나라, 즉 하나님의 왕국이라고 합니다. 세상 나라에 속한 자가 하나님의 나라의 영역 안으로 들어가려면, 반드시 거듭남을 통해서 영의 구원이라는 비자가 필요합니다.

그러므로 마귀에 속한 세상에 있는 자는 예수 그리스도를 믿고 영접하여 하나님의 생명으로 거듭나야 합니다. 하나님의 통치를 받는 하나님의 나라의 영역, 즉 하나님의 왕국은 영원 전부터 영원무궁한 미래의 영원한 나라(시90:2), 새 하늘과 새 땅 새 예루살렘까지입니다(계21:1-2). 그러므로 하나님이 통치하시는 하나님의 왕국은 시작도 끝도 없는 영원부터 영원까지입니다.

하나님의 왕국의 영역은 창세 전 시작이 없는 영원과 아담의 낙원과 선택받은 열조들, 그리고 율법 이전 시대와 구약의 이스라엘 나라, 즉 율법시대(마21:43)와 신약의 은혜시대인 교회(롬14:17)와 다가오는 천년왕국(계11:15, 20:4, 6)과 영원토록 끝이 없는 새 하늘과 새 땅을 포함합니다. 오늘날 사탄의 지배를 받는 악한 세상에서도 하나님의 통치를 받는 교회 된 우리와 가정도 하나님의 왕국입니다. 그다음에는 천년왕국이며, 그다음에는 영원한 나라인 새 하늘과 새 땅, 그리고 새 예루살렘 성이 하나님의 영원한 왕국입니다. 그러나 믿는 자들 중 안에 계신 영의 통치를 받는 사람이 있고, 받지 않는 사람이 있습니다. 마치 사람이 부모로부터 태어났지만 부모의 통치를 받지 않으려고 집을 나간 비행 청소년과 같은 삶입니다. 영의 통치를 받고 사는 사람을 신령한 사람 즉 성령의 사람이라고 하고, 성령의 통치와 제한을 받지 않고 육신대로 살아가는 사람을 육신적인 사람, 즉 혼적인 사람이라 합니다(고전2:14). 그러므로 부활하신 그 영의 통치를 받는 사람이 하나님의 나라의 실제를 경험할 수 있습니다.

"하나님의 성령을 힘입어 귀신을 쫓아내는 것이면 하나님의 나라가 이미 너희에게 임하였느니라"(마12:28). "하나님의 나라는 먹는 것과 마시는 것이 아니요 오직 성령 안에 있는 의와 평강과 희락이라"(롬14:17). "하나님의 나라는 볼 수 있게 임하는 것이 아니요 또 여기 있다 저기 있다고도 못하리니 하나님의 나라는 너희 안에 있느니라"(눅17:21).

이상의 말씀에서 볼 수 있듯이 하나님의 나라 즉 왕국은 여기 있다

저기 있다 하는 공간적인 개념이라기보다는 성령 하나님의 통치와 다스림의 개념입니다. 하나님의 왕국은 이 세상이 있기 전 영원 전부터 영원까지 하나님의 통치의 영역입니다(시90:2). 우리는 이제 예수를 믿어 거듭나서 하나님의 통치의 영역 안으로 들어왔습니다(요3:5-6). 거듭남을 통해서 하나님의 왕국 안으로 들어간 이후에는 신성한 생명 안에서 자라고 발전해야 합니다.

그러므로 우리는 먼저 그의 나라(왕국)와 그의 의를 구하여야 합니다(마6:33). 내 안에 계신 성령님의 통치와 제한을 받고 사는 것이 그의 나라(왕국)를 구하는 것이요, 성령의 통치에 순종하고 복종하는 것이 그리스도를 얻는 하나님 보시기에 합당한 의입니다. 내 안에 계신 영의 다스림과 제한, 그리고 통치를 받지 않고 행하는 것은 주님이 보실 때에 다 합당하지 아니하므로 주님은 불법이라고 합니다. 오직 성령의 통치를 받은 자만이 의와 평강과 희락의 실제를 누리는 삶의 나라인, 하나님의 나라, 왕국에 있는 것입니다. 이것이 천국의 실제를 누리는 교회생활입니다(롬14:17). 따라서 교회의 영적인 생활을 하는, 즉 하나님의 왕국 안에서의 천국의 실제를 누리는 사람은 자신에 대하여서는 의로울 것이고, 타인에 대해서는 화평을 가질 것이며, 하나님께 대하여는 희락의 기쁨을 갖게 될 것입니다. 이것이 교회생활의 실제인 생명의 의미에서 왕국입니다.

왕국 안에 천국의 세 방면들 — 실제, 외형, 나타남

마태복음에 근거하면, 하나님의 나라 왕국 안의 천국은 실제와 외형과 나타남의 세 방면으로 나뉩니다. 천국의 실제와 외형은 이 시대에 있고 나타남, 즉 출현은 오는 시대에 존재합니다.

하나님의 왕국 안의 천국의 실제를 살펴볼까요.

첫째는 이 시대에서는 하늘에 속하여 영에 속한 본질의 내용입니다.

왕국의 실제는 영적으로 통치와 다스림을 누리는 실제를 말합니다. 천국(天國)에서 하늘 천(天)이 뜻하는 히브리서의 관념은 하늘에 속한 본성에 초점을 맞추고 있습니다(히1:3). 하늘에 속한 장소뿐만 아니라, 하늘에 속한 영적인 본성과 속성, 상태, 특징, 분위기, 요소를 가리킵니다. 이 땅에서 왕국생활을 누리는 삶의 실제가 주님이 산 위에서 계시해 주신 마태복음 5, 6, 7장입니다. 천국백성의 본성(마5:1-12)과 천국백성의 세상에 대한 영향(마5:13-16)과 천국백성의 율법(마5:17-48)과 천국백성의 의로운 행동(마6:1-18)과 천국백성의 금전에 대한 처리(마6:19-34)와 천국백성의 사람을 대하는 원칙(마7:1-12)과 천국백성의 생활과 공적의 근거(마7:13-29)에 관한 일곱 부분의 모든 일은 다 실제적이고 신령하고 하늘에 속한 영적인 것입니다. 이러한 천국의 영적 생활은 하늘에 속한 원칙의 계시이며 단지 행위나 밖의 생활이 아니라 천국의 실제입니다. 따라서 천국의 실제를 누리려면 우리가 영의 통치와 제한을 받고, 그분의 음성을 듣고, 그분의 누림을 추구하는 신앙생활을 하여야 합니다. 오늘날 교회의 영적인 생활(롬14:17)은 천국의 실제를 영적으로 나타내는 합당한 생활로 나타납니다. 하나님의 왕국 안의 천국은 이 시대에 그 실제만 있지 않고 외형도 있습니다.

둘째는 천국의 외형은 겉모양, 겉껍데기, 신앙생활을 하여도 천국의 실제를 누리지 못하는 즉 성막의 바깥마당에 속한 신앙을 말하는 것입니다. 마태복음 13장에 나오는 가라지의 비유는 천국의 외형 가운데 천국을 이루지 못하게 하는 방해세력, 거짓으로 믿는 이들 즉 거짓된 씨를 나타내고, 겨자씨의 비유는 겨자 나물이 나무가 됨을 통해 천국의 외형의 비정상적인 발전을 나타내고, 누룩의 비유는 천국의 외형의 내적인 부패를 나타냅니다. 이와 같이 오늘날 교회 안에 매우 많은 가라지와 외형과 부패한 누룩으로 인해 실제되지 못하고, 외형으로 비정상적으로 발전하고 있다는 것입니다. 외형에 속한 교회 된 우리는 주님이 오실 때에 심판을 받아 유업의 상속을 받지 못할 뿐만 아니라 질책을 받아 슬피 울며 이를 갊의 신세가 되는 것입니다(마13:42).

　셋째는 천국의 나타남은 이기는 이들만의 보상으로 장래 천국의 나타남에 직접 참여할 것입니다. 주님이 다시 오셔서 교회시대가 끝날 때 천국의 외형은 처리하실 것입니다. 그다음 천국의 실제는 다음 시대로 옮겨 천국왕국의 나타남이 되게 하십니다. 나타남은 하나님께로부터 왕국의 실재를 얻어(단7:13-14) 하나님의 왕국을 가지고 돌아오십니다(눅19:15). 천국의 나타남은 오는 시대에 있을 것입니다. 재림 후에는 세상 나라가 주와 그 그리스도의 나라(계11:15, 12:10)가 될 것입니다. 이것은 마태복음 24, 25장에 있는 주님이 감람산에서 계시하시는 하나님의 왕국의 실현, 천년왕국의 나타남입니다. 천년왕국이 지나면 새 하늘과 새 땅, 곧 영원한 세계 안에서 하나님이 다스리는 영역, 즉 영원한 세계 안에 있는 천국의 실제가 임하게 되고 그 안에서 영원토록 왕 노릇 하실 것입니다. 따라서 영 안에서 통치와 누림이 있는 자는 이와 같이 내 안에 심령 천국의 실제를 이룰 뿐만 아니라 천국의 실현, 천년왕국과 영원 무궁한 새 예루살렘 성, 천국에 입성하는 것입니다.

　이제 우리는 겨우 영의 구원에만 머무르지 말고 내 안의 영의 통치와 제한을 받아 혼 안에 하나님의 생명이 확장되어 그의 영광을 받기 위하여 왕의 후사가 되어야 합니다(롬8:17). 이것은 영의 구원에서 혼의 구원으로 확장되는 결과입니다. 그 결과로 천국의 나타남, 주님이 직접 통치하는 천년왕국에서 왕 노릇하는 유업의 상을 얻습니다(갈4:6-7, 골3:23-24, 계20:4-6). 다가오는 왕국은 이기는 이들에게 주님과 함께하는 누림으로 이기는 성도들의 보상이 될 것입니다.

3. 그리스도가 직접 통치하는 천년왕국

"일곱째 천사가 나팔을 불매 하늘에 큰 음성들이 나서 이르되 세상 나라가 우리 주와 그의 그리스도의 나라가 되어 그가 세세토록 왕

노릇 하시리로다"(계11:15). "예수께서 대답하시되 내 나라는 이 세상에 속한 것이 아니니라"(요18:36). "그들로 우리 하나님 앞에서 나라와 제사장들을 삼으셨으니 그들이 땅에서 왕 노릇 하리로다 하더라"(계5:10).

셋째로, 그리스도의 나라, 그리스도께서 이 땅에 직접 만왕의 왕으로 재림하셔서 이 땅에서 '천년 동안' 펼쳐지는 실제적인 메시아 왕국인 천년왕국(계5:10, 11:15, 20:3)이 출현하게 되는 것입니다. 천년왕국(millenium)이라는 단어는 만물이 복원되는 새 에덴 1,000년 동안의 기간을 의미합니다. 천년왕국은 그리스도께서 세상을 다스리시기 위해 왕으로 오신 후부터 새 하늘과 새 땅 이전까지의 시간을 가리킵니다. 천년 동안은 공중권세 잡은 용, 옛 뱀, 마귀, 사탄, 속이는 자, 거짓의 아비가 없는 곳입니다. 이때에 만물이 복원(행3:21)되는데 사람들뿐만 아니라, 온 피조물 즉 하늘들, 땅, 동물들, 나무들에게까지 영향을 미쳐 새 에덴이 복원(사11:6-9, 30:26, 65:20-25, 시11:6, 72:1-17, 슥8:20-23, 계20:4, 6, 행3:21)됩니다. 천년왕국은 성도들이 얻게 될 궁극적인 하나님의 나라, 거룩한 성, 새 예루살렘성이 주어지기까지 존재하는 중간기간이라고 할 수 있습니다. 즉 지상의 나라와 영원한 하나님의 나라(왕국)의 가교역할을 하는 것입니다.

천년왕국은 신약(마6:10, 6:31-33, 21:43, 25:32-34, 눅19:17-19, 요3:3-5, 고전15:25, 50, 갈5:21, 딤후2:12, 벧후3:8, 계5:10, 11:15, 20:2, 4-6)뿐만 아니라 구약에도 기록되어 있지만 가리어져 있어서 잘 모르고 있습니다. 천년왕국에 관한 구약의 예언적 성경구절들이 있습니다(시2:6, 8-9, 72:1-72, 사2:2-5, 4:2-6, 9:7, 11:1-10, 12:1-5, 16:5, 30:26, 32:1-2, 35:1-10, 40:9-11, 61:4-9, 65:20-25, 66:10-14, 슥8:20-23, 14:16-21, 단2:44, 7:13-14). 이 세상 나라가 그 그리스도의 나라가 되는 것입니다. "일곱째 천사가 나팔을 불매 하늘에 큰 음성

들이 나서 이르되 세상 나라가 우리 주와 그의 그리스도의 나라가 되어 그가 세세토록 왕노릇 하시리로다"(계11:15).

주님이 직접 통치하는 그 그리스도의 나라, 천년왕국에 입성하려면 반드시 믿는 자가 이 땅에 있을 때에 그 영의 통치를 받아 천국의 실제를 누리는 신자라야 합니다. 이제 영의 구원이라는 비자 외에 혼의 구원이라는 입국 비자가 필요한 것입니다. 그러므로 믿음의 결국은 곧 혼의 구원입니다(벧전1:9). 그리스도께서 만왕의 왕으로 통치하는 천년왕국은 일곱째 나팔을 불 때에 신랑 되신 그리스도께서 만왕의 왕으로 오셔서 신부군대와 함께 이 땅에 있는 세상의 왕 사탄과 그를 추종하는 모든 자를 청소하고(계19:14-16), 이 땅을 그리스도께서 천년 동안 직접 통치합니다(계11:15, 5:10, 20:6). 이 나라를 그 그리스도의 나라라고 합니다. 그리스도께서 직접 통치하고 왕노릇 할 수 있는 나라, 천년왕국은 에덴동산을 복원시키는 왕국입니다(사2:4, 11:6-11, 35:5-10, 65:17-25). 더 나아가 짐승과 가축은 "이리가 어린양과 함께 거하며, 표범이 어린 염소와 함께 눕게 될" 정도로 복원될 것입니다(사11:6). 다만 에덴동산과 다른 점은 사탄이 없는 것입니다. 만국을 미혹하지 못하도록 사탄을 천년 동안 결박하여 무저갱에 잠깐 던져 넣기 때문입니다(계20:2-3).

그리스도께서 직접 통치하는 나라, 천년왕국은 오늘날 세상에 속한 나라가 아닙니다. "이제 내 나라는 여기(세상)에 속한 것이 아니니라"(요18:36)고 예수님께서 빌라도에게 심문을 받을 때 말씀하셨습니다. 그리스도께서 직접 통치하는 그리스도의 나라, 천년왕국에 들어가려면 반드시 오늘날 교회시대에 믿는 자들이 그 영의 통치와 제한을 받아서 혼의 구원을 받아 그리스도의 심판대(고후5:10)라는 관문을 통과하여야 합니다. 그래야 기업인 유업의 상(마16:27, 고전3:8, 14, 갈4:7, 5:21, 엡1:18, 골3:24, 계22:12)으로 천년왕국을 상속받을 수가 있습니다. 그 나라에 들어가는 자만이 그리스도와 함께 신령한 부활체 몸을 가지고 천년 동안 다스리고 통치할 수 있습니다(계11:15, 20:4-6, 눅19:11-27, 22:30, 마19:28).

천년왕국의 보상은 구약과 신약에서 모두 이기는 자들에게 주어지는 것입니다(마8:11, 히11:26, 39-40). 구약의 이기는 이들, 즉 이스라엘 유대인들은 땅에 속한 영역인 제사장으로서 땅을 다스릴 것입니다(슥8:20-23). 신약의 이기는 이들은 하늘에 속한 영적인 왕국으로서 창세 전에 믿는 이들을 위해서 정해진 것입니다(엡1:3-4). 거기는 이기는 이들이 보상의 누림으로써 분봉왕으로 통치합니다(눅19:11-27). 그 보상 여부는 왕이신 그분의 영의 통치와 제한을 받고 나의 자아와 세상과 종교와 사탄을 이기고 주어진 사명과 그분을 누림과 체험과 표현에 달려 있습니다. 천년왕국은 하늘에 속한 부분은 그리스도와 이기는 이들이 만국을 다스리는 영역이며, 이기는 이들이 천년 동안 하나님과 제사장들이 되기 위한 땅에 속한 영역입니다(계2:26-27, 20:4, 6).

주님이 오실 때에 믿는 자들은 두 부류로 나뉩니다. 하나는 선을 행하여 생명의 부활로 입성하여 천년왕국에서 왕 노릇 하는 부류입니다. 또한 부류는 악을 행하는 자는 주님이 오실 때에 그리스도의 심판의 부활로 나와 천년 동안 대가를 치르는 부류입니다. 후자는 천년왕국의 백성이 아닙니다. 믿는 자들 중 변화 받지 못한 자들은 천년왕국이 끝나고 백보좌 심판이 있을 때까지 지옥에 갇혀 있습니다. 그들은 풀무불(마13:50)과 불과 유황으로 고난을 받으며 연단의(계14:10) 대가를 치르는 곳에 거합니다. 믿는 우리가 겉사람이 처리되지 못하여 혼의 구원을 이루지 못하면, 반드시 질책을 받아 지옥에 들어가서 이를 갈고 슬피 울며 후회합니다. 그러나 고난과 연단을 받아 고침을 받으면 내어주기 때문에 천년왕국 기간이 끝날 무렵에 새 하늘과 새 땅, 즉 하늘나라의 백성으로 입성합니다(계21:3). 예수를 믿는 자는 영원한 구원을 받습니다(요10:28-29, 롬8:38-39, 사49:15). 다만 영원한 새 하늘과 새 땅에서 만국백성으로 구원을 받는 것입니다. 천년왕국 동안에는 고난과 연단의 지옥에 들어가서 이를 갈고 슬피 울며 후회하고 자책하여 고침을 받습니다.

천년왕국의 만국백성

그렇다면 누가 천년왕국의 만국백성이 되는가? 많은 사람들은 믿는 자들이 백성이라고 합니다. 만국의 백성은 믿지 않는 자들입니다. 창세 때부터 양들을 위하여 준비된 것입니다.

"인자가 자기 영광으로 모든 천사와 함께 올 때에 자기 영광의 보좌에 앉으리니 모든 민족을 그 앞에 모으고 각각 구분하기를 목자가 양과 염소를 구분하는 것 같이 하여 양은 그 오른편에 염소는 왼편에 두리라 그 때에 임금이 그 오른편에 있는 자들에게 이르시되 내 아버지께 복 받을 자들이여 나아와 창세로부터 너희를 위하여 예비된 나라를 상속받으라"(마25:31-34).

이 말씀은 우리가 너무나 잘 알고 있는 양과 염소의 비유에 대한 말씀입니다. 이 시기는 현재 지금시대가 아닙니다. 주님이 천사들과 함께 올 무렵(마25:31), 즉 마지막 적그리스도의 대환란 때를 말합니다. 이때에는 믿는 자 가운데 그리스도의 생명으로 알곡이 된 첫 열매신앙인은 이미 생명의 부활로 휴거되어 이 세상에 없으나 이때에 휴거되지 못하고 남아 있는 믿는 자는 적그리스도의 대환란 때에 말할 수 없는 환난을 받게 됩니다(마24:21). 이 환난 때에 믿지 않는 세상 사람 중에는 양과 염소 같은 부류가 있습니다. 믿지 않는 사람 가운데도 양처럼 믿는 사람에게 선을 베푸는 사람이 있습니다. 대환난 때에 적그리스도는 자신이 세운 우상에게 경배하라 하고, 경배하지 않는 사람들은 죽이는 것입니다. 대환난 기간 중에 사람들에게 더 이상 복음을 증거할 수 없을 때 박해가 시작되면 하나님께서 천사를 보내셔서 "영원한 복음"을 전파합니다. "하나님을 두려워하며 그에게 영광을 돌리라. 이는 그의 심판의 시간이 이르렀음이니 하늘과 땅과 바다와 물들의 근원을 만드신 이를 경배하라"(계14:7). 이때에 이 말씀에 순종하는 자들은 천년왕국에 들어갈 수 있습니다.

한편 믿는 사람들이 대환난 기간에 많은 환난을 당하나 믿는 형제에게 선을 베푼 양 같은 이들이 있습니다(마25:35-40). 임금 되신 주님께서 "너희가 여기 내 형제 중에 지극히 작은 자 하나에게 한 것이 곧 내게 한 것이니라"(마25:40) 하셨습니다. 적그리스도의 환란 때에 믿는 자에게 배려하지 않는 자를 염소라고 합니다. 오른편에 있는 양은 예비된 나라, 천년왕국을 상속받는 것입니다(마25:34). 천사가 전한 그 영원한 복음을 받아들이면 좋은 물고기로 분류되고 받아들이지 않으면 나쁜 물고기로 분류가 됩니다(마13장 그물의 비유). 주님은 천사들에게 세상에 살아 있는 사람을 그분 앞으로 이끌어 오게 하시어 영원한 복음에 근거하여 그들을 심판하실 것입니다. 마지막 환난 때에 믿지 않는 사람 중에 양 같은 사람들이 천년왕국의 백성이 되어서 영생을 얻을 수 있는 기회가 주어지는 것입니다(마25:32-34).

만국백성의 다스림 어떻게 통치하는가?

천년왕국의 백성들을 양육하고 다스리게 될 때에 어떻게 통치하는가?
"그가 철장을 가지고 저희를 다스려 질그릇 깨뜨리는 것과 같이 하리라"(계2:27).

이 말씀은 두아디라 교회의 이기는 자에게 주신 말씀입니다. 철장 권세로 다스린다는 것은 은혜시대, 즉 교회시대가 지나면, 천년왕국시대가 도래되는데, 이 시대는 율법적인 공의로 심판하여 다스린다는 것입니다. 천년왕국 시대에는 예수 그리스도께서 만국백성들을 철장 권세로 다스리십니다. 이때 믿는 성도들 가운데 이기는 자들은 주님과 함께 공동 왕이 되어 만국을 다스릴 권세를 받아 통치하고 다스리게 됩니다. 이 말씀은 이기는 자는 천년왕국에서 왕국의 백성들을 목양할 때에 질그릇을 깨뜨리듯이 철장권세를 가지고 다스린다는(시2:8-9) 것입니다. 목양은 단번에 다 하는 것이 아니고 필요가 생길 때마다 한 번 살펴보고 한 번 사랑의 지팡이로 치고, 또 한 번 살펴보고 또 한 번 철장 권세로 치는 것입니다. 이러한 일은 새 하늘과 새 땅이 이르기까지 계속될 것입니다.

천년왕국은 새 하늘과 새 땅이 이르기 직전 시기입니다. 그래서 주님은 이 세상에 오실 때에 철장 권세로 다스리지 않고 세상 죄를 지고 가는 어린양으로 오셔서 십자가에 죽으시고 부활하셨습니다. 그 이후에 생명 주는 영으로 다시 오셔서 주님의 은혜로 다스리시고 통치하시고 날마다 사랑으로 사역하는 은혜시대입니다. 그러므로 지금은 은혜를 받을 만한 때요 구원의 날입니다(고후 6:2). 만약 주님이 우리를 철장 권세로 다스리고 통치한다면, 살아남을 자가 한 사람도 없을 것입니다. 우리는 전적으로 타락하여 고집불통이고 불순종의 자식이기 때문입니다. 그런데 다시 오시는 주님은 철장 권세를 가지고 만국백성을 다스리고 통치하시고 목양하십니다.

왜 주님은 다시 오셔서 말씀을 듣지 않으면 천년왕국 때에 철장 권세로 다스릴까요? 질그릇을 부숴 깨뜨리듯이 깨뜨릴까요? 그에 상응하는 곤장을 때립니다. 그러면 견딜 자가 없습니다. 살아남기 위해서는 무조건 순종하여야 하고 불순종할 수가 없습니다. 이것이 철장 권세로 다스리는 이유입니다.

이 우주의 지구에는 세 나라가 영적으로 공존하며 또한 분리되어 있습니다. 우리가 부모로부터 육신을 가지고 태어나면 사탄이 지배하는 세상 나라에 소속되는 것입니다. 이 세상 나라는 사탄이 지배하므로 말도 많고 탈도 많아 매일 시끄럽고 혼돈 속에 있습니다. 우리는 그리스도 안에서 반드시 물과 성령으로 거듭나 영이 구원을 받아야 하나님의 나라, 왕국에 들어갈 수 있습니다(요3:5). 하나님의 나라(왕국)에 들어온 사람은 반드시 영의 통치와 제한을 받아야 합니다. 그러지 않으면 우리는 여전히 세상 나라에 속하여 인생의 삶이 혼돈 속에 존재하게 되며 자유하지 못하는 세상 사람과 다를 바가 없습니다. 따라서 믿는 우리는 성령 하나님의 통치와 제한을 받아야 혼의 구원을 이루어 우주적인 그리스도의 한 몸을 건축한 신부가 됩니다. 그래야 주님이 원하시는 그리스도의 나라, 새 에덴이 복원된 천년왕국에서 신랑 되신 그리스도와 함께 신부로서 함께 한시적으로 천년 동안 왕 노릇을 할 수 있습니다. 더 나아가 영원무궁 세세토록 새 예루살렘 성, 천국에서 왕 노릇을 할 수 있습니다(계22:5). 그 기준의 열쇠는 혼의 구원입니다.

혼의 구원은 믿는 자가 그분의 통치를 받고 그분과 함께 먹고 마시고 누리는 삶을 살므로써 생각과 감정과 의지가 그분으로 하나된 몸으로 건축되는 것입니다. 믿음의 결국은 혼의 구원이기 때문입니다(벧전1:9). 천년왕국은 천년이 하루 같은 삶으로 신부로 누리며 통치하는 영광의 왕국입니다. 부부인 아내로서 누리는 것은 영원히 회복된 새 하늘과 새 땅, 새 예루살렘 성(천국)에서 누리고 통치하는 것입니다(계22:5, 17). 지금은 은혜 받을 만한 때요 구원의 날이요(고후6:2), 교회시대이므로 그 이상을 알고 주님과 함께 먹고 마시어 누림으로 신부 단장하여 그리스도의 몸으로 건축한 자들만이 영원토록 누릴 수 있습니다. 우리가 주님을 믿는다면서 영의 하나님의 통치를 받지 않고 누리지 못하면 주님이 다시 오시어 직접 통치하는 천년왕국 때에 바깥 어두운 곳에 쫓겨나 하루가 천년같이 이를 갈고 슬피 우는 연단과 고난의 대가를 치러야 합니다(마8:12, 13:50, 22:13, 24:51, 25:30, 눅13:28, 계14:10). [천년왕국에 대한 자세한 것은 저자의 책 『요한계시록의 정수』 450-467쪽을 참조]

4. 영원한 새 하늘과 새 땅

"또 내가 새 하늘과 새 땅을 보니 처음 하늘과 처음 땅이 없어졌고 바다도 다시 있지 않더라"(계21:1).

　새 하늘과 새 땅을 흔히 영원한 하늘나라라고 말합니다. 현재 사람들이 살고 있는 처음의 하늘과 처음 땅 즉 옛 창조물인 이 지구는 천년왕국이 끝날 때까지는 존속하게 됩니다(계11:15). 천년왕국 때에 이 땅은 개선되고 변화되는 것입니다. 일곱 대접 재앙 때에 지진과 화산으로 산과 바다가 사라지고 묻히고 큰 지각변동이 생겨서 개선이 되어(계16:17-21) 새 에덴이 복원됩니다.
　천년왕국의 그 수한을 다하게 되면 태양계의 원소들은 블랙홀에 의해서 이 땅이 불에 타서 물과 같이 녹아지고(벧후3:12-13), 완전히 새것으로 바뀌어 의복처럼 갈아입어(시102:25-26, 히1:10-12) 영원한 새 하늘과 새 땅으로 도래됩니다.
　"주께서 옛적에 땅의 기초를 두셨사오며 하늘도 주의 손으로 지으신바니이다 천지는 없어지려니와 주는 영존하시겠고 그것들은 다 옷같이 낡으리니 의복같이 바꾸시면 바뀌려니와"(시102:25-26).
　"또 주여 태초에 주께서 땅의 기초를 두셨으며 하늘도 주의 손으로 지으신 바라 그것들은 멸망할 것이나 오직 주는 영존할 것이요 그것들은 다 옷과 같이 낡아지리니 의복처럼 갈아입을 것이요 그것들이 옷과 같이 변할 것이나 주는 여전하여 연대가 다함이 없으리라 하였으나"(히1:10-12).
　"하나님의 날이 임하기를 바라보고 간절히 사모하라 그 날에 하늘이 불에 타서 풀어지고 체질이 뜨거운 불에 녹아지려니와 우리는 그의 약속대로 의의 거하는바 새 하늘과 새 땅을 바라보도다"(벧후3:12-13).
　이 지구의 땅덩어리는 영원한 하나님의 왕국인 새 하늘과 새 땅과 새 예루살렘 성을 이루기 위해서 그때까지 존재하고, 그 맡겨진 사명이 끝나면 용도 폐기됩니다. 우리가 다 알고 있는 바와 같이 이 지구는 온통 오염이 되어서 우리 인류가 더 이상 살아가기에 부적당한 형편이기 때문입니다. 처음 땅과 처음 하늘이 피하여 간데없이 사라져 버리는 지구의 종말을 뜻합니다(계20:11). 이러한 변화 속에 새 하늘과 새 땅이 도래되어 새 창조의 우주가 회복될 것입니다. **"처음 하늘과 처음 땅이 없어졌고 바다도 다시 있지 않더라"**(계21:2).

하나님께서는 사람이든 짐승이든 처음 난 것은 사탄의 타락으로 오염되었기에 원하지 않으셨고(출12:12), 두 번째로 난 것을 원하십니다(히8:7). 그러므로 처음 난 하늘과 땅, 사람, 사물 등을 막론하고 처음 옛것은 다 사라질 것입니다(계21:4, 고전15:47, 히8:7). 새 하늘과 새 땅에는 바다도 없습니다. 바다는 물로 심판을 받아 생긴 것으로 심판의 결과인 물을 제한시키고 땅을 회복하신 것입니다(창1:9-10, 렘5:22). 물로 심판을 받은 후에 바닷속은 음부가 되어 믿는 이들을 처리하다가 백보좌 심판 때에 죽은 자들을 내어 준 이후에 더 이상 바다가 필요 없게 된 것입니다. 바다는 하나님이 아담 이전에 세상을 심판하시기 위해 사용하셨던 물의 결과뿐만 아니라 사탄과 마귀를 집어넣기 위하여 만들어 놓은 지옥문(욥38:16-17)이며, 적그리스도가 출현한 곳이요(계13:1, 단7:3), 죽은 영혼을 가두어 놓는 처소입니다(계20:13). 이렇게 볼 때에 바다는 반역과 악의 상징이며, 부패하고 타락하고 오염된 옛 세상을 상징합니다. 천년왕국 때에는 바다가 제거되지 않았으나(사11:9, 66:19, 겔49:9-10) 새 하늘과 새 땅에서는 바다를 제거하기로 계획하셔서 바다는 더 이상 있지 않습니다(계21:1). 그렇다면 새 하늘과 새 땅이 어떻게 구성되어 있고, 어떠한 모습인가를 우리가 정확하게 보는 것이 중요합니다.

천년왕국 기간까지도 그 땅에 사는 만국백성들에게는 눈물도 있고 아픔도 있었습니다. 그러나 이 땅에 천년왕국이 복원되고 정화된 나라에는 처음 것이 다 지나갔으므로 새 하늘과 새 땅의 만국백성들은 이 땅처럼 반역과 배도를 할 일도 없습니다. 그래서 다시는 사망, 애통, 곡하거나 아픔과 죽음도 없는 완전한 만족과 안식의 축복을 누리게 됩니다(계21:4). 죽음과 음부는 완전히 생명에게 삼켜지고(고전15:54), 불못에 던져지기(계20:14) 때문에 더 이상 눈물과 죽음이 없습니다. 왜냐하면 이전 것들이 다 사라졌기 때문입니다. 성경에 새 하늘과 새 땅에 대하여 세 구절이 있습니다(사65:17, 66:22, 벧후3:13). 주님이 만드실 새 하늘과 새 땅이 영원하신 하나님 앞에 항상 있다는 것은 영원토록 남아 있다는 의미입니다.

영원한 세계는 새 하늘과 새 땅과 새 예루살렘 성으로 구성되어 있습니다. 그 땅에는 백성이 있고, 그 백성을 통치하는 왕들이 있고, 성안에는 이기는 성도 즉 아들들과 신부가 거하고 있습니다.

새 하늘과 새 땅의 만국백성

새 땅의 백성들은 어떠한 모습으로 살아갈까? 에덴동산에서 아담과 하와가 뱀에게 미혹을 받지 않고 살았다면 그들은 얼마 동안 살았을까요? 영원히 살았을 것입니다. 왜냐하면 죄가 없는 곳에는 사망이 있을 수가 없기 때문입니다. 죄의 삯은 사망(롬6:23)인데 죄가 없으니 사망도 없게 됩니다. 그런데 영원한 하나님의 왕국인 새 하늘과 새 땅에는 죄가 없습니다. 죄가 없기 때문에 이러한 육체를 가지고도 영원히 사는 것입니다. 그러므로 새 땅 위에 사는 만국백성들은 에덴동산에서 죄를 범하기 전의 아담의 상태로 회복된 백성입니다. 하나님의 만국백성들은 새 예루살렘 성 바깥의 새 땅에 살고, 새 예루살렘 성 안에는 하나님의 보좌가 있고 그 안에는 하나님의 아들로 변화체를 입은 이기는 자들이 주님과 함께 어린양의 아내로 함께 누리고 사는 것입니다(계21:7, 9). 특히 이기는 자들인 신부는 생명수를 공급하는 유업을 받아 어린양의 보좌로부터 흘러나오는 생명수를 만국백성들에게 공급하게 됩니다(계22:17). 그들이 생명수를 통해서 소성케 되어 영광과 존귀를 가지고 성안에 들어와 구경하는 것입니다(계21:26, 22:1-2). 백성들이 생명수의 공급을 받아 성안에 들어오는 것은 영광입니다.

영원한 새 하늘과 새 땅의 백성들은 누가 되는가? 두 부류가 있습니다. 첫째로, 천년왕국의 백성들은 대환난 때에 천사가 전한 영원한 복음을 듣고 믿는 자들에게 양같이 선을 베푸는 자들입니다. 이들이 천년이 차서 곡과 마곡의 사탄의 미혹을 이기는 백성들입니다(계20:7-9). 둘째로, 새 하늘과 새 땅의 백성들은 주님이 다시 오실 때에 심판의 부활로 나와 질책을 받고 천년왕국 기간에 지옥에서 대가를 지불한 육신적인 신앙인들을 말합니다. 그들이 대가를 지불하고 교도가 되어 영원한 새 하늘과 새 땅의 백성으로 입성하는 것입니다. 왜냐하면 그곳은 죄가 없는 곳이며 거룩한 곳이기 때문에 지옥에서 그 사람의 분량에 따라서 대가를 지불해야 하는 것입니다. 하나님은 철저한 공의의 하나님이십니다. 새 하늘과 새 땅의 만국백성들은 자기의 마음대로 새 예루살렘 성 안으로 들어갈 수가 없습니다. 성 문에는 반드시 지키는 천사들(계21:12)이 있습니다. 들어가는 방법은 생수를 공급받기 위해서 출입할 수가 있습니다. 그 생명수의 발원지가 바로 하나님과 어린양의 보좌이기 때문입니다(계22:1). 보좌는 성 안에 존재하기 때문에 성 안에 거하는 이기는 자들은 보좌에서 흐르는 생수를 떠서 마시기만 하면 됩니다. 그러나 성 밖의 백성들은 성 안에 있는 이기는 자, 신부를 통해서 공급을 받아야 합니다(계22:17). 왜 그들이 생수를 공급 받아야 하냐면 그들이 질책을 받아서 지옥에서 대가를 치를 때에 성령의 역사가 없어서 생명의 공급이 안 되었기 때문에 계속 공급을 받아야 하는 것입니다. 그 보좌는 새 예루살렘 성의 중앙이며, 하나님의 모든 행정과 권위가 표현되는 곳이며, 생명공급의 유일한 근원의 보좌입니다.

오늘날 교회시대에 생명수와 생명과를 먹을 수 있는 자에게 새 예루살렘 성에서 생명과 생명수를 마실 수 있는 권리와 자격이 주어집니다. 모든 것은 오늘날 교회시대에 내가 어떻게 주님이 원하시는 하나님의 경륜을 알고 그분으로 인하여 누리느냐에 따라 모든 것이 결정되는 것입니다. 지금이 은혜를 받을 때와 구원의 날이 되는 기회이기 때문입니다(고후6:2). 새 하늘과 새 땅에는 하나님의 나라 백성들이 거주하게 되며, 그 가운데(계22:3)로 거룩한 성, 새 예루살렘 도성(계21:10)이 하늘에서 내려옵니다. 그곳을 천국(kingdom of heaven)이라고 합니다.

5. 거룩한 성 새 예루살렘 성(천국)

"성령으로 나를 데리고 크고 높은 산으로 올라가 하나님께로부터 하늘에서 내려오는 거룩한 성 예루살렘을 보이니"(계 21:10).

오늘날 믿는 자들의 소망은 천국을 누리고 천국에 가기 위해서 믿는다고 하지만, 실상은 누리지 못하고 천국의 실제를 모르는 분들이 허다합니다. 또한 알고 있다고 하여도 막연하게 알고 있습니다. 새 예루살렘 성인 거룩한 성, 천국(kingdom of heaven)을 잘 알아야 합니다. 천국은 하늘의 왕궁, 즉 성을 말합니다. 우리가 예수를 믿고 거듭나면 하나님의 나라인 왕국의 영역 안으로 들어온 것입니다(요3:5). 하나님 나라 왕국은 영원 전부터 영원 미래에 이르는 하나님의 통치를 가리키기 때문에 새 예루살렘 성(천국)은 그 범위가 왕국보다 더 좁다는 것을 말합니다. 우리가 하나님의 나라, 즉 왕국에 들어가려면 거듭남이 요구되지만 천국에 들어가기 위해서는 거듭난 이후에 우리의 생활에 그리스도의 의가 있어야 합니다. 왜냐하면 마태복음 5장 20절에 "내가 너희에게 이르노니 너희 의가 서기관과 바리새인보다 더 낫지 못하면 결코 천국에 들어가지 못하리라" 하셨기 때문입니다. 천국 안에 들어가는 것은 오늘날 교회 시대에 천국의 실제 안에서 누리고 사는 자(마5-7장, 13장, 눅 17:21, 롬14:17)가 장래에 천국 출현에 참여하는 것을 말합니다. 왜냐하면 천국은 하늘에 속한 장소뿐만 아니라, 하늘에 속한 영적인 본성과 속성, 상태, 특징, 분위기, 요소를 가리키기 때문입니다. 그분의 본성과 영적인 성분으로 인도함을 받고 이기는 자가 천년왕국의 유업을 얻어 새 예루살렘 성 안으로 거하게 되는 것입니다. 거룩한 성 새 예루살렘 성, 천국은 우리가 거할 영원한 본향이며 하나님께서 최종으로 의도하시는 하나님의 경륜의 목적입니다.

장래에 천국의 실재는 어떠한가? **"거룩한 성 새 예루살렘"**은 새 땅 위에 건축되는 것이 아니라 삼층천 즉 하나님의 보좌가 있는 곳에서 이루어진 후에 새 땅으로 내려오게 됩니다(계21:2, 10). 황금 보석으로 이루어진 새 예루살렘 성이 새 땅 위에 내려오게 됩니다. 땅에서 아무리 지극히 거룩하다 하더라도 예루살렘은 패망할 운명을 갖고 있습니다. 그래서 하늘에서 내려옵니다. 하늘에서 내려온다는 말은 저 공중에서 내려온다는 말은 아니고, 하나님의 신성의 충만에서 온다는 말입니다. 출애굽기에 나오는 성막은 하늘에 있는 성막의 모형인데 그중 하나님의 법궤가 있는 지성소는 가로, 세로, 높이가 각각 10규빗(약 5m)이며 솔로몬 성전에 있는 지성소는 가로, 세로, 높이가 각각 20규빗(약 10m)이며 새 예루살렘 성은 지성소의 원형인데 가로, 세로, 높이가 12,000스다디온(2,280km), 5,500리에 달하는 정육면체입니다. 다시 말하면 새 땅 전체가 하나님의 성전이고 그 위에 있는 새 예루살렘 성은 지성소입니다. 이것은 절대적으로 영원히 온전하고 완전함을 의미합니다. 조금도 비뚤어지거나 굽은 것이 없고 균형 잡히고 온전하고 완벽한 지성소인 새 예루살렘 성이라는 뜻입니다. 그러므로 성안에는 성전이 없다는 말씀입니다.

그 내부의 성전이 하나님과 어린양이기 때문에 그 성은 하나님과 어린양 자신입니다. 성전이 물질적이거나 물리적인 것이 아니라 인격적인 성전인 구속하신 하나님 자신입니다. 그 성이 신부(계21:2)라는 용어는 그 성이 인격적인 어떤 것임을 증명합니다. 우리가 더 깊게 새 예루살렘 성을 알고자 한다면 신구약을 통해서 장막과 성전에 관한 내용을 잘 알아야 합니다. 왜냐하면 이것이 성경의 거대한 기둥이요 맥이기 때문입니다. 이것을 모르면 새 예루살렘 성을 이해할 수가 없습니다. 성경의 구약과 신약의 모든 장막과 성막은 성전의 예표인 그리스도에 대한 모형이요 그림자입니다.

"저희가 섬기는 것은 하늘에 있는 것의 모형과 그림자라 모세가 장막을 지으려 할 때에 지시하심을 얻음과 같으니 가라사대 삼가 모든 것을 산에서 네게 보이던 본을 좇아 지으라 하셨느니라"(히8:5).

성막의 지성소는 천국의 모형이요, 그림자입니다. 그러므로 믿는 자들은 바깥마당의 육신적인 신앙에 머물러 있지 말고, 이제는 지성소 신앙으로 올라가 건축하여야 합니다. "성령으로 나를 데리고 크고 높은 산으로 올라가 하나님께로부터 하늘에서 내려오는 거룩한 성 예루살렘을 보이니"(계21:10). 천국(kingdom of heaven)은 하늘에 있는 왕궁을 말합니다. 하늘에서 하나님이 다스리시고 통치하시는 실제적인 왕궁, 새 예루살렘 성, 거룩한 성을 말합니다. 새 예루살렘 성은 최상의 안식이요, 평안이 될 것입니다(계21:3).

새 예루살렘에서 '새'는 하나님만이 새것임을 뜻합니다. 해 아래 새것이 없습니다. 다 옛것입니다. 내 안에 하나님이 계실 때에 새것이요, 새 사람입니다. '예루'는 기초를 뜻하고 '살렘'은 평안을 뜻합니다. 새 예루살렘 성은 삼위일체 하나님으로 기초가 잡히고 보호될 영원한 평안의 실체, 하나님 자신을 가리킵니다. 그러므로 새 예루살렘 성으로 최종 완결되는 것입니다. 이것은 하나님의 도성인 예루살렘이며(히12:22), 하나님께서 우리를 위하여 예비한 처소요, 하나님께서 경영하시고 지으신 성(히11:10)이며, 아브라함과 이삭과 야곱이 갈망했던 고향(히11:16)입니다. 실제 하나님의 통치를 받고 사는 하늘의 왕국에 있는 성을 천국이라고 합니다. 천국이라는 용어는 하나님의 나라(왕국)와 유사하지만 그 깊은 의미는 다릅니다. "하나님께로부터 하늘에서 내려오는 거룩한 성 예루살렘을 보이니"(계21:10). 하나님이 직접 통치하는 성, 즉 천국, 거룩한 성 새 예루살렘(계21:2)이 하늘에서 내려옵니다. 하늘나라의 중앙 가운데(계22:3)에 있는 도성을 천국이라고 합니다. 새 하늘과 새 땅의 하늘나라 전체가 천국이 아니라 하늘의 왕궁, 하나님의 도성(히12:22), 한 성을 예비함(히11:16), 영구한 도성(히13:14), 정금으로 된 네모난 거룩한 성(계21:10-18)을 천국이라고 일컫습니다.

새 예루살렘 성은 바닥은 정금이고 문은 진주로 되어있고 성곽은 벽옥으로 쌓여있습니다(계21:18-21). 정금길, 진주문, 벽옥으로 쌓인 성곽, 이렇게 새 예루살렘 성이 구성되어 있습니다. 신성한 계시의 결론 새 예루살렘 성을 보면 진주문과 열두 층의 보석으로 건축된 벽옥 성벽으로 이루어진, 금으로 된 실재적인 구조의 성입니다. 새 예루살렘 성의 기반의 기초는 금이고, 기초 위에 세워진 문들은 진주이며, 성곽의 벽은 보석들입니다. 금은 신성한 본성을 지니신 성부 하나님을 표현하고, 진주는 죽음과 부활 안에 계시는 성자 그리스도를 표현하며, 보석은 측량할 수 없는 그리스도의 모든 풍성으로 변화시키는 일을 하시는 성령을 의미합니다.

새 예루살렘 성 천국의 실제

새 예루살렘 성 전체는 한 무더기의 물질적인 건축 재료가 아니라 하나님으로부터 구속을 받고, 거듭나고, 하나님의 생명으로 변화된 모든 성도들로 이루어진 하나님의 건축, 곧 살아있는 생명의 재료가 구성체입니다. 다른 말로 하면 실상과 진실의 인격의 구성체라고 할 수 있습니다. 전부 인격을 상징한 것입니다. 정금이라는 인격, 진주라는 인격, 벽옥이라는 인격을 상징하는 것입니다. 하나님과 사람 과정을 거친 하나님과 거듭난 사람의 결합 안에서 나오는 인격의 상징입니다. 보석 중에 하나님의 본성인 정금은 성부 하나님을 의미하며, 진주는 십자가의 죽음을 통하여 부활생명을 분배하는 아들이신 그리스도를 의미하고, 성벽의 보석들은 변화시키는 성령을 의미합니다. 이것은 전부 삼위일체 하나님의 인격의 상징입니다. 이 인격은 전부 실상만 남은 것입니다. 금은 더 이상 다른 물질이 될 수 없습니다. 진주도 조개 속에 모래알이 들어 갔는데 더 이상 모래알일 수가 없습니다. 완전히 조개가 자기 생명으로 싸서 더 이상 영원히 모래일 수 없는 것이 진주입니다. 보석은 보혈의 연단을 받아서 더 이상 다른 것으로 변화될 수 없는 것입니다. 이것은 진실만 남은 실제라는 것입니다. 없어질 것은 다 없어지고 남을 것만 남은 것입니다. 그래서 진실이자 실제입니다. 새 예루살렘 성의 건축물에 대하여 이해를 하려면 먼저 표징을 이해하여야 합니다. 하나님의 신성한 계시인 새 예루살렘 성은 금과 진주와 보석의 재료로 지어진 하나님의 거처이며, 하나님의 영원한 건축을 상징하는 성의 표징입니다. 눈에 보이는 물질적인 것을 통해 영적인 그리스도를 표현해주는 완결이 새 예루살렘 성으로 완성되는 것입니다.

새 예루살렘 성을 이해하려면 영어의 House가 뜻하는 집과 가정을 정확히 이해하여야 합니다. 우리가 사는 집은 벽돌집이든 나무집이든 우리의 거처입니다. 반면에 가정은 가족들로 이루어진 생명의 구성체입니다. 교회는 그리스도의 몸이요 하나님의 집입니다. 그렇기 때문에 교회는 그리스도의 몸이요 하나님의 집으로 변화되어 건축되어가야 합니다. 하나님이 내 안에 들어오셔서 안식하기에 합당한 집으로 건축되어야 합니다. 하나님이 내 속에 충만히 채워져서 하나님이 거하시는 하나님의 집이 되어야 합니다. 그래야 살아있는 돌들인 성도들로 이루진 교회가 됩니다. 그러나 아직은 보석이 아니라 건축할 수 있는 돌입니다(마 21:42). 이 돌들로 된 교회가 생명을 담아 연합하는 산돌(벧전2:4)이 되고 이기는 흰돌(계2:17)이 되어 천년왕국을 통과하면서 모든 흠이 씻겨져서 깨끗해지고 생명과 은혜로 완전히 채워지면 하나님의 본성인 벽옥으로 변화됩니다(계21:18). 천년왕국 기간 동안에 살아있는 산돌들인 성도들이 하나님의 본성인 벽옥으로 변화되어 새 예루살렘 성이 됩니다.

새 예루살렘 성은 성전의 완성인 지성소이며 그 지성소는 금, 진주 보석으로 이루어진 거처인 성이거니와 살아있는 생명의 보석 즉 변화된 성도들로 이루어진 성이므로 우리는 반드시 지성소 신앙이 되어야 합니다. 지성소의 원칙은 바깥마당과 성소의 신앙의 과정을 거쳐 하나님의 임재 안에서 살고 누릴 수 있어야 지성소인 천국이 될 수 있습니다. 따라서 우리가 거룩한 성 천국에 들어가려면 현재 영적으로 지성소 신앙으로 그분의 다스림과 통치함과 제한을 받고 내 안에 하나님의 나라가 임하여 심령천국(눅17:21, 롬14:17)을 이루며 그리스도의 실제를 표현하는 삶을 살아가야 합니다. 그래야 실제적이고 장소적인 왕국, 천국에 들어가는 것입니다. 천국은 영적으로 통치를 받으며 사는 자가 들어가 사는 영원한 도성, 거룩한 성을 말합니다. 따라서 믿는 자가 오늘날 은혜시대에 하늘의 이상을 가지고 늘 영적으로 하나님의 통치를 받고 내 안에 하나님의 나라가 임하여야 실제적이고 장소적인 거룩한 성에 들어갈 수 있다는 사실을 기억하여야 합니다.

어린양의 생명책에 기록된 자만이

새 예루살렘 성(천국)에는 반드시 이기는 자(계21:7), 즉 어린양의 생명책에 기록된 자만(계21:27)이 들어갈 수 있습니다. 새 하늘과 새 땅, 하늘나라에는 하나님을 믿는 생명책에 기록된 만국백성(계21:3)이 거주하게 됩니다. 따라서 예수를 믿어 구원받으면 하늘나라의 왕국의 시민권을 받아 하늘나라 백성이 되는 것입니다(엡2:19, 벧전2:10). 그러므로 천년이 하루 같은(벧후3:8) 천년왕국 동안은 신부가 될 것이며, 새 하늘과 새 땅, 새 예루살렘 성에서는 영원토록 대대로 아내가 될 것입니다(계21:9). 새 하늘과 새 땅에는 백성이 거하며, 아들이나 아내는 새 예루살렘 성에 거하는 것입니다. 오늘날 믿는 우리는 주님이 오신 이후 시대를 일컬어 은혜시대요, 성령시대요, 교회시대요, 비밀시대라고 합니다. 왜냐하면 주님의 은혜로 구속을 받아 거듭나서 구원을 얻었기에 은혜시대요, 그 은혜로 성령의 다스림과 통치와 제한을 받고 사는 것이 성령시대이며, 성령이신 그 영으로 살 때에 주님이 원하시는 신부로 단장하여 그리스도의 몸(성전 건축)을 이루기 때문에 교회시대입니다. 그러한 하나님의 경륜을 알고 깨달은 자가 있고 모르는 자가 있어 비밀시대라고 합니다. 그 시대의 놀라우신 하나님의 이상을 깨달아 하나님의 나라(왕국)와 주님의 의를 추구하여 이기는 자가 됩니다. 그래서 아들들이 되고, 신부가 되어서 그분과 하나가 됨으로써 영원 미래에 새 예루살렘 성을 건축합니다. 즉 천국에 입성하는 것입니다.

천국은 누구나 가는 곳이 아닙니다. 하나님의 영원하신 목적인 경륜을 모르고, 하나님과 상관없이 자기의 의를 이루는 자는 질책을 받아 천년왕국 동안에 어두운 바깥(지옥)에 쫓겨나 해를 받습니다(고전3:15). 고난과 연단을 받은 뒤 주님이 새롭게 하는 날, 겨우 새 하늘과 새 땅에 만국백성으로 입성하는 것입니다. 우리가 예수를 아무리 오랫동안 믿어도 하나님의 경륜에 의한 그리스도의 몸을 건축할 수 없다면 그 신앙생활은 실패한 것이며, 주님의 뜻과 아무런 관련이 없는 불법적인 행위입니다(마7:21-23). 우리가 그리스도의 몸이 될 수 없고 하나님의 집으로 건축이 될 수가 없다면, 실패한 믿음의 종교생활, 즉 기독교 종교인입니다. 우리는 결단코 하나님의 생명인 그리스도의 생명으로 한 몸(생명 건축)을 이루어 새 예루살렘 성을 건축하는 어린양의 아내가 되어야 합니다. 계시록의 두 성 중 하나인 큰 바벨론 성은 거짓 교회에 대한 표징인 큰 음녀로 불리며, 순수한 교회인 새 예루살렘 성은 어린양의 아내로 표현됩니다. 이와 같이 거듭난 성도들이 구속되고 거듭나고 변화되고 영광스럽게 되어 삼위일체 하나님과 하나로 연합된 유기적인 구성체인 몸, 거룩한 성, 새 예루살렘 성으로 표현되는 것입니다.

새 예루살렘 성은 그리스도의 몸에 대한 실재의 완성

"하나님의 영광이 있으매 그 성의 빛이 지극히 귀한 보석 같고 벽옥과 수정같이 맑더라"(계21:11).

새 예루살렘 성(천국)은 하나님의 생명의 건축, 그리스도의 몸에 대한 실재입니다. 우리는 이 변화의 과정 중에 있으며 건축되고 있는 중입니다(엡2:20-21, 벧전2:4-5). 새 예루살렘 성은 그리스도에게 구속받고 거듭난 후 변화된 모든 성도들로 이루어진 하나님의 건축 곧 살아있는 구성체입니다. 그 성이 하나님의 영광입니다. 하나님의 영광은 영광스러운 신부교회(엡5:27)의 표현이며, 표현되신 하나님입니다. 우리는 이 영광을 위하여 미리 정해졌고 이 영광에 이르도록 부름을 받았습니다(고전2:7, 벧전5:10, 살전2:12). 믿는 자들은 지금 이 영광 안으로 변화되는 중이며(고후3:18, 빌3:12), 또한 이 영광 안으로 이끌릴 것입니다(히2:10). 결국 우리는 그리스도와 함께 영광스럽게 되어(롬8:17, 30, 빌3:21, 요일3:2) 새 예루살렘 성에서 하나님의 영광을 지니고 그분의 배필과 거처와 하나님을 표현하게 될 것입니다. 그러기 위해서 예수님께서 십자가를 짊어짐을 통해 예수의 생명이 믿는 자들의 몸에 나타나고 표현되는 것이 주님께 영광입니다(고후4:10-11, 3:18).

새 예루살렘 성의 성벽처럼 우리는 한 하나님의 모습, 하나님의 성분의 색깔, 하나님의 표현으로 동일하게 나타나야 합니다. 또 수정같이 맑다는 것은 신부의 순결과 같이 무염성을 표현하고 나타낸 것입니다. 이것은 온 교회가 철저하게 본질적으로 하나님의 본성으로 변화되어야 한다는 것이 새 예루살렘 성의 건축의 실재입니다. 그러므로 우리의 죽은 육체에서 그리스도의 생명이 나타나고 표현되어야 참된 인격의 증인이요, 새 예루살렘 성 안에 거하는 주인공이 될 것입니다.

주님을 찬양합니다. 그날이 오기까지 그리스도 안에서 승리합시다.

하나님의 방향의 실제 내비게이션

초판 1쇄   2023년 3월 26일

지은이 | 정홍기
발행인 | 김연범
편 집 | 설규식
교 정 | 박사례
펴낸곳 | 크리스천하우스
주 소 | 서울시 마포구 서교동 441-2
전 화 | 02-866-9199, 02-322-4477
출판등록 | 제10-1300호(1996. 6.12)
ⓒ 정홍기, 2023
ISBN 978-89-88776-14-8   03230

총 판 | 소망사 031-976-8970

책값은 뒤표지에 있습니다. 잘못된 책은 바꿔드립니다.
이 책의 전부 또는 일부 내용을 재사용하려면 반드시 사전에
저작권자와 크리스천하우스의 동의를 받아야 합니다.